Margrith A. Lin-Huber
Chinesen verstehen lernen

Aus dem Programm Huber
Psychologie Sachbuch

HUBER

Weitere Bücher über menschliche Kommunikation im Verlag Hans Huber:

Paul Watzlawick, Janet H. Beavin und Don D. Jackson
Menschliche Kommunikation
Formen, Störungen, Paradoxien
10. Auflage, 271 Seiten (ISBN 3-456-83457-8)

Paul Watzlawick, John H. Weakland und Richard Fisch
Lösungen
Zur Theorie und Praxis menschlichen Wandels
1. Auflage, 198 Seiten (ISBN 3-456-83566-3)

Margrith A. Lin-Huber

Chinesen verstehen lernen

Wir – die Andern: erfolgreich kommunizieren

2., aktualisierte und erweiterte Auflage

Verlag Hans Huber

Adresse der Autorin:
Dr. Margrith A. Lin-Huber
Pädagogische Hochschule Zentralschweiz
Hochschule Luzern
Sentimatt 1
CH-6003 Luzern

Zum Umschlagbild:
人 ist das chinesische Zeichen für „Mensch“.
熟 bedeutet „gekocht“. Zusammen mit dem Zeichen 人, steht es für „sich vertraute Menschen“ — WIR.
生 bedeutet „roh“, „noch nicht gekocht“ und meint zusammen mit 人 „die Fremden“ — DIE ANDERN.

Lektorat: Monika Eginger
Herstellung: Daniel Berger
Satz und Layout: Ching-Wen Lin
Umschlag: Atelier Mühlberg, Basel
Druck und buchbinderische Verarbeitung: AZ Druck und Datentechnik GmbH, Kempten
Printed in Germany

Bibliografische Information der Deutschen Bibliothek
Die Deutsche Bibliothek verzeichnet diese Publikation in der Deutschen Nationalbibliografie; detaillierte bibliografische Daten sind im Internet über http://dnb.ddb.de abrufbar.

Anregungen und Zuschriften bitte an:
Verlag Hans Huber
Hogrefe AG
Länggass-Straße 76
CH-3000 Bern 9
Tel: 0041 (0)31 300 4500
Fax: 0041 (0)31 300 4593

2. Auflage 2006

ISBN 3-456-84269-4

In Erinnerung an
meinen Schwiegervater
Dr. med. Lin Song
林崧
und
meine Freundin
Liselotte Winterstein

Östlich von mit wohnt eine alte Frau
Die wurde erst vor ein paar Jahren reich
War früher ärmer noch als ich
Heute lacht sie, weil ich keinen Pfennig habe
Sie lacht - ich sei ihr unterlegen
Ich lache - sie ist emporgekommen
Wir werden wohl nicht aufhören uns gegenseitig auszulachen
Sie aus dem Osten, ich vom Westen

(Han Shan)

INHALTSVERZEICHNIS

Anhang

Vorwort zur 2. Auflage

Die durchwegs positiven Besprechungen in den Medien wie auch das unerwartet große Leser-Echo ermuntern mich zu einer Neuauflage. Außerordentlich gefreut haben mich Berichte von chinesischen Lesern, die mir mitteilten, dass Ihnen die Lektüre von „Chinesen verstehen lernen“ die interkulturelle Verständigung mit Menschen aus dem Westen erleichtert hat. Frau Zhang Xioying von der „China Redaktion“ der „Deutschen Welle“ widmete dem Buch eine spezielle Sendung. Anhand verschiedener Beispiele erklärte sie ihren chinesischen Hörern, dass viele Verhaltensweisen, welche für Chinesen selbstverständlich sind, Deutsche sonderbar anmuten. So warnte sie u.a. die in Deutschland lebenden Chinesen davor, nach chinesischer Art eine Speise zuerst einmal zurückzuweisen, falls sie noch nicht satt sind (siehe Kap. 15.2). Die Erklärungen von Frau Zhang Xioying sind in die zweite Auflage eingeflossen. Ich habe die zweite Auflage aktualisiert und mit weiteren Beispielen ergänzt. Danken möchte ich Herrn Martin Regnet, M. A., Projektmanager und Chefredakteur des zweisprachigen (englisch-chinesischen) Magazins THE BRIDGE von SwissCham China. Seine Anmerkungen bei der Durchsicht der ersten Auflage sowie seine Erfahrungen vor Ort im schnelllebigen Shanghai waren mir sehr hilfreich für die Aktualisierung meines Buches. Ein ganz besonderer Dank gilt Herrn Prof. h.c. Dr. med. Claus C. Schnorrenberger, *Lifu International College of Chinese Medicine*, Basel. Seine Erlebnisse in China und Taiwan lieferten nicht nur Stoff für verschiedene Anekdoten, dank seiner ärztlichen Heilkunst war es mir überhaupt erst möglich, die Herausgabe dieser zweiten Auflage vorzubereiten.

Die erste Auflage war meinem Schwiegervater Dr. Lin Song zu seinem 80. Geburtstag gewidmet. Leider kann er die zweite Auflage nicht mehr erleben. Die Erinnerung an einen weisen, gütigen Mann, der mir durch seine Offenheit und Neugierde allem Neuen und Fremden gegenüber den Weg zu einer interkulturellen Verständigung zwischen Ost und West ebnete, soll mit diesem Buch weiterleben. Auch Liselotte Winterstein, die mich mit großem Interesse und Engagement beim Schreiben unterstützte, das Erscheinen der zweiten Auflage aber leider auch nicht mehr miterleben kann, ist diese Ausgabe gewidmet.

Luzern, im Januar 2006

Margrith A. Lin-Huber

Barbarenmann aus der Provinz Ho-la-weit-tschy-a (Helvetia)
(Abbildung aus Schnyder 1920, 107)

Vorwort zur 1. Auflage

Die Chinesen nennen ihr Land „Reich der Mitte“. China ist gemäß ihrem Weltbild der Mittelpunkt der Erde. Vor dem Hintergrund dieses Weltbildes unterscheiden die Chinesen die Menschen in Innen- und Außenmenschen. Die Innenmenschen sind die *shou-ren* 熟人, die Gargekochten. Das sind diejenigen, die man kennt, denen man vertrauten kann. Die Außenmenschen - auf Chinesisch *sheng-ren* 生人, die Ungekochten, die noch Rohen - das sind die Anderen, die Fremden, vor denen man sich in Acht nehmen muss.

Wir Europäer sprechen vom „Fernen Osten“ wenn wir China meinen. Die Chinesen, das sind für uns die Anderen, die Fremden. Wenn jemand so spricht, dass wir nichts verstehen, dann spricht er „Chinesisch“. Wenn uns etwas völlig fremd und unverständlich erscheint, dann kommt es uns „spanisch“ oder „chinesisch“ vor.

Im Laufe der Geschichte sind in Ost und West klischeehafte Fremdbilder entstanden. Entweder waren es negative Fremdbilder, welche dazu dienten, die kulturelle Überlegenheit zu bekräftigen oder es waren idealisierende Fremdbilder, die dazu benutzt wurden, die eigenen Zustände zu kritisieren. So hat sich das Chinabild in Europa und das Europabild in China im Laufe der Zeit immer wieder verändert. Oft waren es Zerrbilder, die meist nur auf oberflächlicher Kenntnis beruhten. Ein solches Beispiel ist die Beschreibung der Schweizer in den Reichsanalen der kaiserlichen Bibliothek in Peking anfangs des 18. Jahrhunderts.

> „Barbarenmann und Barbarenfrau aus der Provinz *Ho-la-weit-tschy-a* (Helvetia): Das Land ist dem Reiche *Sche-li-ma-ni-ya* (Germania) untertan. Seine Bewohner sind groß und stark und ihres Mutes und ihrer Tapferkeit wegen überall berühmt. Das Land besitzt öffentliche Lehranstalten, in denen Unterricht in der Handhabung von Waffen erteilt wird. Wenige von denen, die darin vollkommen geübt sind, bleiben zu Hause, die meisten wandern in fremde Gegenden aus, deren Fürsten sie als Diener und Schwertträger gebrauchen“ (Huber 1902).

Im Westen gibt es Berichte ähnlicher Art über die Bewohner von Catai (China). Berichterstatter aus China und Europa stellten das Leben beider „Welten“ im größten Kontrast zueinander dar. Diametrale Gegensätze wurden hervorgehoben, wie z.B. die unterschiedliche Art des Grüßens:

„In China wäre es unhöflich, den Hut zu lüften; man rückt im Gegenteil seine Kopfbedeckung zurecht. Im Fernen Westen erfordert es der gute Ton, den Hut abzunehmen“ (chinesischer Chronist in Böckelmann 1998, 185).

Durch globale Verknüpfungen werden heute nationale Grenzen überschritten, transnationale Kultur- und Wirtschaftsräume entstehen. Internationales, ja globales Denken und Handeln sind gefordert. Die zunehmenden Wirtschaftskontakte zwischen China und dem Westen bezeugen: China ist für den Westen interessant geworden. Wenn auch China aufgrund von politischen, kulturellen und vor allem wirtschaftlichen Interessen immer mehr bei uns in den Mittelpunkt gerät, müssen wir uns doch eingestehen, wie wenig wir über die Chinesen wissen und wie viele Vorurteile und Klischees noch heute bestehen.

Ein in Deutschland wohnhafter chinesischer Vater wunderte sich nicht schlecht über das heute noch in europäischen Köpfen herumgeisternde klischeehafte Chinesenbild in den Kinderbüchern und Erstlesefibeln. Es sind Bilder von Chinesen mit Kleidern aus der Zeit der letzten Kaiserdynastie mit schräg nach oben verlaufenden Augenschlitzen, Schnurrbärten, Strohhüten und langen Zöpfen.

Abbildungen zum CH-Laut aus verschiedenen Erstlesefibeln

Die Internationalisierung des Lebens führt immer mehr Menschen aus verschiedenen Kulturen zusammen. Doch interkulturelle Zusammenarbeit ist nicht einfach. Unterschiedliche Gesprächsstile erschweren die Kommunikation. Kulturelle Missverständnisse können zum Abbruch der Kontakte führen. Berichte über das gehäufte Auftreten von Kommunikationsproblemen zwischen Chinesen und Leuten aus dem Westen führen zu Frustration und Verunsicherung in der Geschäftswelt. Divergierende Verhandlungsstile sowie unterschiedliche Formen und Auffassungen von Höflichkeit bringen Verhandlungen zum Scheitern. Auch auf dem politischen Parkett kommt es immer wieder zu gegenseitigen Verstimmungen zwischen Ost und West.

Das im Umgang mit fremden Kulturen Verständigungsprobleme auftreten, ist allseits bekannt. Es ist eine allgemein menschliche Tendenz, fremdes Verhalten auf der Basis uns bekannter Konventionen zu interpretieren. Wir gehen davon aus, dass die Andern genau so denken und handeln wie wir selbst. Vieles was bei uns als „normal“ gilt, ist jedoch keineswegs das „natürlich“ menschliche Verhalten, sondern es ist das „kultürlich“ angelernte. Ein Verhalten, das uns fremd erscheint, ist andernorts das normale. Es kommt immer auf den jeweiligen Standort an. Dies verdeutlicht der Ausspruch des Münchner Komikers Karl Valentin: „Der Fremde ist nur in der Fremde fremd.“ Wir sind die Fremden, wenn wir uns in den Fernen Osten begeben. Die Chinesen sind die Fremden, wenn sie sich bei uns im Fernen Westen aufhalten.

In diesem Buch wird oft verallgemeinernd von *den* Chinesen und *den* Europäern gesprochen. Solche Verallgemeinerungen bergen die Gefahr in sich, klischeehaft und stereotypisierend zu wirken. Aus Erfahrung wissen wir, wie facettenreich menschliches Verhalten ist. Innerhalb einer Gesellschaft oder Kultur herrscht eine bunte Vielfalt von Verhaltensweisen. Gleichwohl können Verallgemeinerungen als Orientierungshilfen nützlich sein. Das es unmöglich ist - ohne solche Verallgemeinerungen - , als „fremd“ wahrgenommenes Verhalten zu beschreiben, zeigt die höfliche Warnung eines chinesischen Schriftstellers:

> Fährt ein Schriftsteller für einen Monat ins Ausland, kann er hinterher ein Buch darüber schreiben. Bleibt er für drei Monate weg, schätzt er sich glücklich, wenn es ihm gelingt, sich auf ein Problem zu konzentrieren und einen Aufsatz darüber zu schreiben. Ist er ein Jahr fort, bringt er keine einzige Zeile mehr aufs Papier (Duo 1990, 95).

Bei der Lektüre dieses Buches ist zu bedenken: Die Chinesen machen ein Viertel der Weltbevölkerung aus. In interkulturellen Begegnungen finden die Kontakte meistens innerhalb einer speziellen Personengruppe statt. Sie erleben dabei immer nur einen Ausschnitt des chinesischen Lebens. Die Wirklichkeit ist jedoch viel komplexer. Zudem stellt ein Austausch zwischen verschiedenen Kulturen immer einen Prozess gegenseitigen Lernens dar, der Veränderungen bewirkt. Die Annahme, einen vollständigen Überblick über diese Thematik vermitteln zu können, wäre deshalb vermessen. Aufgrund meines begrenzten Wissensstandes finden sich im vorliegenden Buch bestimmt Unzulänglichkeiten und Fehler. Ich bitte deshalb diejenigen Leserinnen und Leser, die Ergänzungen oder Korrekturen anzubringen haben, um Rückmeldung und Kritik.

Danken möchte ich meinen chinesischen Freunden und Bekannten, durch die ich viel Interessantes über die chinesische Gesellschaft und Kultur erfahren habe. Ein ganz besonderer Dank gilt meinem Ehemann Lin Ching-Wen. Ohne seine vielseitiges Wissen und Können wäre dieses Buch nie zustandegekommen. Als Lebenspartner half er mit, meine kulturell geprägte Weltsicht zu erweitern. Durch seine chinesische Herkunft vermittelte er mir das kulturelle Hintergrundwissen. Als Sinologe half er mir bei der Übersetzung der chinesischen Ausdrücke und der Umschrift der chinesischen Wörter. Sein technisches Know-how leistete bei der Erstellung des Layouts gute Dienste. Durch seine kulinarischen Fähigkeiten und seine stets liebevoll zubereiteten Gerichte hat er - während dieses Buch entstanden ist - nicht nur bestens für mein leibliches Wohl gesorgt, sondern mir gleichzeitig einen wichtigen Teil der chinesischen Kultur nahegebracht. Liselotte Winterstein sei für ihren Ansporn und ihr stetes Interesse an diesem Buch gedankt. Bei ihrer kritischen Durchsicht der einzelnen Kapitel machte sie mich auf sprachliche Unzulänglichkeiten aufmerksam. Sollten sich dennoch Fehler eingeschlichen haben, so möchte ich mich mit dem chinesischen Sprichwort herausreden:

> *„Ein Leser muss Druckfehler hinnehmen wie man die Raufbolde auf dem Marktplatz ertragen muss."*

Zum Schluss noch eine Entschuldigung an alle Leserinnen. Wie jede Autorin und jeder Autor deutscher Sprache stand ich vor dem Dilemma, beiden Geschlechtern gerecht zu werden. Zu Gunsten einer besseren Lesbarkeit habe ich darauf verzichtet, jedes Mal, wenn Männer *und* Frauen gemeint sind, die männliche und weibliche Form zu benützen. Dies auch darum, weil das Chinesische diese Unterscheidung nicht macht, sondern die Form *ren* (Mensch) für Männer und Frauen verwendet. Da jedoch die Formulierung „chinesische Menschen" oder „europäische Menschen" im Deutschen etwas eigenartig anmuten mag, werde ich in diesem Buch jeweils die männliche als die geschlechtsneutrale Form verwenden. Die „mitgemeinten" Frauen mögen mir dies verzeihen!

Dornach, den 5. März 2001

Margrith A. Lin-Huber

Einführung

Liebe Leserin, lieber Leser
Vielleicht sitzen Sie bereits im Flugzeug mit Kurs nach Asien, um dort Verhandlungen zu führen und Geschäfte zu tätigen. Es könnte auch sein, dass Sie an einer chinesischen Universität als Fremdsprachenlehrer engagiert sind, Chinesisch lernen oder als Austauschstudent in einem Forschungs- oder Ausbildungsprogramm mitarbeiten. Vielleicht planen Sie gerade eine Bildungsreise ins Land der Mitte oder Sie sind als Rucksacktourist irgendwo in China unterwegs. Es ist auch möglich, dass Sie sich für TCM (traditionelle chinesische Medizin) interessieren und sich deswegen in China oder Taiwan aufhalten. Vielleicht kommt Ihnen aber die Aufgabe zu, eine Delegation chinesischer Regierungsvertreter und Unternehmer hier in Europa zu empfangen oder Sie haben eine Gruppe chinesische Konferenzteilnehmer zu betreuen. Es kann auch sein, dass Sie in Ihrem Institut einen chinesischen Forschungsstipendiaten erwarten. Vielleicht aber haben Sie zu diesem Buch gegriffen, um ihre chinesischen Bekannten besser zu verstehen. Es gibt viele Anlässe, mit Menschen chinesischer Herkunft in Kontakt zu kommen, sei es, dass Sie in den Fernen Osten reisen, oder dass Sie Chinesen hier in Europa, Amerika oder sonst irgendwo begegnen.

Dieses Buch wurde für alle diejenigen Personen geschrieben, die an einer besseren Verständigung mit chinesischen Menschen interessiert sind. Es hat zum Ziel, die Leser für kulturelle Unterschiede im Kommunikationsverhalten zu sensibilisieren. Bei der Beschäftigung mit einem fremden Land, einer anderen Denkweise und Kultur besteht die Gelegenheit, sich selbst und sein eigenes kulturell geprägtes Handeln einmal von außen zu betrachten. Interkulturelle Begegnungen sind deshalb eine große Chance zur Erweiterung der sozialen Handlungskompetenz.

Dieses Buch ist kein Sprachführer, kein Reiseratgeber, kein „Knigge" oder Rezeptbuch für den „Umgang mit Chinesen". Es ist auch kein Schnellkurs zur Vermittlung interkultureller Fertigkeiten mit dem Versprechen auf sofortigen Erfolg. Solche Trainingsangebote - z.Z. sehr im Trend - verkörpern paradoxerweise mit ihrer Philosophie gerade jene westlichen Eigenschaften, welche von Menschen asiatischer Herkunft an den Westlern als störend wahrgenommen werden:

> „Alle Stunden sind im Interesse des Geldverdienens festgelegt und aufgeteilt. Ihre Devise heißt: ‚Zeit ist Geld!'" (Böckelmann 1998).

Fast alle Menschen, die zum ersten Mal in den Fernen Osten reisen, haben sich schon vorher auf irgend eine Weise mit China beschäftigt und sich eine Theorie über Land und Leute zurechtgelegt. Erwin Wickert, der frühere deutsche Botschafter in China, berichtet über die Erfahrungen seiner Besucher mit solchen theoretischen Konstrukten:

> Ein deutscher Freund, der auch mit einer solchen Theorie ankam, sah schon am nächsten Tag, dass seine nicht stimmte. Auch die andern Theorien, die er in den nächsten Wochen entwickelte, verwarf er meist schon einen Tag später. Bei seinem Abflug war er ganz verwirrt, da er feststellte, noch weniger über China zu wissen, als bei seiner Ankunft: *„In Wirklichkeit hatte er den Weg gefunden, der zum Verständnis Chinas und der Chinesen führt. Er beginnt mit dem Abbau von Vorurteilen und der Bereitschaft, unvoreingenommen zuzuhören"* (Wickert 1984, 11).

Mit Unvoreingenommenheit einmal eine Situation von einem andern Standpunkt aus zu betrachten, ist auch die Absicht dieses Buches. Anhand von Erlebnisberichten werden die Beschreibungen über unterschiedliches Kommunikationsverhalten veranschaulicht. Um unterschiedliche Sichtweisen darzustellen und den kultureigenen Standpunkt als *eine* von vielen möglichen Sichtweisen zu relativieren, ließ ich in den Beispielen bewusst Chinesen und Menschen aus dem Westen zu Wort kommen.

„Wenn du in ein Land eintrittst, erkundige dich nach dem was verboten ist; wenn du eine Grenze überschreitest, frage nach den Gebräuchen", ist eine chinesische Spruchweisheit. Dass es im Laufe der Geschichte in den Begegnungen Ost-West zu schwerwiegenden Missverständnissen gekommen ist, liegt an der Nichtbeachtung dieses Ratschlages. Für die interkulturelle Verständigung sind neben dem historischen Wissen über diese kulturellen Missverständnisse in den Begegnungen zwischen Ost und West, das Wissen um kulturelle Besonderheiten und die Kenntnis, was das Kulturspezifische im Kommunikationsverhalten ausmacht, von Wichtigkeit.

Dieses Buch umfasst neun thematische Bereiche, die für die Verständigung mit Chinesen von Wichtigkeit sind:
Neben allgemeinen Überlegungen zur *„interkulturellen Verständigung"*, vermittelt es kulturelles Hintergrundwissen zur *„chinesischen Kommunikation"*. Es befasst es sich mit kulturspezifischen *„chinesischen Höflichkeitsprinzipien"*, den Eigenheiten des *„chinesischen Gesprächsverhaltens"* sowie mit *„unterschiedlichen Kommunikationsstilen"* innerhalb der chinesischen Kultur. Der *„Kommunikation in verschiedenen*

Kontexten" wird große Beachtung geschenkt. Anhand von Beispielen wird das chinesische Kommunikationsverhalten in verschiedenen Lebenswelten veranschaulicht. Ein Überblick über die *„Charakteristiken der chinesischen Sprache"* soll den Leser mit den Besonderheiten der chinesischen Sprache vertraut machen. Der Entstehung von *„kulturellen Missverständnissen"* ist ein eigenes Kapitel gewidmet. Am Schluss des Buches werden Überlegungen zur interkulturellen *„Verständigung mit Hilfe von Dolmetschern"* angestellt.

壹

Interkulturelle Verständigung

I. Begegnungen zwischen Ost und West

„Schere, Stein, Papier", wer kennt nicht dieses aus Asien stammende Kinderspiel, bei dem jedes der drei Dinge ein anderes schlägt: Die Schere kann Papier zerschneiden, aber keinen Stein. Der Stein hingegen kann in Papier eingewickelt, jedoch nicht mit der Schere zerschnitten werden. Wenn man mit der Hand nun eines der Zeichen, für „Schere", „Stein" oder „Papier" formt, dieses aber von dem Zeichen des andern Spielers geschlagen wird, hat man verloren. Dieses Spiel ist in China auch noch unter einem anderem Namen bekannt, nämlich *„Volk, Ausländer, Beamter"*. Vermutlich stammt diese Bezeichnung aus der Übergangszeit zwischen der Qing-Dynastie und der Republik. Damals fürchteten sich die Ausländer vor den Chinesen, die chinesischen Beamten hatten Angst vor den Ausländern, das chinesische Volk wiederum musste sich vor den Beamten in Acht nehmen. Diese Tatsache ist historisch unbestritten. Dass sich die Situation jedoch heute geändert hat, zeugt nach dem chinesischen Schriftsteller Wang Xiabo die Inschrift eines Gedenksteines unweit seines Wohnortes. Auf diesem Gedenkstein mit *„Richtlinien für das zivilisierte Benehmen"* werden die Vorübergehenden daran erinnert, wenn sie einem Ausländer begegnen, ihn *„weder hochmütig noch demütig, sondern mit Höflichkeit zu behandeln"* (Wang 1998, 49).

In dieser Aufforderung ist eine jahrhundertealte Geschichte der Begegnungen zwischen China und dem Abendland verpackt, die ich mit den folgenden Ausführungen etwas erläutern möchte. Diese Begegnungen wurden von Richard Willhelm - dem wohl bedeutendsten deutschen Sinologen des letzten Jahrhunderts - als ein „großes gegenseitiges Missverständnis" bezeichnet (Wilhelm 1928, 126).

Als eigentlicher Entdecker Chinas für den Westen gilt Marco Polo. Seine Reiseberichte, die er 1298 im genuesischen Gefängnis diktierte, eröffnete dem Abendland eine völlig neue Welt, von deren Existenz man bis anhin kaum etwas geahnt hatte:

> „Die Einheimischen der Stadt Quinsai sind friedliche Leute. Denn sie sind so erzogen und gewohnt durch ihre Könige, die von der gleichen Natur waren. Sie sind unfähig mit Waffen umzugehen und haben auch keine solchen in ihren Häusern. Niemals bemerkt man Streit oder tätliche Meinungsverschiedenheiten. Sie gehen ihrem Handel und Gewerbe mit großer Redlichkeit und Wahrhaftigkeit nach. Sie lieben

> einander, so dass bei all dem guten Willen unter den benachbarten Männern wie Frauen man denken sollte, ein ganzes Stadtviertel bilde eine einzige Familie" (Franke 1962, 15).

Niemand in der Heimat wollte jedoch Marco Polo glauben, was er von dem großen Weltreich im Osten und dessen hochstehender Kultur berichtete. Man hielt ihn für einen Angeber, denn seine Berichte von den alten Kulturvölkern waren unvereinbar mit dem damaligen von christlichen Dogmen bestimmten Weltbild. Nur ein kleiner Kreis von Europas Gelehrten erkannte allmählich, dass es außerhalb des christlichen Abendlandes noch eine andere hochentwickelte Welt geben musste.

Ob Marco Polo auf seinen Reisen wirklich durch das heutige China reiste oder ob seine Berichte auf persischen Quellen beruhten, ist bis heute noch nicht geklärt (siehe Wood 1995). Protokollarisch nachgewiesen gelangte gegen Ende des 13., anfangs des 14. Jahrhunderts eine Reihe von Sendboten im Auftrag der römischen Kurie an ihr chinesisches Ziel. Der Empfang der päpstlichen Legate am 19. August 1342 fand Beachtung in den kaiserlichen Hofakten:

> „Leute mit blonden Haaren und blauen Augen seien da gewesen, deren Sprache man nicht verstehen konnte, wenn sie ihre Absicht kundtun wollten" (Böckelmann 1998, 156).

Der erste kulturelle Austausch zwischen China und dem Westen wurde durch den Jesuitenpater Matteo Ricci im 16. Jahrhundert inszeniert. Seine Größe bestand darin, dass er bereit war, den Leistungen einer nichteuropäischen Kultur mit Respekt zu begegnen. Er ist einer der bedeutendsten Vermittler zwischen China und dem Westen, da er nicht nur abendländisches Gedankengut nach China brachte, sondern Europa mit der chinesischen Geisteswelt bekannt machte.

Wohl fanden bereits im 13. Jahrhundert Handelskontakte zwischen Chinesen und Europäern statt, die sich auf bestimmte chinesische Produkte (Porzellan, Seide, Tee usw.) beschränkten. Von den seefahrenden westeuropäischen Ländern war Portugal das erste Land, welches versuchte, mit China diplomatische Beziehungen aufzunehmen. Eine offizielle portugiesische Gesandtschaft landete 1517 mit mehreren eigenen Schiffen und einem Schreiben des Königs von Portugal an den chinesischen Kaiser in der Kanton-Bucht. Nach einigem Geplänkel erlangten sie vom zuständigen chinesischen Beamten die Erlaubnis, nach Kanton hinaufzufahren. Ihrer heimischen Sitte entsprechend, feuerten die Portugiesen vor der Stadt einige Salutschüsse ab. Dies wurde von den Chinesen, welchen diese Gepflogenheit fremd war, missverstanden und sorgte für erhebliche Aufregung, insbesondere, da das Mitführen von Waffen in Kanton streng verboten war. Mit diesem diplomatischen Vorfall begann „die lange Kette von Missverständnissen, gegenseitigen Misstrauens und Missachtung kultureller Eigenheiten", die in der Folge bis in die Gegenwart hinein in den abendländisch-chinesischen Beziehungen so viel Unheil anrichtete (Franke 1962, 20).

Auch das Scheitern der ersten diplomatischen Beziehungen Englands zum chinesischen Kaiserhof und die darauf folgende kriegerische Auseinandersetzung waren durch kulturbedingte Missverständnisse verursacht. Im 18. Jahrhundert vollzog sich die gesellschaftliche und wirtschaftliche Entwicklung in Europa rascher als je zuvor. Von dieser gesellschaftlichen und wirtschaftlichen Entwicklung, welche das Gesicht Europas veränderte, wusste man in China nichts. Von der Welt jenseits ihrer Grenzen hatten die Chinesen weder eine angemessene Vorstellung, noch lag ihnen daran, sie überhaupt kennen zu lernen. Von dieser Unwissenheit zeugt die Antwort des chinesischen Kaisers Qian-long 1793 an den englischen König Georg III auf seinen Vorschlag, die Handelsbeziehungen beider Länder auszuweiten:

> *„Wir haben alles, und Wir legen keinen Wert auf kuriose, sinnreich ausgeklügelte Gegenstände. Wir brauchen die Erzeugnisse Ihres Landes nicht, denn Unser Land besitzt alle Dinge im Überfluss. In Unseren Grenzen fehlt es uns an nichts. Es besteht daher keine Notwendigkeit, Produkte der ausländischen Barbaren einzuführen und gegen Unsere eigenen zu Tauschen. Aber da Tee, Seide und Porzellan, die Unser Reich erzeugt, für die europäischen Nationen und für sie unentbehrlich sind, haben Wir als besonderes Zeichen Unserer Gunst erlaubt, dass sich ausländische Kaufleute in Kanton niederlassen, um den Bedarf ihres Landes zu decken und um auch Ihr Land Unserer Wohltätigkeit teilhaftig werden zu lassen"* (Wickert 1984, 107).

Nach dem Scheitern der Verhandlungen erzwang sich die britische Flotte mit Kanonen den Zugang zum Reich der Mitte. Als 1839 die chinesische Regierung versuchte, die Einfuhr von Opium aus Indien zu unterbinden, griffen die überlegenen britischen Flotteneinheiten China an. Der Krieg endete mit einer Niederlage Chinas. Für die Chinesen bedeutete diese Niederlage eine bittere und beschämende Erfahrung, *„denn das zweihundertjährige blühende Aussehen unserer Dynastie wurde von den Barbaren, die siebentausend Li* (1 *Li* beträgt 500 m) *entfernt wohnen, zerstört"* (Kuo 1967, 36). Der Absolutheitsanspruch der chinesischen Kultur war erstmals in Frage gestellt.

Mit dem Opiumkrieg begann die neue chinesische Geschichte. Die Unterwerfung Chinas unter die - vor allem wirtschaftlichen - Ansprüche westlicher Mächte war die Folge dieses Krieges. Die Verbitterung des Volkes über die Aktivitäten der ausländischen Invasoren wurde immer größer, doch der chinesische Kaiserhof zeigte sich außer Stande, irgendwelche Maßnahmen zu treffen, um dem Treiben der Ausländer in China ein Ende zu setzen. In dieser Situation kam es zu einer großen Erhebung einer Geheimgesellschaft, die sich „Fäuste für Gerechtigkeit und Harmonie" nannte, in Europa als „Boxerunruhen" bekannt. Mit Unterstützung der Kaiserinwitwe Ci-xi wollte man *„alle Ausländer ins Meer jagen"*. Bei einem Volksaufruhr kam auch der deutsche Gesandte Kettler um. Die Rache der europäischen Großmächte danach war furchtbar. Der deutsche Kaiser Wilhelm der II. forderte: *„Peking müsse dem Erdboden gleichgemacht werden. Kein Chinese sollte es wagen, jemals wieder einen Deutschen auch nur scheel anzusehen."*

Es mag uns heute sonderbar anmuten, dass damals diesem Geschehen unter dem Motto „Bilder aus den chinesischen Wirren" an einem Innerschweizer Faschingsumzug eine aufwendige Nummer gewidmet wurde:

> „Es werden da weiter erscheinen Abteilungen gefangener Boxer zu Fuß und auf dem Wagen, von europäischen Soldaten bewacht. Unter Anderen wird auch der reich ausgestattete Scharfrichterwagen auffallen, auf dem der Scharfrichter mit dem Mörder Kettler's Platz nehmen wird. Den Schluss des Zuges bilden chinesische Kriegscharen mit ihren riesigen Fahnen, eigenartigen Kanonen, Waffen etc."(Urner Wochenblatt 1901, 1).

Die Friedensbedingungen, welche China aufgezwungen wurden, waren sehr hart. Die Europäer fühlten sich nach ihrem Sieg kulturell überlegen. Diese durch Gewalt verkörperte Kultur bestärkte die Chinesen in ihrer Auffassung, dass es außerhalb ihres Reiches böse und mächtige Barbaren gab, die deswegen jedoch nicht auf einer höheren Kulturstufe standen. Sie sahen hochmütig auf jene herab, die nichts anderes als Gewalt und Macht kannten (Wilhelm 1928, 130).

Wie die Geschichte zeigt, wurde China in den letzten 150 Jahren wiederholt durch ausländische Mächte bedroht, erniedrigt und ausgebeutet. Auf diesem historischen Hintergrund ist die eingangs erwähnte Spielvariante *„Volk, Ausländer, Beamter"* des Abzählverses *„Schere, Stein, Papier"* zu verstehen. Wenn Chinesen eine Auseinandersetzung mit einem Ausländer hatten, fürchtete sich der Ausländer, denn die Chinesen waren in der Überzahl. Doch wenn der Ausländer zu einer

Behörde ging, brauchte er nur zu bemerken: *„Unsere Botschaft sollte einmal mit eurem Kaiser reden."* Dann bekamen es die chinesischen Beamten mit der Angst zu tun (Wang 1998, 49).

Vor mehr als hundert Jahren wurde die Öffnung Chinas mit westlichen Kanonen erzwungen. Heute öffnet sich China der Welt aus eigenem Impuls. Auch während der Kulturrevolution hatten die Chinesen den Impuls, auf die Welt zuzugehen, denn es war damals ihre Ansicht, dass der Maoismus nicht nur auf China, sondern auf die ganze Welt anwendbar sei. Die Öffnung zum Westen seit den 1980er Jahren trägt nicht ideologische, sondern pragmatische Züge. Auf seinem Weg zur Modernisierung sucht China nach einer neuen Ausrichtung. Es will seinen eigenen Weg gehen unter dem Motto: *„Yang wei zhong yong"* (das Ausländische für China nutzbar machen) (Jin 1994, 98).

Die historischen Kontakte zwischen China und Europa wurden zu einem „großen gegenseitigen Missverständnis", weil sich Ost und West - als sie einander gegenübertraten - gerade von jenen Seiten ihres Wesens zeigten, die eine Verständigung besonders schwierig machten. Ich hoffe, mit den Ausführungen in diesem Buch einen bescheidenen Beitrag leisten zu können, „die lange Kette von Missverständnissen" in den chinesisch-abendländischen Beziehungen zu unterbrechen.

Wir dürfen nicht vergessen, dass durch die historischen Ereignisse die chinesische Tugend der Gastlichkeit immer wieder schwer strapaziert wurde. Ausländer, besonders Europäer, wurden in China traditionell immer mit mehr oder weniger Privilegien behandelt. Bereits Marco Polo schrieb in seinem Reisebericht:

> „Sie sind ebenso freundlich zu Fremden, die zum Handeln zu ihnen kommen, und empfangen sie gern in ihren Häusern, bewirten sie mit der größten Freundlichkeit, und geben ihnen Hilfe und Rat in ihren Geschäften" (Franke 1962, 15).

Ein Ausländer, der mehrere Jahre an einer chinesischen Universität als Lektor tätig war, schreibt in einem Artikel mit der Überschrift *„In Shanghai gilt die lange Nase als Ausweis"*:

> Die privilegierte Stellung der Ausländer ist psychologisch oft gar nicht leicht zu ertragen. Für die Chinesen ist das jedoch gar kein Problem: *„Wir seien Gäste und Gäste würden in China traditionell gut behandelt."* (Beijing Rundschau 1989, 38; zit. in Jin 1994).

2. Kulturelle Besonderheiten

Solange wir von Menschen umgeben sind, die den gleichen Lebensstil pflegen, deren Angewohnheiten in etwa mit den unsrigen übereinstimmen, sich den gleichen Grundwerten verpflichtet fühlen und unsere Annahmen und unsere Art zu denken teilen, betrachten wir unser Verhalten als „natürlich menschlich". Werden wir mit fremden Verhaltens- und Lebensweisen konfrontiert, neigen wir automatisch dazu, das Vertraute als positiv und das ungewohnte Fremde als negativ zu bewerten. Nicht selten ergeben sich daraus Konflikte. Wie Kontakte zwischen Menschen zweier unterschiedlicher Kulturen zu Missverständnissen mit gravierenden Folgen führen können, zeigen die im vorangehenden Kapitel beschriebenen historischen Ereignisse deutlich.

Kulturelle Vorgaben führen dazu, dass eine gegenseitige Verständigung überhaupt zustande kommt, d.h. dass ein Konsens besteht bezüglich gemeinsam geteilter Grundannahmen. Kommunikation wird jedoch dann zum Problem und führt zu Missverständnissen, wenn Angehörige verschiedener Herkunftskulturen zusammenkommen, die sich in ihren Hintergrundannahmen voneinander unterscheiden. Da die Kommunikationspartner die jeweiligen Kommunikationsereignisse nach ihren eigenen gesellschaftlichen Maßstäben interpretieren und bewerten, kann derselbe Sachverhalt oder dieselbe Situation von Personen aus verschiedenen Kulturen sehr unterschiedlich wahrgenommen und emotional bewertet werden. Es leuchtet ein, je unterschiedlicher die Geschichte und Sozialstruktur zweier Gesellschaften sind, desto eher entstehen Kommunikationsstörungen. Vor diesem Hintergrund wird deutlich, dass das Gelingen einer interkulturellen Verständigung zwischen Menschen aus China und Europa kulturelles Hintergrundwissen erfordert.

Europäer und Chinesen verfügen aufgrund ihrer kulturell unterschiedlichen Sozialisation über ein je eigenes Orientierungssystem, welches ihnen für die Verständigung zur Verfügung steht. Diese unterschiedlichen Verhaltens- und Kommunikationsmuster aufzuzeigen, ist Inhalt dieses Buches. Dabei soll das Augenmerk bei den Europäern vor allem auf die deutschsprachigen Gesprächspartner gerichtet werden.

Dass der Raster kulturell verschiedenartiger Sozialisationen unterschiedlich grob gefasst werden kann, zeigen erkennbare Unterschiede im Gesprächsverhalten zwischen deutschen, österreichischen und deutsch-schweizerischen Kommunikationspartnern. Der Schweizer Autor Peter Bichsel stellte in einem Essay das Kommunikationsverhalten der Deutschen und der Schweizer einander gegenüber. Ein Hauptunterschied zwischen diesen beiden Gesellschaften besteht laut Bichsel darin, dass man in der Schweiz viele Dinge überhaupt nicht ausspricht, die in Deutschland des Langen und Breiten verbalisiert werden. Während Probleme in der Schweiz lieber informell angegangen werden, versucht man sie im nördlichen Nachbarland auf offizieller Ebene mit der Schaffung eines eindeutigen Gesetzes zu lösen (Bichsel 1980).

Der Zürcher Philosophieprofessor Elmar Holenstein ersetzte in Bichsels Text überall Deutschland durch Europa und „wir Schweizer" durch „wir Japaner" und las den abgeänderten Text in der Schweiz, in Deutschland und in Japan vor, ohne dass die Vertauschung bemerkt worden wäre. Jemand fand, alles was über Japan (alias der Schweiz) behauptet werde, könne auch für Österreich zutreffen. Jemand anders meinte, der Verfasser sei ein konfuzianisch denkender Intellektueller. Ein japanischer Rechtswissenschafter vermutete, der Text stamme von jemandem, der dem japanischen Shintoismus nahe stehe (Holenstein 1998, 18).

Aufgrund ihrer Biografie auf kulturelle Besonderheiten sensibilisiert, fallen auch der japanischen Betriebspsychologin Kazuko Pfeiffer-Egawa - sie lebt im schweizerisch-deutschen Grenzgebiet - bestimmte Unterschiede zwischen Deutschen und Schweizern im Kommunikationsverhalten auf. Die Deutschen lieben es, laut den Beobachtungen von Pfeiffer-Egawa, offensive Auftritte wie einen Sport zu betreiben. Arroganz wird deutlich über Sprache ausgedrückt. Die Schweizer bemühen sich viel mehr um Konsensfindung. Ihre Form der Arroganz ist so subtil, dass sie von den nördlichen Nachbarn oft gar nicht wahrgenommen wird (Pfeiffer-Egawa 1999). Aus Managerkreisen ist bekannt, dass in Geschäftsverhandlungen Schweizer von Deutschen als ausweichend und wenig fassbar erlebt werden, während die Schweizer den Gesprächsstil ihrer deutschen Partner als zu direkt und aggressiv empfinden. Es sind jedoch die eben erwähnten Unterschiede von Indirektheit versus Direktheit zwischen Schweizern und Deutschen, welche von chinesischer und westlicher Seite immer wieder als Erschwernis in der interkulturellen Verständigung zwischen Chinesen und Westlern genannt werden.

Diese Beispiele zeigen deutlich, dass kulturelle Zuschreibungen immer in Relationen zu verstehen sind. Der Begriff „Kultur" dient uns als Raster, um wahrgenommene Unterschiede als „kulturelle Besonderheiten“ (der eigenen wie der andern Seite) zu beschreiben. Nach dem Berner Ethnologieprofessor Hans-Rudolf Wicker sind solche geschaffenen „kollektiven Identitäten“ immer ein Resultat von Vereinigung oder Abgrenzung, die erlauben, die Trennung in „Wir“ und „die Andern“ zu vollziehen (Wicker 1995, 25).

In allen Gesellschaften gibt es „transkulturelle“ Faktoren (Wertorientierungen und Verhaltensregeln, Handlungsweisen etc.), die unabhängig von der jeweiligen Kultur in bestimmten Gruppierungen anzutreffen sind. Solche Gruppierungen betreffen z.B. Gleichaltrige, Angehörige der Eltern- bzw. Großelterngeneration, Frauen/Männer, Berufsgruppen, soziale Schichten, Stadt-Land-Bevölkerung etc. Chinesische Bauern mögen mit europäischen Bauern vermutlich in bestimmten Bereichen mehr Wertauffassungen gemeinsam haben als mit Großstadtbewohnern ihres Landes, wie auch chinesische Studenten und Akademiker in gewissen Wertorientierungen mehr mit ihren Kollegen aus Europa übereinstimmen als mit ihren Altersgenossen anderer sozialer Schichten. Chinesen vom Festland haben in bestimmten Bereichen ähnliche Sozialisationserfahrungen wie Europäer aus ehemals vom Sozialismus geprägten Ländern. Dies gilt es zu berücksichtigen, wenn wir von unterschiedlichen Kulturen sprechen.

China ist seit frühesten Zeiten ein Vielvölkerstaat. Heute besteht seine Bevölkerung aus 56 verschiedenen Ethnien, von denen das Han-Volk (darunter werden die „eigentlichen“ Chinesen verstanden) mit 94% zahlenmäßig die stärkste Gruppe darstellt. Die weiteren 6% teilen sich in 55 Minoritätsvölker auf. Peking, Hongkong und Shanghai verfügen über eine ultramoderne Infrastruktur. Die Veränderungen in diesen Städten geschehen mit atemraubender Schnelligkeit. Sie sind sehr vielfältig und betreffen auch die Umgangsformen. Der Chinese Cui Jian besang diesen Wandel bereits vor 10 Jahren in seinen Liedern: *„Nicht ich blicke nicht durch, nur die Welt verändert sich zu schnell.“* Die Geschäftsstraßen von Shanghai, einer Stadt mit 15 Millionen Einwohnern, sehen aus wie alle Geschäftsstraßen der Welt aussehen. Das High Life in den Straßen von Shanghai steht in einem eklatanten Widerspruch zum Leben auf dem Land, wo die Bauern mit dem von Ochsen gezogenen Pflug die Reisfelder bearbeiten - zwei Zeiten, zwei Welten. Das Leben in den Großstädten und im chinesischen Hinterland ist wie das Leben auf verschiedenen Planeten. Dabei ist zu berücksichtigen, dass ungefähr 80% der Bevölkerung Chinas auf dem Land leben. In den bäuerlichen Regionen finden sich - trotz aller sozialen und ideologischen Veränderungen - traditionelle chinesische Vorstellungen.

Im Vergleich zu den turbulenten Zeiten auf dem Festland haben die meisten Chinesen, die schon längere Zeit im Ausland leben, in ihrer Geschichte weniger Veränderungen durchgemacht. Auch sie sind noch stark den traditionellen chinesischen Werten verpflichtet.

Gegenwärtig sind drei unterschiedliche chinesische Gesellschaften mit einem gemeinsamen kulturellen Hintergrund auszumachen. Dies sind Festlandchina mit Hongkong (das am 1.7.1997 von England an China zurückgegeben wurde), Taiwan und die Kolonien chinesischer Emigranten in Asien, Amerika und Australien. Die zeitlich-räumliche Trennung, die unterschiedlichen ideologischen Ausrichtungen dieser Gesellschaften und die damit verbundenen sozioökonomischen Veränderungen haben zu unterschiedlichen Entwicklungen geführt. Vergleicht man die Chinesen in Taiwan, in Hongkong und auf dem Festland miteinander, dann fällt die Einschätzung im Allgemeinen so aus, dass Taiwan- und Hongkongchinesen moderner und westlicher, gleichzeitig aber auch traditioneller sind als die Festlandchinesen. Das „Chinatum" der Auslandchinesen bleibt auf dem Stand der Zeit, in der sie China verlassen haben. Unter den chinesischen Emigranten hat die kulturelle Identität über mehrere Generationen hinweg eine tiefe Bedeutung behalten. Dies zeigt sich z.B. darin, wie junge Amerika-Chinesen (in Amerika geborene Chinesen der 2. oder 3. Generation) sich auf humoristische Weise im Internet mit ihrer kulturellen Herkunft auseinandersetzen. Unter dem Titel *„You know you are Asian, if....."* folgt eine Auflistung von mehr als achtzig „typisch chinesische Verhaltensweisen", die als sicheres Indiz gelten, immer noch „chinesisch" zu sein.

Trotz erkennbarer Unterschiede zwischen den verschiedenen chinesischen Gesellschaften, ist der gemeinsame - über Jahrtausende gewachsene - kulturelle Hintergrund, welcher die Werthaltungen und somit auch das Kommunikationsverhalten beeinflusst, unverkennbar. Wenn sich Chinesen vom Festland, aus Taiwan oder aus Übersee treffen, wird wohl deutlich, dass sie sich in bestimmten Gepflogenheiten unterscheiden, aber sie fühlen sich als „Vögel aus dem gleichen Schwarm", beschreibt Yang (1986, 107) dieses kulturelle Identitätsgefühl.

3. Unterschiede in der Kommunikation

Wenn in der Kommunikation mit Menschen einer andern kulturellen Herkunft etwas schief läuft, sind wir uns nicht bewusst, dass es an den verschiedenartigen Signalen und am unterschiedlichen Gesprächsstil liegt und nicht an den Worten. Kulturen unterscheiden sich nicht aufgrund unterschiedlicher Sprachen, sondern vor allem aufgrund verschiedener Konventionen, was in bestimmten Situationen gesagt wird, wie man etwas sagt, und welche Bedeutung die Äußerung für das Gegenüber hat.

Bei der Beschäftigung mit einer fremden Sprache liegt üblicherweise die Konzentration - einem bestimmten (traditionellen) Verständnis von Sprache und Kommunikation folgend - auf den grammatikalischen und lexikalischen Elementen. Es gibt jedoch zahlreiche andere Faktoren, die das kommunikative Geschehen beeinflussen, die ebenso große, wenn nicht zu sagen größere Bedeutung für die gegenseitige Verständigung haben. Das Sprechen selbst ist nur ein Teil davon. Das Gesprochene kann erst dann verständlich werden, wenn es im Kontext des gesamten kommunikativen Aktes interpretiert wird. Dies trifft insbesondere für die interkulturelle Verständigung zu. Schwierigkeiten in der interkulturellen Kommunikation kommen daher, dass die Einbettung sprachlicher Äußerungen in das jeweilige kulturspezifische System von Normen und Wertvorstellungen nicht berücksichtigt wird, meist deshalb, weil diese nicht bekannt sind. Eva Hoffmann beschreibt in ihrem Buch *„Lost in Translation“* (in der deutschen Übersetzung „Ankommen in der Fremde“) eindrücklich, die Emigrationserfahrungen ihrer Familie: *„Mein Vater lernt zwar die Sprache, aber er begreift nie wirklich, wie anders die Regeln hier sind“* (Hoffmann 1989).

In jeder Sprachgemeinschaft gibt es unterschiedliche kulturelle Regeln, wie man etwas mitteilt. Einige Regeln sind explizit, viele sind jedoch implizit, nur aus dem Kontext erklärbar und den Kommunizierenden gar nicht bewusst. Es hat sich gezeigt, dass wir unsere eigenen kulturellen Prinzipien meistens erst explizit machen können, wenn sie verletzt wurden. Oder können Sie einem fremden Besucher auf Anhieb einige unserer Kommunikationsregeln aufzählen und ihn darüber aufklären, worauf er in einem Gespräch achten muss, um „korrekt“ zu kommunizieren?

Erfolgreiche interkulturelle Kommunikation setzt jedoch die Kenntnis dieser kulturellen Regeln voraus. Das bedeutet zu wissen, *wer* in einer Kommunikation *wie*, *was*, *wann*, *wo* sagt.

Wer? Sprecherrechte (Gesprächseröffnung, Einbringung des Themas, Sprecherwechsel, Gesprächsbeendung) richten sich nach der hierarchischen Organisation einer Kultur.

Wie? Die sprachliche Form, wie etwas ausgedrückt wird (direkte oder indirekte Sprechweise, Grad der Bestimmtheit des sprachlichen Ausdrucks, Höflichkeitsstrategien, formale oder individuelle Ausdrucksweise, Sprecher-Hörerverhalten) gründet auf kulturellen Wertvorstellungen.

Was? Obligate Gesprächsfloskeln und Höflichkeitsformeln, Gesprächs- sowie Tabuthemen sind kulturspezifisch.

Wann? Zeitliche Organisation eines Gesprächs, Strukturierung der Information während der Konversation, in einer bestimmten Situation zu sprechen oder zu schweigen; all dies sind kulturelle Gepflogenheiten.

Wo? Es existieren kulturell unterschiedliche Erwartungen, wie man sich in einem bestimmten Kontext verbal verhalten soll. In welchem Kontext man sich wessen Kommunikationsstils bedienen soll, und was wo besprochen werden darf, setzt kulturelles Wissen über kommunikative Zusammenhänge voraus.

Die Kenntnisse dieser kulturellen Kommunikationsregeln sind für die interkulturelle Kommunikation von immenser Bedeutung. Kulturelle Regelverletzungen werden von der Umwelt weit störender empfunden als syntaktische oder semantische, weil es die Normen sind, und nicht die grammatische Korrektheit, welche zum Gelingen der Kommunikation beitragen. Wenn jemand die Sprache nicht richtig beherrscht, kann das zwar die Interaktion beeinträchtigen. Unwissenheit (als Quelle von Missverständnissen) auf der normativen soziokulturellen Ebene wird dem Sprechenden persönlich angelastet. Dieser wird als aggressiv, arrogant, grob, unflexibel, unehrlich etc. eingestuft. Die sozialen Folgen von Fehlern dieser Art sind bedeutend schwerer als bei einem Verstoß gegen die Grammatikregeln.

Wichtig ist die Sensibilisierung auf unsere eigene kulturelle Prägung. Zu erfahren, dass unser vermeintlich „normales" Verhalten keineswegs das „natürliche" ist, sondern das „kultürliche", und es auch andere Möglichkeiten gibt, bestimmte Situationen wahrzunehmen und/oder darauf zu reagieren, bedeutet eine Erweiterung unseres (kulturell geprägten) Horizonts (vgl. Wicker 1990). Leider findet jedoch weder im Fremdsprachenunterricht noch in den Ausbildungsgängen für internationale Kontakte eine Sensibilisierung für dieses kulturspezifisch unterschiedliche Kommunikationsverhalten statt.

Eine Analyse des chinesischen Kommunikationsverhaltens vor dem Hintergrund kultureller Glaubens- und Wertorientierungen in diesem Buch soll zur Optimierung der interkulturellen Verständigung zwischen deutsch- und chinesischsprachigen Gesprächspartnern beitragen. Wohl kann es sich bei einer solchen Analyse nur um grobe Verallgemeinerungen handeln. In den vorangehenden Ausführungen wurde bereits erwähnt, dass es neben kulturellen Unterschieden zwischen zwei Gesellschaften - in diesem Fall der chinesischen und der westeuropäischen - in jeder Kultur aufgrund der individuellen Sozialisationsgeschichte auch intrakulturelle Unterschiede in der ideologischen Ausrichtung gibt (regionale Differenzen, Schichtzugehörigkeit, Status, Ausbildung, Geschlecht, Persönlichkeit, Beruf, Religion etc.). Solche intrakulturellen Unterschiede beeinflussen zusätzlich das kulturspezifische Kommunikationsverhalten und führen zum persönlichen Kommunikationsstil. Verschiedene Studien weisen darauf hin, dass dieser persönliche Kommunikationsstil den stärksten Ausdruck kultureller Identität darstellt und mehr als andere kulturelle Merkmale resistent gegenüber Veränderungen ist (siehe Lin-Huber 1998).

貳

Chinesische Kommunikation

4. Kultureller Hintergrund

4.1 Ursprung der chinesischen Kultur

„Was alles Sie in China sehen, hören, riechen, schmecken und erleben werden, ist Ausdruck einer jahrtausendealten Geschichte und Kultur“, steht in einem Ratgeber für Chinareisende. China kann die am längsten am Leben erhalten gebliebene ununterbrochene kulturelle Tradition vorweisen, welche sich seit Jahrtausenden unabhängig von der abendländischen entwickelt hat. Die Ursprünge der chinesischen Kultur gehen zurück auf das Han-Volk. Dies ist auch heute noch zahlenmäßig die stärkste Volksgruppe in China. Vor 5000 Jahren besiedelten die Han-Chinesen das Gebiet am Mittellaufe des Gelben Flusses - dem Kernland Chinas - und entwickelten dort aufgrund der ökologischen Bedingungen eine einheitliche bäuerliche Kultur. Daher wird dieses Gebiet als „Wiege der chinesischen Zivilisation“ bezeichnet. Unter Shi-Huang-di, dem ersten Kaiser der Qin-Dynastie (221-207 v. Chr.), wurde China als eine Nation geeinigt. Außer zur Verteidigung waren die Han-Chinesen selten in militärische Auseinandersetzungen verwickelt. Wohl mischten sie sich in ihrer langen Geschichte mit den Völkern der angrenzenden Gebiete durch kulturelle Kontakte und Heirat. China hat jedoch diese fremden Kulturen meist durch Sinisierung absorbiert. Um Kulturspaltungen zu verhindern und fremde Einflüsse abzuwehren, besann sich „China“ - d.h. die chinesische Gerichtsschreibung in den verschiedenen Dynastien - immer wieder auf seinen Ursprung. Hieraus resultiert die historische Beständigkeit der chinesischen Kultur. Die in den letzten 150 Jahren wiederholte Invasion ausländischer Mächte (siehe Kap.1) führte erneut dazu, dass sich China Einflüssen „von außen“ zu widersetzen versuchte. So geschieht Modernisierung im Bewusstsein vieler Chinesen auch heute noch nicht in der Integration von fremden, sondern in der Aktualisierung von traditionellen Werten. Ganz nach den Worten Konfuzius': *„Wer Altes bewahrt und zugleich neues Wissen zu gewinnen vermag, der kann Menschen Lehrer und Vorbild sein.“*

Die chinesische Kultur gründet auf einer bäuerlichen Gesellschaft. Aus dieser Agrargesellschaft kristallisierten sich bestimmte, noch heute gültige Merkmale der chinesischen Sozialstruktur heraus (hierarchische Organisation, Kollektivismus, generalisierte Familienstruktur). Während der Blütezeit der chinesischen Philosophie (821-221 v. Chr.) - zur

Zeit der „Hundert Schulen“ - wurden viele Ideen entwickelt, die bis zur heutigen Zeit das Denken und Handeln der Chinesen prägten. Buddhistisches und taoistisches Gedankengut und die Soziallehre des Konfuzius, welche sich vor allem um „das richtige Verhalten im gesellschaftlichen Leben“ kümmerte, beeinflussten sich gegenseitig. Diese religiösen Vorstellungen und moralischen Doktrinen führten zusammen mit den Merkmalen der bäuerlichen Sozialstruktur zu den für uns als „typisch chinesisch“ geltenden Interaktionsmustern. Während der Han-Dynastie (206 v. - 9 n. Chr.) wurde der Konfuzianismus zur Staatsphilosophie erhoben und galt fortan als Grundlage des chinesischen Soziallebens. Somit beeinflusste die konfuzianische Ethik das Interaktionsverhalten der Chinesen am nachhaltigsten.

4.2 Die Soziallehre des Konfuzius

Konfuzius (551-478 v. Chr.) prägte mit seiner Lebensphilosophie das geistige Leben der Chinesen entscheidend. Er war jedoch nicht Begründer einer neuen Lehre, sondern Überlieferer einer bereits lange existierenden universalen Weltordnung. In dieser Ordnung hatten alle überirdischen und irdischen, d.h. alle kosmischen, menschlichen und staatspolitischen Phänomene ihren festen Platz.

In der konfuzianischen Weltanschauung betrachtet man Himmel, Erde und Menschen als ein Ganzes. Sie stehen in enger Wechselwirkung zueinander. Eine Störung auf der einen Seite erschüttert die anderen Ebenen bzw. das Ganze. Deshalb richtet sich die chinesische Betrachtungsweise, ihre Sprache wie ihr Denken auf den Zusammenhang aller Dinge.

Im Zentrum der konfuzianischen Lehre stehen die menschliche Gesellschaft und der Aufbau ihrer idealen Ordnung. Sie sollen ein harmonisches Zusammenleben der Menschen ermöglichen. Das Streben nach Harmonie ist das Grundelement der konfuzianischen Lehre. Jedes Gemeinschaftsmitglied soll durch die Einhaltung der Prinzipien der zwischenmenschlichen Beziehungen zur Herstellung und Erhaltung der sozialen Harmonie beitragen.

Wohl ist die auf Harmonie angelegte Ordnung im Laufe der Geschichte oft zusammengebrochen. „Bemerkenswert ist dennoch, wie das chinesische Volk nach großen Aufständen und dem Sturz von Dynastien jeweils nach kurzer Zeit wieder ein neues, dem alten sehr verwandtes System mit neuen Kontrollen und Gleichgewichtsregeln bildete“ (Wickert 1984, 214).

Davon ausgehend, dass kein Mensch von Geburt an allein lebe, beabsichtigte Konfuzius, das ganze Volk zu einer Lebensgemeinschaft zu formen. Jeder sollte im Staat seine fixe Rangordnung einnehmen. Nur durch eine strenge Hierarchie und durch eine gewissenhafte Erfüllung der Pflichten gegenüber seinen jeweiligen Vorgesetzen glaubte Konfuzius, ein friedliches und harmonisches Zusammenleben im Staate gewährleisten zu können.

Von elementarer Bedeutung sind dabei die fünf menschlichen Grundbeziehungen: zwischen Vater und Sohn, zwischen Herrscher und Untertan, zwischen Mann und Frau, zwischen älterem und jüngerem Bruder, zwischen älterem und jüngerem Freund. Diese Beziehungen sind hierarchisch strukturiert, sogar die unter Freunden. Das soziale Kollektiv ist in jeder Beziehung hierarchisch geordnet. Egalitäre Beziehungen sind nicht möglich. Es muss hervorgehoben werden, dass alle Beziehungen auf gegenseitiger Abhängigkeit (Reziprozität) beruhen. Diese gegenseitige Abhängigkeit ist ein weiteres wichtiges Merkmal im chinesischen Sozialverhalten.

Die traditionelle Familie stellt das generelle Modell sozialer Organisation in China dar und ist nach der konfuzianischen Soziallehre die fundamentale Einheit in der chinesischen Gesellschaft. Jedes Familienglied kennt seinen Platz und handelt übereinstimmend mit seiner Position. Die hierarchisch gegliederte Familie ist in jeder Hinsicht das Modell für die Gestaltung von Beziehungen, auch für solche, die außerhalb der eigenen Verwandtschaft liegen.

In der traditionellen chinesischen Familie müssen Eltern mit großer Ehrerbietung behandelt werden. Es wird ein unbedingter, nicht hinterfragter Gehorsam erwartet. Über viele Jahrhunderte hinweg wurden die Kinder durch Erzählungen, bekannt als *„24 Beispiele kindlicher Pietät"* über ihre Verpflichtungen den Eltern gegenüber instruiert. „Kindliche Pietät" zählt in der chinesischen Gesellschaft zu den wesentlichen Wurzeln sittlichen Handelns. Sie rechtfertigt die absolute Autorität der Eltern und der älteren Generation über die jüngere. „Kindliche Pietät" ist jedoch nicht nur eine „Familienmoral", die aus einer auf Sippenverbänden gründenden Gesellschaft herrührt. „Kindliche Pietät" ist ein fundamentaler sozialer Wert, welcher die ganze chinesische Gesellschaft in ihren sozialen Beziehungen innerhalb der Familie, mit Verwandten, Freunden und Lehrern beeinflusste.

Konfuzius wollte den einzelnen durch Erziehung zu dem Bewusstsein bringen, dass er Verantwortung seiner jeweiligen Sozialrolle entsprechend als Vater, Fürst, Ehepartner, Bruder und Freund zu tragen und seine Pflicht zu erfüllen hat.

> „Mit den Vätern redend, spricht man von der rechten Erziehung der Söhne; wenn man mit einem Sohn redet, spricht man von der Ehrfurcht gegen den Vater; wenn man mit einem älteren Bruder redet, spricht man von der Belehrung der jüngeren; wenn man mit einem jüngeren Bruder redet, spricht man von dem Dienst der älteren; wenn man mit einem Fürsten redet, spricht man von der Verwendung der Beamten; wenn man mit einem Beamten redet, spricht man vom Dienst der Fürsten" (*Li-ji*; Wilhelm 1997, 143).

Rechte und Pflichten für jeden einzelnen sind nach der konfuzianischen Lehre klar definiert. Das harmonische Zusammenleben ist nur möglich, wenn sich der einzelne an die vorgeschriebene Rolle hält. Wer seine Rolle in der Gesellschaft richtig spielt, trägt zur Ordnung bei.

Zwei Begriffe stellte Konfuzius in das Zentrum seiner (politischen) Theorien: *li*, die Riten, Sitten, und *ren*, die Menschlichkeit.

Li soll die moralische Ordnung der Gesellschaft aufrechterhalten und somit das harmonische Zusammenleben ermöglichen. Jeder Mensch hat einen bestimmten Platz innerhalb der Gesellschaft und ist verpflichtet, bei der Erhaltung der sozialen Ordnung mitzuhelfen, indem er sich an bestimmte vorgeschriebene Regeln (*li*) hält. *Li* wird oft auch mit Etikette übersetzt. *Li* ist jedoch nicht nur etwas Äußerliches. Es bedeutet gesittetes, sozialbewusstes, verantwortliches Handeln. Durch die Etikette wird jedes Verhalten, auch im ganz privaten Bereich, gemäss den vorgegebenen Verhaltensregeln standardisiert. Diese sind im *Li -ji* (Buch der Riten, Sitten und Gebräuche) genau festgelegt. Sie wurden von Generation zu Generation durch formelle und informelle pädagogische Kanäle weitergegeben und sind auch heute noch von Bedeutung. Im Europa des 18. Jahrhunderts war das *Li-ji* bekannt. So schreibt Kant über chinesische Umgangsformen:

> „Alles was ein Gast, wenn er sich meldet, (und) wenn er den Besuch abstattet, für Gebärden und Reden führen soll, was der Wirt dabei sagt oder tut: das alles ist in öffentlich herausgegebenen Komplimentenbüchern vorgeschrieben, und es muss nicht ein Wort davon abgehen. Man weiß, wie man höflich etwas abschlagen muss, und wenn es Zeit ist, sich zu bequemen" (Kant 1985, 97-98).

Während *li* die äußere Form für das rechte Verhalten (Etikette) darstellt, verkörpert *ren* die innere Haltung. *Ren* - gleichzusetzen mit Menschenliebe, Güte, Wohlwollen - ist der innere Geist der Sittlichkeit. (Dieses *ren* 仁 ist nicht zu verwechseln mit *ren* 人 „Mensch"). *Ren* ist das angeborene Empfinden für Moral und das Basisprinzip für persönliches wie zwischenmenschliches Benehmen. Es beruht auf der Grundgesinnung der Ehrfurcht, die verlangt, jeden Menschen wie „einen geehrten Gast" (Tugend der Gastlichkeit) zu behandeln. *Ren* ist die höchste sittliche Norm, die vor allem die gegenseitige Liebe betont:

> „Ein Mensch ohne Menschenliebe, was helfen ihm die Sitten" (Lun-yu „Gespräche mit Konfuzius"; Wilhelm 1950).

4.3 Einfluss des Konfuzianismus auf die Kommunikation

Konfuzius war bestrebt, die alte Ordnung, wie sie früher in China geherrscht hatte, wiederherzustellen. Seine Soziallehre brachte Ordnung in Zeiten der chaotischen, von Machtkämpfen beherrschten Feudalherrschaft. Wie die Geschichte zeigt, blieb die konfuzianische Sozialstruktur Chinas bis Anfang dieses Jahrhunderts im Grunde genommen unverändert. Im gesellschaftlichen Zusammenleben funktionieren bis heute die fünf konfuzianischen Grundbeziehungen mit ihren vorgeschriebenen Rechten und Pflichten, nach denen jeder einzelne mit den anderen zu interagieren hat.

Konfuzianisches Gedankengut dominiert nun seit über 2000 Jahren den chinesischen Verhaltenskodex und sorgte für Kontinuität und Stabilität. Seit der Han-Dynastie (206 v. - 9 n. Chr.), als der Konfuzianismus zur Staatsethik wurde, war dieser eng an den Staatsaufbau geknüpft. Trotz innerer Zusammenbrüche und Invasionen konnte China als großräumiger Einheitsstaat - vom dritten Jahrhundert v. Chr. bis in unsere Tage - seine staatliche Form bewahren. Dies verdankt es vor allem seiner konfuzianischen Beamtenschaft, denn seit der Gründung der kaiserlichen Akademie bis zum Ende des Kaiserreiches im Jahre 1911, wurden die kaiserlichen Beamten nach einem einheitlichen Prüfungssystem ausgewählt. In diesen Prüfungen war die Kenntnis der konfuzianischen Schriften ein wichtiger Bestandteil.

In der chinesischen Besinnung auf die eigene Rückständigkeit (Niederlage beim Boxeraufstand) wurde die chinesische Kultur - insbesondere das konfuzianische Wertsystem - einer Reihe schwerer innenpolitischer Angriffe ausgesetzt („Reform der Hundert Tage" 1898, 4. Mai-Bewegung 1919, Kulturrevolution 1966-76). Dem Konfuzianismus wurde vorgeworfen, er verhindere den Fortschritt und bremse die moderne Entwicklung Chinas. Mao stützte zwar die von Konfuzius geforderte Gemeinschaftsbezogenheit, verurteilte jedoch die konfuzianische Tugend der „kindlichen Pietät". Er befand die enge Bindung unter Verwandten und Freunden als überholt und ungeeignet für die neuen Sozialverhältnisse Chinas.

Obwohl verschiedene ideologische Bewegungen versuchten, das konfuzianische Gedankengut zu unterdrücken, sind seine Ideale (Menschlichkeit, Sittlichkeit, Gerechtigkeit, Weisheit und Loyalität) immer noch richtungsweisend in der chinesischen Gesellschaft, wenn auch auf dem Festland unter anderen Namen. In einer Erziehungskampagne gegen den moralischen Zerfall der Jugend im Jahre 1981 wurden unter den „Fünf moralischen Standards", die es zu halten gilt, die Tugenden „zivilisiertes Auftreten", „Höflichkeit", „ordentliches Benehmen" und „Moral" aufgeführt. Unter der Forderung nach den „Vier Schönheiten" waren „Schönheit der Sprache" (höfliche Sprechweise, geziemender Ausdruck, Bescheidenheit), „Schönheit im Verhalten" (Freundlichkeit, Fleiß, Disziplin, Verantwortung gegenüber der Gesellschaft) wie auch „Schönheit in Herz und Geist" (persönliche Würde, Integrität und Redlichkeit). Diese Aufforderungen erinnern auffallend an den konfuzianischen Verhaltenskodex.

> „Bevor die Schüler der Experimentschule in Qufu (der Heimat des Konfuzius) allmorgendlich ihre Lese- oder Rechenbücher aufschlagen, zitieren sie erst einmal aus den Werken des großen Philosophen. Angesagt ist nicht mehr der Pionierappell, und es sind auch nicht die Sprüche des großen Vorsitzenden aus der Mao-Bibel, die von den Grundschülern unisono in den Raum geschmettert werden, sondern die Analen des Konfuzius" (Mann 2004).

Es ist frappierend zu beobachten, dass die moralorientierte konfuzianische Ethik nicht nur alle Angriffe überstand, sondern immer noch eine grundlegende Rolle im gesellschaftlichen Zusammenleben spielt. Durch die Öffnung Chinas ist zu erwarten, dass Konfrontationen mit den vorhandenen Verhaltens- und Wertungsnormen unvermeidlich sind. Es hat sich gezeigt, dass - trotz oder wegen der Modernisierung im Zuge der Globalisierung - eine verstärkte Rückbesinnung auf die traditionellen Werthaltungen stattfindet.

Konfuzius' Lehren gehören heute vielerorts wieder zum Pflichtstoff. Nach dem 79-jährigen Forscher Kong Fabjin der Shandong-Universität, der sich - wie alle Träger des Familiennamens Kong - auf die Verwandtschaft mit Konfuzius beruft, steht die Renaissance des großen Gelehrten erst am Anfang: *„Wir haben erst einen Teil des Wesens seiner Lehre begriffen."* Wie sagt doch Konfuzius: *„Zu wissen, dass man nichts weiß, das ist erst wissen"* (Mann 2004).

Die konfuzianischen Werte üben auch heute noch einen wichtigen Einfluss auf das chinesische Interaktionsverhalten aus, der nicht zu unterschätzen ist. Nach Konfuzius' Ansicht sind sich die Menschen von Natur aus gleich, durch ihre Gewohnheiten entfernen sie sich aber weit voneinander. Es ist jedoch davon auszugehen, dass vor allem die kulturell unterschiedlichen Lebens- und Kommunikationsgewohnheiten, trotz interkultureller Kontakte, noch über längere Zeit hinweg bestehen bleiben werden. Dies vor allem darum, weil sich nachweislich der persönliche Kommunikationsstil - als stärkster Ausdruck kultureller Identität - gegenüber Veränderungen als äußerst resistent erweist (Lin-Huber 1998).

5. Charakteristiken der chinesischen Kommunikation

Im vorigen Kapitel wurde deutlich, wie Konfuzius nachhaltig auf das Interaktionsverhalten der Chinesen Einfluss nahm. Im Konfuzianismus hochgehaltene Werthaltungen wie das Harmoniestreben, die hierarchische Organisation des Soziallebens sowie die Ausrichtung auf zwischenmenschliche Beziehungen beeinflussen auch heute noch das chinesische Kommunikationsverhalten. Chinesische Kommunikation dient *nicht* in erster Linie - im Gegensatz zur Kommunikation bei uns - der Befriedigung individueller Bedürfnisse oder der Erreichung persönlicher Ziele. Die primäre Funktion der chinesischen Kommunikation besteht darin, die Harmonie zu erhalten, die verschiedenen hierarchisch geregelten Positionen zu bekräftigen sowie die zwischen den Individuen existierenden Beziehungen aufrecht zu erhalten. Die Informationsvermittlung ist dabei sekundär. Eine Analyse des chinesischen Kommunikationsverhaltens vor dem Hintergrund der konfuzianischen Glaubens- und Wertorientierungen soll helfen, chinesische Kommunikationsprozesse zu verstehen und zu interpretieren.

5.1 Harmoniestreben

Das Streben nach Harmonie ist das Grundelement der chinesischen Sozialstruktur. Jede kommunikative Handlung hat die Aufrecherhaltung der sozialen Harmonie zum Ziel. Deshalb bemühen sich die Chinesen in erster Linie darum, eine harmonische Gesprächsatmosphäre zu schaffen, während die Aufarbeitung irgendwelcher Sachinhalte im Vergleich dazu zweitrangig ist.

Vermeidung konfrontierender Äußerungen

Im Buch der Riten *(Li-ji)* steht über das Geziemende:

> „Wenn du streitest, suche nicht recht zu behalten. Wenn du teilst, such nicht viel zu bekommen. Dinge, die zweifelhaft sind, behaupte nicht; rede geradezu, ohne deine Meinung zu betonen“ (Wilhelm 1997, 310).

Argumentative und konfrontierende Äußerungen sollen um jeden Preis vermieden werden. Während in der westlichen Rhetorik großer Wert auf argumentative Überzeugungstaktiken gelegt wird, ist diese Unerbittlichkeit beim Diskutieren den Chinesen fremd. Dies bezeugen auch die folgenden Zitate:

> *„Wer ohne Angaben von Gründen in der Diskussion Behauptungen aufstellt, der liebt Streitigkeiten"* (Xun-zi).
> *„Unter allen Diskussionen liegt das Undiskutierbare. Das ist der (Hinter-) Grund vor dem die Unterschiede auftauchen"* (Zhuang-zi).
> *„Ein Disput ist der Beweis dafür, dass keine Klarheit herrscht"* (Zhuang-zi).
> *„Wer gut ist, disputiert nicht. Wer disputiert, ist nicht gut"* (Lao-zi).

Ein frontaler Angriff, die Überführung des Gegners oder das Anbringen eines überzeugenden Arguments drücken nach chinesischer Auffassung nicht intellektuelle Überlegenheit aus. Ein aggressiver Gesprächsstil zeugt von schlechten Manieren. Wichtiger als die Eloquenz eines Sprechers ist, dass er den Respekt vor dem Gegenüber und das Wohl der Gemeinschaft im Auge behält.

> *„Ein Hund gilt nicht als gut, weil er gut bellt, und ein Mann gilt nicht als weise, weil er gewandt redet"* (Zhuang-zi).

Konfuzius mahnte immer wieder zur Vorsicht beim Reden:

> „Der Edle ist bedacht in seinen Worten und klug in seinem Handeln" (Lun-yu „Gespräche"; Wilhelm 1921, 24).

Konfuzius hat nicht geleugnet, dass es Konflikte gibt. Er forderte jedoch die Menschen auf, die Konflikte zu lösen, um der Harmonie näher zu kommen.

> „Rechtshändel entscheiden kann ich auch nicht anders als andere, worauf es aber vor allem ankommt, ist die Leute von Rechtshändeln abzuhalten, so dass die, die Unrecht haben, ihre Reden gar nicht fertig halten können, weil des Volkes Gesinnung durch großes, ehrfurchtgebietendes Wesen im Zaum gehalten wird" (Wilhelm 1997, 49).

Die Chinesen benutzen verschiedene Strategien, um Disharmonie zu vermeiden. Diese Strategien werden in Kap 7.1 ausführlich dargestellt.

Jiang-li (Vernunft reden)

Die westlichen Menschen geben sich damit zufrieden, dass eine Behauptung logisch ist. Für die Chinesen genügt dies nicht, sondern sie muss außerdem noch mit der „menschlichen Natur" übereinstimmen. Die Übereinstimmung mit der „Menschennatur“ ist sogar ein wichtigeres Erfordernis als die logische Korrektheit. In einem chinesischen Diskurs ist es nicht wichtig, ob etwas logisch ist oder nicht. Das letzte entscheidende Argument ist immer, ob es *jiang-li* (Vernunft reden) ist. Das gesamte chinesische Gemeinschaftsleben beruht auf der Grundlage von *jiang-li*. Wer in einer Auseinandersetzung zugeben muss, dass er nicht „vernünftig“ ist, hat bereits verloren. Die schärfste Missbilligung ist, von jemandem zu sagen: *„bu jiang-li“* (Er redet keine Vernunft). Alles, was über die Grenzen des Vernünftigen hinausgeht, wird als *bu jin ren-qing* (es bewegt sich von der menschlichen Natur weg) bezeichnet, und damit ist das Urteil gesprochen. Der Geist der Vernünftigkeit bildet die Gegenkraft zur Logik. Vernünftigkeit bedeutet, alles Extreme zu vermeiden in der Bemühung um einen reibungslosen sozialen Umgang. Vernünftigkeit beinhaltet Behutsamkeit, Selbstzucht, Maßhalten und Geduld in zwischenmenschlichen Beziehungen. Wenn es die jeweilige Situation erfordert, nehmen die Chinesen vorübergehend auch Nachteile in Kauf (siehe Lin 1981, 187).

Verbale Zurückhaltung

> *„Das Weltall redet nicht, es lebt; es streitet nicht um sein Dasein, es erfüllt sich“* (Lin 1937, 482).

Es gehört zu den chinesischen Glaubensüberzeugungen, dass „der Mund“ (d.h. die gesprochenen Worte) die Wurzeln allen Übels ist, gemäss einem Sprichwort:

> *„Alles Unheil kommt davon, dass man den Mund zu viel auftut.“*

Dieser Überzeugung liegt die Vorstellung zugrunde, dass die meisten Konflikte dann entstehen, wenn Menschen sich in Diskussionen involvieren lassen, argumentieren, widersprechen oder zurückfragen. Von Kung Tingan stammt der Ausspruch:

> *„Der Weise redet nicht, nur die Neunmalklugen reden und die Dummen räsonieren gar.“*

Dies gilt nicht nur für Alltagssituationen, sondern auch für wissenschaftliche Diskurse. Der Chinese Lin Yutang bemerkte zu den Ausführungen des amerikanischen Psychologen William James:

> „Der Unterschied ist nur, dass William James, wenn er ein Chinese gewesen wäre, nicht so viel Worte darüber verloren, sondern einfach in einer kurzen Abhandlung oder einer lässigen Tagebuchnotiz seine Auffassung niedergelegt und sie als richtig hingestellt hätte mit der Begründung, er glaube es, weil es so sei. Vor den vielen Worten hätte

> er sich gescheut, aus der Besorgnis heraus, dass aus vielen Worten ebensoviel Gelegenheit zum Missverständnis entspringt" (Lin 1937, 481).

Es gibt eine Anzahl chinesischer Spruchweisheiten, die zur verbalen Zurückhaltung mahnen, um Konflikten aus dem Wege zu gehen:

> *„Ist eine Sache geschehen, dann rede nicht darüber; es ist schwer, verschüttetes Wasser zu sammeln."*
> *„Unausgesprochene Worte werden nicht bekannt; unangebohrtes Loch bleibt wie zuvor."*
> *„Wenn ein Wort einmal über die Lippen gekommen ist, so können es die schnellsten Pferde nicht mehr einholen."*
> *„Hat man mit einem Wort keinen Erfolg, so nützen Zehntausende nichts."*
> *„Viel Gerede bringt Verdruss; viel Essen schlechte Verdauung."*
> *„Im Umgang mit den Mitmenschen ist das viele Reden unbedingt zu vermeiden. Viel Reden führt unvermeintlich zu vielen Fehlern."*

Ein Chinese erklärt einem deutschen Freund die verbale Zurückhaltung seiner Landsleute:

> „Ihr legt soviel Wert auf das Verstehen. Du sagtest immer, wir sollten einmal solche Probleme diskutieren. Nun, wir tun dies normalerweise nicht. Ich denke aber, dir helfen zu können dadurch, dass ich dir erkläre, was jeder Chinese selbstverständlich weiß und fühlt. - Um ein Bild zu gebrauchen: Jeder Chinese ist wie eine Thermosflasche – außen kalt und innen heiß. Wir verstecken unsere Gefühle. Niemand von außen - mit Ausnahme der Familie – hat das Recht, unsere tiefsten Gedanken und Gefühle zu kennen" (Hieber 1984, 29).

Der chinesische Filmemacher Lee Ang wurde in einem Interview darauf angesprochen, ob er nicht neidisch sei, dass der amerikanische Film *„American Beauty"* zum Klassenschlager wurde, ein Film, der doch viele Themen nochmals anriss, welche bereits Lees Film *„The Ice Storm"* behandelte. Darauf meinte der gebürtige Chinese: „ *‚American Beauty'* mag zwar kommerziell erfolgreich gewesen sein, aber der Film langweilt mich. Denn er hat alles Unausgesprochene in *‚The Ice Storm'* ausgesprochen" (Walser 2002, 6).

5.2 Hierarchische Struktur

Ein besonderes Merkmal der chinesischen Gesellschaft ist ihre hierarchische Struktur. In einer hierarchisch strukturierten Gesellschaft bestehen immer vertikale Unterschiede zwischen den Gesprächspartnern. Die Rollen des Sprechers wie des Hörers sind durch deren Status bestimmt. Nicht jede Person ist berechtigt, jederzeit zu sprechen. Die Sprecherrechte richten sich nach der kulturell etablierten hierarchischen Stellung. Sprechen darf immer der hierarchisch Höhergestellte. An diese hierarchische Ordnung sind bestimmte Bedingungen (Seniorität, Status, Rolle in einem bestimmten Kontext, Spezialwissen etc.) geknüpft. Die Chinesen müssen deshalb zuerst ihren relativen Rang (in der Gesellschaft, in der die Interaktionen stattfinden) durch Erfragung der Position ihres Gegenübers etablieren, bevor sie miteinander sprechen können. Dem Einfluss der hierarchischen Positionen der Gesprächsteilnehmer auf das Gesprächsverhalten werden wir in den weitern Ausführungen immer wieder begegnen.

5.3 Ausrichtung auf soziale Beziehungen

Das chinesische Kommunikationsverhalten orientiert sich an den zwischenmenschlichen Beziehungen. Verbale Kommunikation ist in erster Linie ein Mittel, um Beziehungen zu beeinflussen und zu festigen. Der Austausch von Fakten und Informationen, nach westlicher Auffassung das Hauptziel einer Kommunikation, ist bei chinesischen Gesprächen eher Nebensache. Die fortwährende Ausrichtung auf die Andern führt zu einem Kommunikationsstil, welcher im Westen oft als indirekt und schwer durchschaubar charakterisiert wird (siehe Kap. 7.).

Face (Gesichtswahrung)

In einer hochstrukturierten, auf zwischenmenschliche Beziehungen ausgerichteten Gesellschaft ist es für ein Individuum unerlässlich, auf seine Beziehungen gegenüber Personen eines höheren oder tieferen Sozialstatus zu achten. Es geht dabei darum, das Gesicht (*face*) der andern - vor allem das Gesicht der Höhergestellten - im sozialen Netzwerk zu schützen. Es muss betont werden, dass das „Gesichtskonzept" kein spezifisch chinesisches Phänomen ist, sondern als universal gilt. Die chinesische Kommunikation mit ihrer Beziehungsorientierung gilt jedoch als speziell *face*-gerichtet. Das Chinesische macht zudem die Unterscheidung in zwei unterschiedliche Gesichtsbegriffe: *mian-zi* und *lian*. *Mian-zi* steht für „gesellschaftliches Prestige und Status", während *lian* „moralische Integrität" des Ichs gegenüber der Gesellschaft beinhaltet. Das Gesicht spielt eine wichtige Rolle im chinesischen Sozialverhalten und beeinflusst das gesamte Kommunikationsverhalten.

Oberstes Prinzip jedes chinesischen Gesprächs ist, das eigene Gesicht oder das des andern zu wahren oder zu erhöhen. Gesichtsverlust ruft bei dem Betroffenen Verlegenheit oder Scham hervor, je nachdem, ob es sich um „gesellschaftliches Prestige“ oder „moralische Integrität“ handelt. Da Scham in direktem Zusammenhang mit dem „moralischen Gesicht“ (*lian*) steht, gilt die chinesische Kultur als scham-orientiert. Scham beruht auf einer zwischenmenschlichen Orientierung, bei der das Verhalten des Einzelnen mit den sozialen Normen verglichen wird. So zeigt sich auch hier der konfuzianische Einfluss. Der Konfuzianismus betont die sozialen Normen und weist auf den Idealtypus als Verhaltensmodell hin. Typische Schamsituationen sind das Nichterfüllen von Erwartungen, Verstöße gegen die von der Gesellschaft als verbindlich erachteten Werte und Normen („kindliche Pietät“, Güte und Wohlwollen etc.) wie auch der Verlust der Würde und Selbstachtung. So ist es die Angst vor dem Gesichtsverlust, die dafür sorgt, dass auf die richtigen Worte und das rechte Tun geachtet wird. Um Schamsituationen zu vermeiden, übt man Vorsicht und Zurückhaltung unter dem Motto: *„Der Vorsichtige wird nichts Falsches tun.“* Man achtet auch darauf, niemanden leichtfertig zu beschämen und ist eher bereit, einem andern „Gesicht zu geben“ als zu „nehmen“ (siehe Linck 1998, 15).

Ein grundlegender Unterschied zwischen dem chinesischen und dem westlichen Gesichtskonzept liegt darin, dass Gesichtsverlust oder Gesichtsgewinn in der Gesellschaft nicht nur die direkt involvierte Person betrifft, sondern das ganze Kollektiv (Familie, Arbeitseinheit, Unternehmen, Volksgruppe etc.).

Hörerzentrierung

Im Gegensatz zum senderzentrierten Kommunikationsverhalten in westlichen Kulturen ist in asiatischen Gesellschaften eine Empfängerzentrierung festzustellen. Dies verdeutlicht das chinesische Sprichwort: *„Ein guter Redner ist nicht so viel wert wie ein guter Zuhörer.“* Zuhören ist die vorherrschende kommunikative Aktivität in der chinesischen Kommunikation.

Gut zuhören zu können wird im Chinesischen gleichgesetzt mit „gute Manieren“ haben. In Anbetracht der bestehenden hierarchischen Beziehungen in der chinesischen Gesellschaft ist der Kommunikationsstil asymmetrisch. Bestimmte Menschen sind verpflichtet mehr zuzuhören als andere. „Gutes Benehmen“ gegenüber höhergestellten Menschen bekundet sich in aufmerksamem Zuhören und wenig Sprechen. In der chinesischen Gesellschaft werden ältere Leute generell mit viel Hochachtung und Respekt behandelt. Senioren haben die Freiheit zu sprechen, während jüngere Leute ihnen durch Zuhören unterwürfige Aufmerksamkeit zeigen. Auch bei Frauen wird es geschätzt, wenn sie gut zuhören können und sich in verbaler Zurückhaltung üben. In der Familie ist das Sprechen den Eltern vorbehalten. Gehorsame Kinder sind diejenigen, welche zuhören, ohne ihre eigene Meinung kundzutun: *„Ein gutes Kind hat Ohren und keinen Mund"*, sagt ein anderes chinesisches Sprichwort.

Die hierarchische Struktur der Familie mit ihren Rollendifferenzierungen (Eltern sprechen, Kinder hören zu) gilt als Beispiel für asymmetrische Kommunikationsmuster in andern hierarchischen Beziehungen. Von den Schülern wird erwartet, die meiste Zeit ihren Lehrern zuzuhören. Das Kommunikationsmuster, dass der Höhergestellte spricht und der Untergeordnete zuhört, zeigt sich auch in der Arbeitswelt. Ein guter Arbeiter führt das aus, was ihm gesagt wird.

Zentrierung auf den Hörer entspricht der konfrontationsvermeidendenden Lebensart der Chinesen. Wenn der Fokus auf dem Hörer ruht, wird direkte Konfrontation vermieden. Überlegungen betreffend der Fokussierung des *„Gesprächspartner"* machte sich bereits Han-feizi (gest. 234 v. Chr.):

> „Die Schwierigkeit, mit einem Menschen zu sprechen, liegt nicht so sehr darin, zu wissen, was man sagen will, sie besteht auch nicht darin, beim Argumentieren methodisch vorzugehen, um seine Ansichten überzeugend darzulegen, sie liegt auch nicht in dem Problem, den Mut aufzubringen, seine Meinung frank und frei zu äussern. Die Schwierigkeit liegt darin, den Charakter des Menschen, mit dem man spricht, zu erkennen und sich auf ihn einzustellen. Wenn sich unser Gesprächspartner etwas darauf zugute hält, als uneigennützig und idealistisch zu gelten, und wir sprechen mit ihm über Vorteile, die nur dem eigenen Nutzen frommen, wird er uns für niedrig gesinnt halten und sich von uns zurückziehen. Hat unser Gesprächspartner andrerseits aber einen gesunden Sinn für kommerzielle Gewinne, und wir sprechen mit ihm über Idealismus, wird er uns für lebensfremd halten und überzeugt sein, er hätte nichts mit uns zu schaffen. Wenn unser Gesprächspartner gern den Eindruck erwecken möchte, ein Mensch von Grundsätzen zu sein, im Innersten aber auf Vorteil und Gewinn aus ist, und wir sprechen mit ihm über Prinzipien, wird er so tun, als wäre er mit uns einer Meinung, sein Vertrauen wird er uns aber nicht schenken. Wenn wir mit dem gleichen Menschen über große Gewinnmöglichkeiten reden, wird er zwar heimlich unserem Rat folgen, nach außen hin aber zurückhaltend tun. Das alles muss man wissen" (Lin 1981, 355).

In einem Gespräch haben *beide* Kommunikationspartner eine wichtige (aktive) Funktion. An ihre Interpretationsfähigkeit werden hohe Erwartungen gestellt. Der *Sprecher* muss sich auf seinen Gesprächspartner einstellen und herausfinden, worüber er mit ihm sprechen darf. Zudem sollte er die Fähigkeit besitzen herauszufinden, ob seine Botschaft angekommen und vom Hörer akzeptiert worden ist. Vom *Hörer* wird erwartet, dass er aufmerksam und sensibilisiert die Bedürfnisse seines Gesprächspartners wahrnimmt, und dass er seine Gefühle kennt, auch ohne dass dieser sie jemals verbal geäußert hat.

> „,*Entschuldige bitte, dass ich vorgestern abend so spät nach Hause gekommen bin.*' Ein Satz wie dieser kann vieles bedeuten. Er kann zum Beispiel genau das bedeuten, was er besagt. Er kann auch heißen. *Du* hast mich in letzter Zeit beim späten Nachhausekommen öfter geweckt. Und er kann irgendetwas ganz anderes bedeuten, vor allem wenn sich bis dato noch kein Mitbewohner um das Nachhausekommen des anderen gekümmert hat. In diesem besonderen Fall bedeutete es:, *Ich habe etwas auf dem Herzen.*' Was das war, stellte sich nach etwa anderthalb Stunden heraus" (Chen 1999, 98).

Kollektivismus

Im bäuerlichen China war die Familie *das* soziale System. Die chinesische Familie (damit ist die ganze Sippschaft gemeint) hatte Vorbildcharakter und galt als Prototyp aller sozialer Organisationen. In der konfuzianischen Soziallehre galt:

> „Wenn das Individuum in Ordnung ist, so ist die Familie in Ordnung. Wenn die Familie in Ordnung ist, dann ist der Staat in Ordnung. Und wenn der Staat in Ordnung ist, dann ist alles unter dem Himmel in Ordnung."

In kulturvergleichenden Untersuchungen über Werthaltungen einer Gesellschaft unterscheidet Hofstede (1980) zwischen *individualistischen* und *kollektivistischen* Kulturen. Mit Individualismus umschreibt Hofstede Werthaltungen, welche sich primär auf die Erfüllung individueller Ziele und Bedürfnisse beziehen. Der Kollektivismus hingegen umfasst diejenigen Werte, die sich auf die soziale Gruppe und die Erfüllung von Gruppenzielen - unter Hintanstellung individueller Interessen - richten.

Nach Hofstede sind asiatische Gesellschaften, vorab China und Japan, kollektivistisch ausgerichtet. Die Menschen sind von Geburt an in Kollektivs integriert. Sie sind eingebunden in ein Beziehungsnetz, in dem die Verpflichtungen gegenüber Menschen dieser Gruppe genau festgelegt sind (siehe *guan-xi*). Kollektivismus ist charakterisiert durch Unterordnung der persönlichen Ziele unter die Ziele des Kollektivs (Wir-Identität). Von den Gruppenmitgliedern wird gegenseitige Loyalität erwartet. Das persönliche Verhalten ist streng reglementiert und deshalb vorausseh- und voraussagbar. Die kollektivistische Ausrichtung der chinesischen Kultur zeigt sich in vielen Normen und Regeln, welche das Kommunikationsverhalten bestimmen. Hall (1976) liefert mit seiner Unterscheidung in *gering-* und *hoch-kontextbezogene* Kulturen (*low-* und *high-context cultures*) einen weiteren theoretischen Rahmen für kulturvergleichende Studien zum Kommunikationsverhalten. Es ist ein enger Zusammenhang festzustellen zwischen *individualistisch* oder *kollektivistisch* ausgerichteten und *gering-* oder *hoch-kontextbezogenen* Kulturen und einer bestimmten Art und Weise zu kommunizieren (Gudykunst &Ting-Toomy 1988).

In den kollektivistisch ausgerichteten asiatischen Gesellschaften wird hoch-kontextbezogen kommuniziert. Hoch-kontextbezogene Kommunikation ist indirekt und implizit. Die meisten Informationen sind im situativen Kontext enthalten, aus dem Zusammenhang heraus zu verstehen oder bereits von den Gesprächspartnern internalisiert. So muss vieles erst gar nicht ausgesprochen oder erklärt werden. Das bedeutet, dass mit sprachlichen Äußerungen zurückhaltend umgegangen wird.

> *„Ein Wort - ein intelligenter Mensch versteht“* (chinesisches Sprichwort).

Dem Zuhörer wird überlassen, das Unausgesprochene selbst zu interpretieren. Chinesen lernen von klein auf die Andeutungen und verschlüsselten Botschaften zu entschlüsseln. Sie entwickeln dafür ein sehr feines Sensorium. Was jemand *sagt*, ist nicht so wichtig; wichtiger ist, was er damit *meint*.

> *„Worte sind da, um Gedanken zu vermitteln; wir wollen die Gedanken behalten und die Worte vergessen“* (Zhuang-zi).

Gesprächspartner aus individualistischen Gesellschaften - zu denen Deutsche und Schweizer gehören - kommunizieren gering-kontextbezogen. Gesprächspartner von Kulturen mit gering-kontextbezogener Kommunikation bevorzugen einen direkten, sachbezogenen Kommunikationsstil. Ihre Kommunikation zeichnet sich durch eine Anhäufung von Informationen und Fakten aus. Vieles was in kollektivistischen Kulturen selbstverständlich ist, muss in individualistischen Kulturen explizit ausgedrückt werden. Auffällig wird im interkulturellen Vergleich, wie redundant die deutsche Sprache ist, und wie alles bis ins letzte Detail „ausgedeutscht" werden muss, obwohl vieles auf der pragmatischen Ebene bereits klar wäre. Deutschsprachige Kommunikationspartner haben in ihrer Sozialisation nicht gelernt, die im Kontext liegende Informationen wahr zu nehmen. Ihr Gespür für die Entschlüsselung situativer Gegebenheiten und nichtverbale Mitteilungen ist nur wenig ausgebildet. Chinesen gestehen Ausländern einen gewissen „Trampeligkeits-Bonus" zu. Für Chinesen kann es aber schwerwiegende Folgen haben, wenn sie Andeutungen einer Autoritätsperson überhören (Chen 1999, 97).

Die Unterschiede zwischen impliziter und expliziter Kommunikation zeigen sich nicht nur in offiziellen Gesprächen. In Kontakten mit chinesischen Verwandten und Freunden ertappte ich mich immer wieder dabei, dass ich ständig Erklärungen für mein Verhalten abgab, meine Absichten, etwas zu tun, vorher sprachlich anmeldete und nach genauen Informationen fragte. Meine chinesischen Bekannten dagegen nahmen auf meine Äußerungen hin mehr handelnd als sprachlich Bezug. Durch meine präzisen Nachfragen schienen sie irritiert. Diese Beobachtungen über unser unterschiedliches Kommunikationsverhalten fand ich von Stadler (1997, 15) bestätigt. Nach Stadler geben Schweizer, die in ihrem Kommunikationsverhalten besonders geringkontextbezogen sind, immer wieder Erklärungen für ihr Verhalten ab oder kommentieren es in der Annahme, dass dies für die andern wichtig sei. *„Jetzt ist grün"*, kommentieren sie am Straßenrand stehend, obwohl alle Wartenden selbst sehen können, dass die Ampel auf Grün gewechselt hat. Im Restaurant murmeln sie entschuldigend, dass sie schnell zur Toilette gehen müssen, wenn sie sich kurz wegbegeben, obwohl doch allen am Tisch klar ist, dass man in dieser Situation wohl nirgendwo anders hingehen kann. In der gleichen Situation entfernt sich ein Asiat möglichst unauffällig, ohne Angabe von Gründen, da es sich klar aus dem Kontext ergibt, dass man ohne einen zwingenden Grund nicht einfach wegläuft.

Guan-xi (Beziehungspflege)

In der bäuerlich-feudalistischen Gesellschaft, in der bürokratische Korruption grassierte, war ein relativ zuverlässiges soziales Beziehungsnetz von Vorteil, um seine eigenen und die Interessen der Familie zu schützen. Vor diesem Hintergrund entwickelten die Chinesen ein kompliziertes kulturelles Interaktionssystem, im Chinesischen *guan-xi* genannt. *Guan-xi* ist eine in der chinesischen Kultur einzigartig entwickelte Kunst interpersonaler Beziehungen, welche über die innerfamiliären Beziehungen hinaus die sozialen Interaktionen regelt. Es ist das Schlüsselkonzept, um das chinesische Sozialverhalten zu verstehen.

Guan-xi gründet auf der familienorientierten chinesischen Sozialstruktur und beinhaltet bestimmte individuelle Verpflichtungen gegenüber den Familienmitgliedern. *„Wenn die Familie zusammenhält, gelingt alles"*, ist ein gängiges chinesisches Sprichwort. Im traditionellen China waren soziale Beziehungen nur innerhalb des Familienclans und im intimen Freundeskreise sicher. Chinesen unterschieden deshalb in ihren sozialen Interaktionen sehr genau zwischen Verwandten, Freunden und Fremden, um den Grad des gegenseitigen Vertrauens und der gegenseitigen Hilfe abschätzen zu können.

Das Familiennetz spielt nach wie vor eine wichtige Rolle im sozialen Leben. Der strikte Familienkode, der in früheren Zeiten für Mitglieder der chinesischen Familien bindend gewesen ist, schwächt sich jedoch heute in einigen chinesischen Gesellschaften merklich ab. Unter westlichem Einfluss - durch Urbanisierung und Industrialisierung - wird das streng traditionell ausgerichtete Familiensystem langsam aufgeweicht. Die entsprechenden ethischen Wertvorstellungen mit gegenseitigen Verpflichtungen bleiben jedoch bestehen. *Guan-xi* spielt nicht mehr nur im erweiterten Familiensystem, sondern allgemein im gesellschaftlichen Kontext eine große Rolle. *Guan-xi* kommt immer dann zum Zug, wenn man auf zwischenmenschliche Beziehungen zurückgreifen kann, die entweder durch Verwandtschaft entstanden sind, die man während des Studiums oder am Arbeitsplatz aufgebaut hat, oder die auf anderen Gemeinsamkeiten wie gleicher Geburtsort, aus der gleichen Region stammend, gleicher Familiennamen etc. beruhen (sog. Innenbeziehungen).

> „Yang griff eiligst nach seiner Kappe, strich seine Jacke glatt und lief durch den Garten zur Pforte, um den Vertreter der Staatsgewalt zu begrüßen. Zu seiner Erleichterung stellte er fest, dass es sich um einen alten Bekannten handelte; sie stammten beide aus derselben Provinz, hatten im selben Jahr und in derselben Institution die ersten Prüfungen für die Beamtenlaufbahn abgelegt. Damit war die Beziehung gegeben, die Yang zunächst einmal beruhigte. Sogar der Name des ehemaligen Kommilitonen fiel ihm ein" (Spengler 1995, 169).

„Drei Stempel sind nicht so viel wert wie das Wort eines Landmannes", sagt ein chinesisches Sprichwort. Der Zusammenhalten der Landsleute, die aus der gleichen Provinz, dem gleichen Kreis oder dem gleichen Dorf kommen, hat lange Tradition. In den Großstädten Peking und

Shanghai sowie unter den Chinesen im Ausland bilden sich Cliquen von Personen gleicher Herkunft. In diesen Cliquen besteht eine strenge gegenseitige Loyalitätsverpflichtung (Hieber 1984, 26).

Guan-xi ist auch heute eine in der chinesischen Gesellschaft übliche Art des sozialen Umgangs. Aufgrund der hohen Bevölkerungsdichte und der kulturellen Vorgabe, sich nicht hervorzutun, ist es schwierig, sich zu profilieren. Die Kunst der sozialen Interaktion (im familiären und außerfamiliären Netzwerk) ist deshalb für das Überleben des einzelnen in der chinesischen Gesellschaft nicht nur von großer Wichtigkeit, sondern kann sogar von existentieller Bedeutung sein. Die netzartigen Beziehungen bilden die sozialen Grundlagen der chinesischen Gesellschaft. Sie stehen für soziale Sicherheit. Jeder einzelne ist eingebunden in dieses vielmaschige Netz von Erwartungen und Verpflichtungen. Es ist selbstverständlich, sich unter Freunden oder Bekannten, d.h. unter Menschen aus Innenbeziehungen gegenseitig beizustehen.

> „Um im Alltag über bürokratische Hindernisse und materielle Engpässe leichter hinwegzukommen, braucht jeder Chinese Beziehungen. Daran ist nichts Anrüchiges oder Illegales. Im Gegenteil. Wer die Verbindung zu einem einflussreichen Verwandten oder Landsmann nicht ausnützt, würde von andern fast für arrogant gehalten. Das heißt er tut so, als komme er ohne Hilfe aus. Das ist aber unmöglich. Jeder braucht die Hilfe anderer und muss seinerseits denjenigen helfen, für die Nahestehende ein gutes Wort einlegen. Ohne dieses Beziehungsgeflecht des gegenseitigen Nehmens wäre die chinesische Gesellschaft undenkbar", erklärt ein Chinese *guan-xi* (Hieber 1984, 24).

Die Freunde der Freunde sind nach chinesischer Auffassung immer auch Freunde, denen gegenüber man Verpflichtungen hat, auch wenn diese sich noch nie persönlich begegnet sind. So kann es möglich sein, Hilfe zu erfahren durch einen Bekannten, der einen Freund hat, dessen Bruder jemanden kennt, der über die notwendigen Beziehungen verfügt. Redensarten, wie *„Die Schwägerin von meiner dritten Tante"* oder *„Der siebte Vetter meiner dritten Schwägerin"*, weisen auf solche Netzwerke hin. In vielen Windungen und Zickzackwegen lässt sich meist noch eine verwandtschaftliche Bindung herstellen.

Es geht letzten Endes darum, „Zwischenmenschlichkeit" (*ren-qing*) mittels Leistungen zu bezeugen, um in der Folge auf entsprechende Gegenleistungen zählen zu können. Eine Gunsterweisung schließt immer die Verpflichtung zur Gegenseitigkeit (Prinzip der Reziprozität) mit ein. Besondere Gefälligkeiten (z.B. Status-Dienste, Informationsvermittlung, Einladungen zu gesellschaftlichen Anlässen, Geschenke etc.) sollen den Empfänger zu Wohlwollen gegenüber dem Spender verpflichten. Diese Diensterweisungen sind vorerst unentgeltlich zu erbringen, haben sich aber für den einzelnen letztlich bezahlt zu machen. Sie zielen darauf ab, beim Empfänger eine Art persönlicher Verpflichtungen zu schaffen, die er früher oder später mit einer Gegenleistung zurückzuzahlen hat. Diese „menschlichen Gefühle" können jedoch zu einer großen Last werden. Unter dem Deckmantel von Fürsorge und Herzlichkeit wird viel Einflussnahme und Macht ausgeübt. Freie Entscheidungen sind nicht möglich. Wie die Vorstellung, unentrinnbar in diesem Beziehungsnetz gefangen zu sein, zum Alptraum werden kann, beschreibt der chinesische Schriftsteller Lu Xun in seinem berühmten *„Tagebuch eines Verrückten"*. Die traditionelle chinesische Gesellschaft - mit ihren verflochtenen Beziehungen, Dankesschulden und Loyalitätsverpflichtungen - bezeichnet er als eine Gesellschaft von „Menschenfressern". („Menschen essen" ist ein gängiger chinesischer Ausdruck für das rücksichtslose Ausnutzen und Ausnehmen anderer.)

Gute persönliche Beziehungen spielen auch im industrialisierten Westen eine Rolle. Die Bedeutung solcher Beziehungen dürfte aber in einem westlichen Umfeld tendenziell weniger gewichtet sein als in einem chinesischen. Die westliche Person verfügt über größere Freiräume, weil sie sozial weniger eingebunden ist. Die allgegenwärtige Präsenz der Gruppe bildet eine große Belastung und schränkt individuelle Freiräume sehr stark ein, eine Tatsache, welche vor allem westlichen Personen auffällt, die in Asien leben. „Um auch die Vorteile dieser Kollektivgesellschaften zu sehen, braucht es längere China-Aufenthalte. Der Geborgenheit, Verlässlichkeit eines gut funktionierenden Beziehungsnetzes haben westliche Individualgesellschaften wenig Vergleichbares entgegenzusetzen", weiß der Schweizer Generalkonsul Hans Jakob Roth aufgrund seiner langjährigen Asien-Erfahrung (Roth 2003, 17). *Guan-xi* - oder auf europäisch „gute Beziehungen" - ist ein wichtiger Bestandteil des regulatorischen Umfeldes von China, den es in interkulturellen Kontakten mit Vorteil zu verstehen und zu nutzen gilt.

參

Chinesische Höflichkeitsprinzipien

6. *Li-mao* (höfliches Verhalten)

Die kollektivistische Ausrichtung (Wir-Identität, gegenseitige Abhängigkeit, Ausrichtung auf die Bedürfnisse der Andern) führt zu einem ganz bestimmten Kommunikationsstil, welcher auf *li-mao* (höfliches Verhalten) gründet. Dieser Begriff setzt sich zusammen aus der konfuzianischen Tugend *li* (Sittlichkeit, Etikette) und dem Zeichen *mao*. *Li* verkörpert die konkreten gesellschaftlichen Verhaltensformen und gibt die Richtlinien für das richtige Kommunikationsverhalten. Mit *mao* wird betont, dass es sich bei *li-mao* in erster Linie um die äußere (sichtbare) Form der Höflichkeit handelt. *Li-mao* bedeutet, zu den richtigen Menschen in der passenden Beziehung das Richtige zu sagen.

Die Abschaffung des Feudalsystems in China führte zu einer neuen Ordnung der Sozialstruktur und zu neuen sozialen Beziehungen zwischen den Menschen. Soziale Unterschiede wurden eliminiert und bestimmte ehrerbietende Höflichkeitsformeln kamen außer Gebrauch. Was blieb sind essentielle Elemente der Höflichkeit, welche auch heute noch als „höfliches Verhalten" *(li-mao)* gelten. Elemente des *li-mao* sind *Respekt*, *Bescheidenheit*, *Gastlichkeit* und *Taktgefühl*.

Respekt steht für positive Wertschätzung oder Bewunderung gegenüber den Andern unter Beachtung ihres sozialen Status (den Andern Gesicht geben). Dieser Respekt zeigt sich bei Kontakten mit Chinesen bereits in der richtigen Verwendung der unterschiedlichen Anredeformen.

Bescheidenheit ist mit Selbsterniedrigung gleichzusetzen. Bescheidenheitsgesten bestimmen das gesamte chinesische Interaktionsverhalten.

Die Tugend der *Gastlichkeit/Warmherzigkeit* schließt die Großzügigkeits- und Taktmaxime mit ein. Jeder Menschen sollte wie ein „geehrter Gast" behandelt werden.

Taktgefühl zeigt sich im sozialen Handeln und beeinflusst dadurch das Kommunikationsverhalten grundlegend.

6.1 Respekt

Respekt gegenüber den Andern zeigt sich in den Anredeformen. Als Anredetitel werden im Chinesischen Eigennamen, Verwandtschaftsbezeichnungen, Amts- und Berufstitel sowie honorige Formen als Ehren- und Solidaritätsbezeugungen verwendet.

Eigennamen

Um die Welt wieder zur Ordnung (des wahren Weges) zurückzuführen, empfahl Konfuzius die „Richtigstellung der Namen":

> „Sind die Namen* nicht richtig, so stimmen die Worte nicht (mit ihrem Inhalt überein). Stimmen die Worte nicht, so kommen die Werke nicht zustande" (*Lun-yu* „Gespräche", Wilhelm 1950, 123).
>
> (*„Namen" wird oft auch mit „Beziehungen" oder „Begriffen" übersetzt.)

Deshalb spielen Personennamen in der (hierarchisch strukturierten) chinesischen Gesellschaft eine besondere Rolle. Es ist sehr wichtig zu wissen, wer jemand ist. Eine Person ohne Rang und Namen ist eine „Unperson". Daher stammt der Brauch, allen Nicht-Chinesen, welche in der chinesischen Gesellschaft leben, einen chinesischen Geschlechts- und Vornamen zu geben. Es ist dies der Weg, Fremde in der Gesellschaft zu akzeptieren und ihnen eine Identität zu geben.

Wenn Sie in offizieller Mission oder zum Knüpfen gesellschaftlicher Kontakte nach China reisen, ist es ratsam, sich Visitenkarten (*mingpian*) mit Ihrem westlichen und „chinesischen Namen" drucken zu lassen. Um zu einem chinesischen Namen zu kommen, gibt es zwei Möglichkeiten: Entweder lassen Sie sich durch Sprachkundige ihren Familiennamen und Vornamen in phonetischer Umschrift in chinesische Zeichen übertragen (z.B. Schmid Markus: *Si-mi-te Ma-ku-si*), oder Sie wählen einen lautähnlichen chinesischen Familiennamen und Vornamen (z.B. Koch Johannes: *Ke Yue-han*).

Chinesische Namen setzen sich in der Regel aus drei Teilen zusammen: dem Familiennamen, dem individuellen Namen und dem Generationsnamen (*Lin Ching-Wen*). Chinesische Familiennamen sind meistens einsilbig. Die verbreitesten chinesischen Familiennamen sind nach neusten Statistiken *Li, Wang, Zhang*, gefolgt von *Lin*. Mehr als ein Fünftel aller Chinesen heißen so.

Anders als bei uns, steht in China der Familienname an erster Stelle. Die zwei dem Familiennamen folgenden Zeichen sind als Vorname zu betrachten. Der Vorname wird speziell für jedes Kind, meist durch den Großvater väterlicherseits kreiert. Dieser achtet darauf, niemals einen Namen zu verwenden, der eine gewisse Anzahl von Strichen aufweist, die mit Unglück verbunden sind. Um dem Kind Glück auf seinen Lebensweg mitzugeben, werden häufig Zeichen gewählt, die Zeichen für Glückssymbole wie *long* (Drachen) oder *feng* (Phönix) oder gute Charaktereigenschaften wie *de* (tugendhaft), *yong* (mutig) oder *ya* (elegant) enthalten. Aus dem Namen sollte deutlich erkennbar sein, ob es sich um einen männlichen oder weiblichen Vornamen handelt. Für Knabennamen werden meistens Zeichen verwendet, welche Kraft und Stärke ausdrücken (*Fei-long*: fliegender Drachen). Für Mädchen sind Blumennamen sehr beliebt (*Qiu-lan*: Herbst-Orchidee). Allmählich setzen sich in Taiwan auch Namen von christlichen Heiligen durch wie *Qiao-zhi* (Georg), *Bao-luo* (Paul) oder *Bi-de* (Peter).

In vielen Familien steht das dritte Zeichen für den Generationsnamen. Bei diesen Familien wählten die Vorfahren ein schönes Zitat aus einem literarischen Stück und verwendeten für jede Generation ein Zeichen daraus als Generationsnamen. Deshalb haben alle männlichen Mitglieder einer Generation (alle Brüder, Cousins ersten und zweiten Grades etc.) in ihrem Namen das gleiche Zeichen (z.B. *wen*; *Ching-wen*, *Gong-wen*, *Long-wen*).

Ein chinesischer Familienname wird meistens zusammen mit dem Vornamen verwendet. Jemanden allein mit seinem Vornamen zu rufen ist nur im intimen Rahmen der Familie zulässig.

> „*Linda, Tim,*' hatte er gesagt, ‚*hoffentlich auf ein baldiges Wiedersehen!*' Meine Eltern hießen Lindo und Ti Jong, und außer den ältesten Freunden nennt sie niemand beim Vornamen" (eine Chinesin, nachdem sie ihren amerikanischen Verlobten ihren Eltern vorgestellt hatte, Tan 1993, 193).

Weil chinesische Namen für die Europäer oft schwierig auszusprechen sind, und umgekehrt die Chinesen große Mühe haben, sich europäische Familiennamen zu merken, hat sich heute vor allem im Businessbereich die amerikanische Sitte eingebürgert, sich beim Vornamen zu nennen. In Anlehnung an diese amerikanische Sitte legen sich die Chinesen westlich klingende Namen zu. Es mag Ihnen zuerst ungewohnt erscheinen, wenn sich Ihre chinesischen Partnerinnen und Partner mit *Judy*, *Suzanne*, *Vivien* oder *John* und *Kevin* vorstellen. Heute gehen die jungen Leute davon aus, dass die Wahrscheinlichkeit, befördert zu werden, größer ist, wenn man einen besonderen Namen hat. Einen originellen fremdländischen Namen zu finden ist nicht mehr einfach. *Suzanne* und *Judy* oder *Vivien* heißen inzwischen unzählige Mädchen in Shanghai oder Peking. Darum ist es heute hip, neue westlich klingende Namen zu kreieren. Die Chinesen sind hier sehr erfinderisch. So können die Marke eines Tiefkühlproduktes, die Tätigkeit (eine Künstlerin wählte den Spitznamen *„Colour"*), Fußballstars, Städtenamen oder einfach wohlklingende Wörter aus andern Sprachen (wie z. B. *„Amigo"*) zur Inspiration für eine Namensfindung dienen.

Chinesische Männer werden mit ihrem Familiennamen und *xian-sheng* (z.B. *Wang xian-sheng*) gerufen. Bei Frauen ist die Anrede im Chinesischen weniger eindeutig. Für die standesgemäße Anrede gibt es einige Regeln. Verheiratete Frauen werden mit ihrem Namen und *taitai* (*Wang taitai*) angesprochen, wenn sie in Begleitung ihres Mannes oder in ihrer Rolle als Ehefrau gemeint sind. Wenn nicht bekannt ist, ob eine Frau verheiratet ist, so ist sicherer, sie mit *nü-shi* (Madam) anzusprechen (*Wang nü-shi*). In der Arbeitswelt werden die Frauen - egal ob ledig oder verheiratet - je nach Alter mit *xiao-jie* (Fräulein) oder *nü-shi* (Madam) angeredet. Bei formellen Gesprächen wird die anwesende Frau, wenn ihre Funktion bekannt ist, mit *nü-shi* angesprochen. *Nü-shi* ist eine ehrerbietende Form der Anrede. Deshalb wird sie auch Ausländerinnen gegenüber verwendet (Schmid *nü-shi*). Will man einer älteren verheirateten Frau schmeicheln und ihr ein Kompliment über ihr jugendliches Aussehen machen, so nennt man sie *xio-jie* (*Wang xio-jie*). Verkäuferinnen oder Serviererinnen werden immer mit *xiao-jie* (Fräulein) herbeigerufen, die Kellner mit *xian-sheng* (Herr). Krankenschwestern im Spital in Taiwan werden *Miss* genannt (*Miss Lin*).

Verwandtschaftsbezeichnungen

Das streng hierarchisch strukturierte familiäre Beziehungsfeld widerspiegelt sich im Chinesischen in einem sehr differenzierten Benennungssystem. Die chinesischen Verwandtschaftsbezeichnungen unterscheiden sich nach Altershierarchie, Geschlecht und nach Verwandten väterlicher- und mütterlicherseits. Während man bei uns mit dem Wort Onkel auskommt, existieren im Chinesischen verschiedene Begriffe, welche die Verwandtschaftsbezeichnungen zu einem Onkel näher charakterisieren, je nachdem ob es sich um einen Onkel mütterlicherseits oder väterlicherseits handelt, ob es ein jüngerer oder älterer Bruder des Vaters ist oder ein Ehepartner aus der Geschwisterreihe der Eltern. (Mütterlicherseits wird die Unterscheidung in jünger und älter nicht gemacht.) Die genauen Verwandtschaftsbezeichnungen sind sehr wichtig, denn die erforderte Höflichkeit im Umgang miteinander lässt sich nur aus der genauen Kenntnis der verwandtschaftlichen Beziehungen ableiten.

Von ihrer frühen Kindheit an werden Kinder trainiert, Erwachsene und ältere Kinder mit ihrem richtigen Namen zu rufen. Von Kindern wird erwartet, dass sie die Namen von Personen und deren Position in der Gesellschaft wissen. Sie müssen lernen, die Leute nach Geschlechtsnamen, Personennamen, Verwandtschaftsbezeichnungen oder Berufsbezeichnung zu unterscheiden. Die richtige Anredeform erfordert nicht nur die Kenntnis des Namens, sondern auch das Wissen um die „Altersbeziehung" (das die chinesische Gesellschaft durchdringende Senioritätsprinzip). Falls die Kinder Geschwister haben, werden sie nach ihrem „Geschwistertitel" benannt, z.B. „ältere Schwester" (*jie-jie*), „jüngere Schwester" (*mei-mei*) oder „älterer Bruder" (*ge-ge*), „jüngerer Bruder" (*di-di*), je nachdem, wo sie in der Familienhierarchie und in der Beziehung zu den Sprechenden stehen.

Die Chinesen weiten den Kreis der Verwandtschaftsbeziehungen auf die ganze Menschheit aus. Sie verwenden oft Verwandtschaftsbezeichnungen bei Anreden von Personen, mit denen sie nicht verwandt sind. Kinder sprechen nichtverwandte Erwachsene mit *a-yi* (Tante) oder *shu-shu* (Onkel) und mit ihrem Namen (Wang *a-yi*, Lin *shu-shu)* oder Berufstitel *hu-shi a-yi* (Tante Krankenschwester), *jing-cha shu-shu* (Onkel Polizist), *dai-fu shu-shu* (Onkel Doktor) an. (*Bo-bo* steht für älterer und *shu-shu* für jüngerer Onkel. Diese beiden Bezeichnungen *bo-bo* und *shu-shu* können je nach Alter des Angesprochenen ausgetauscht werden.)

Die Bezeichnungen *ge-ge* (älterer Bruder) und *di-di* (jüngerer Bruder) werden nur innerhalb der Familie unter Geschwistern verwendet. Freunde werden mit dem Vornamen und dem Zusatz *xiong* (großer-älterer Bruder) gerufen: *Fei-long xiong*. Diese Anredeform weist auf ein nahes freundschaftliches Verhältnis außerhalb der Familie hin. Während man für die andern die Anredeform „größer-älter" (*xiong*) verwendet, spricht man von sich selbst immer von „kleiner-jünger" (*di*) (siehe auch unter *„Selbsterniedrigung"*). Am Ende eines freundschaftlichen Briefes unterzeichnet der Schreiber mit *di* und dem Vornamen (*di Feng-Yue*), um eine nahe Beziehung zu bezeugen.

Anredetitel

Die Verwendung des angemessenen Anredetitels ist von großer Bedeutung in der chinesischen Kultur, weil die Sprache nach Auffassung von Konfuzius immer mit dem Status des Sprechers übereinstimmen muss. Abweichungen dieses Gebrauchs würden - aus konfuzianischer Sicht - die etablierte soziale Ordnung stören und ein soziales Chaos entstehen lassen.

Im Chinesischen gibt es mehr Ränge, offizielle Titel und formale Anreden als bei uns. Die richtige Anredeform erfordert neben der Kenntnis des Namens auch das Wissen über den sozialen Status und die Rolle des Kommunikationspartners und die Rollendefinition von Sprecher und Hörer. Die Anredetitel dienen dazu, die hierarchische Stellung des Gesprächspartners hervorzuheben. Untergeordnete neigen dazu, formale Titel zu verwenden, um Respekt zu bezeugen, während in der Hierarchie höhergestellte Personen die informelle Anrede bevorzugen, um Solidarität zu bestärken.

In der Zeit der Kulturrevolution wurden die Jugendlichen aufgefordert, die Autorität der Lehrer und Höhergestellten zu ignorieren und auf der Basis von Gleichheit miteinander zu kommunizieren. So wurden auf dem Festland viele traditionelle Ausdrücke aus der Sprache eliminiert. Heute sind wieder vermehrt solche honorige Formen in der Anrede im Gebrauch wie z B. *lao* in der Bedeutung von „größer-älter". Dabei ist die Stellung des Wortes *lao* in Bezug auf den Familiennamen von Bedeutung. *Lao* Zhang bedeutet „ehrbar" und wird in formalen Beziehungen unter Kollegen gebraucht, während die Anrede Zhang *lao* (altehrwürden Zhang) nur für ältere höherstehende Personen verwendet werden darf. *Xiao* kann übersetzt werden als „kleiner-jünger" im Sinne, „junior", *lao* als „größer-älter" oder „senior". Welches Wort verwendet wird, hängt von der Altersbeziehung der beiden Gesprächspartner ab. *Xiao* und *lao* in dieser Form verwendet, werden als einzige Ausnahme vor den Familienname gesetzt. Alle zwei Präfixe können grundsätzlich für Personen beiden Geschlechts verwendet werden. *Lao* kommt jedoch mehrheitlich bei Männern zur Anwendung und wird z.B. in Taiwan nie Frauen gegenüber benutzt. *Lao* und *xiao* werden vor allem im Berufskontext verwendet (im Gegensatz zu den vorher erwähnten Anredeformen *xiong* und *di*, welche eine nahe freundschaftliche Beziehung bezeugen).

Als eine chinesische Universitätskollegin Namens He einen Forschungsaufenthalt an einer Schweizer Universität antrat, entspann sich zwischen ihr und dem Seminarvorsteher folgendes Gespräch:

> Frau He: *„Sie sind mein Vorgesetzter im Projekt, also werde ich Sie mit ‚lao Gao‘* (alter Gassmann) *anreden; ich bin viel älter als Sie, und es wäre wohl nicht richtig, wenn Sie mich mit ‚xiao He‘* (kleine *He*) *anredeten.“*
> Herr Professor Gassmann: *„Das gehörte sich bestimmt nicht, dass ich Sie wie meine Assistierende behandle, und darum werde ich Sie mit ‚lao He‘ anreden.“*

Damit war die Rangordnung geklärt und *lao He* erlaubte sich, gestützt auf diese Klärung, den Assistenten des Seminars Aufträge zu erteilen (Gassmann 1998).

Wie wichtig die Anredetitel im chinesischen Sozialleben sind, veranschaulicht auch folgende Episode:

> „Dr. Nie stellte Sie als *Little Liu* vor und mich als den amerikanischen Professor *Mr. Sima Ming*. (Anmerkung: *Sima Ming* ist die Sinisierung des westlichen Namens Mark Salzmann). Dieses Ritual musste ich pro Tag mindestens einmal über mich ergehen lassen, denn in China ist es üblich, ‚distinguierte ausländische Gäste' höflich vorzustellen, was bedeutet, dass man ihre Verdienste maßlos übertreibt. Ich erklärte ihr, dass ich kein Professor, sondern lediglich ein Englischlehrer sei, und dass sie mich, da sie älter sei als ich, *little Sima* nennen sollte; aber sie und Dr. Nie kamen überein, dass ich, da ich in Amerika studiert hatte, ein Professor, und da ich weitgereist sei und eine Menge Erfahrung hätte, zumindest *Mr. Sima Ming* sein sollte" (Salzmann 1990, 97).

Die Festlegung auf die Anredeform „Mister" ist eine Anlehnung an den chinesischen Ausdruck *xian-sheng*, heute für Herr verwendet. Der Ausdruck setzt sich zusammen aus den Wörtern *xian* (zuerst, vorher) und *sheng* (gebären). Er bedeutet wörtlich übersetzt „vorher geboren" und wurde in früheren Zeiten ausschließlich als Ehrerbietung für Gelehrte in lehrender Position angewandt. Heute wird jemand, der unterrichtet, *lao-shi* (Lehrer) genannt, sei es auf Primarschulebene oder an der Universität. So kann Zhang *lao-shi* „Lehrer Zhang" oder „Professor Zhang" bedeuten. (Im außer-universitären Umfeld wird ein Professor jedoch nicht *lao-shi*, sondern *jiao-shou* genannt.) Auch eine Ikebana-Lehrerin oder ein Sporttrainer werden *lao-shi* gerufen.

6.2 Bescheidenheit

Selbsterniedrigung

„Erniedrige dich selbst, aber zeige den andern gegenüber Respekt", ist eine der Verhaltensregeln, die auf dem *Li-ji* gründen. Das Konzept des Selbst und der Andern bezieht sich jedoch nicht nur auf die Person (Rang, Status), sondern auch auf ihre Familie (im chinesischen Familienbegriff sind Ehepartner, Kinder und Verwandte miteingeschlossen) und alles, was im Zusammenhang mit einer Person (Haus, Güter, Gedanken, Werke, Herkunftsort etc.) steht. In einer familienorientierten Gesellschaft bedeutet Familienmitglieder zu loben, sich selbst

zu loben. Überall im Osten ist es üblich, den Angeredeten zu ehren, indem man ihn und das Seinige preist und sich selbst und das Eigene herabsetzt.

Ein anschauliches Beispiel dieses chinesischen Kommunikationsstils ist die oft zitierte Anekdote des amerikanischen Missionars Arthur Schmidt:

> Ein Gast, dessen Kleider durch eine aufgeschreckte Ratte arg befleckt wurden, als er im Empfangszimmer wartete, entschuldigte sich beim Erscheinen seines Gastgebers mit folgenden Worten: *„Als ich Euer ehrenwertes Gemach betrat und mich unter eurem ehrenwerten Balken niederliess, erschreckte ich versehentlich Eure ehrenwerte Ratte, die darauf floh und euren ehrenwerten Öltopf umwarf, der sich über meine billigen unbedeutenden Kleider ergoss. Dies ist der Grund für mein verächtliches Aussehen in eurer ehrenwerten Gegenwart"* (Karlgren 1975, 97).

In der Feudalzeit des „alten Chinas" war die vertikale Distanz zwischen Selbst-Erniedrigung und Erhöhung des andern viel größer als heute. Heute sind in China bestimmte selbstentwürdigende Wörter wie *jian-nü* („unwürdiger Sklave") oder *ke-tou* („die Stirne auf den Boden drücken", sich in Ehrfurcht verneigen, auf Deutsch „Kotau") nicht mehr statthaft. In der täglichen Umgangssprache sind vor allem den andern erhöhende Wörter gebraucht wie z.B. *qian-jin* („tausend Unzen Gold" für Tochter), *guang-lin han-she* („Lichtglanz auf unsere Hütte fallen lassen" für „mit einem Besuch beehren") oder *gui-guo* („wertvolles Land" für „Herkunftsland"). Der Ausdruck *gui* (wertvoll, teuer) ist heute vor allem noch in Geschäftsbriefen gebräuchlich („Ihre werte Firma").

Wie die konfuzianische Verhaltensregel der Selbsterniedrigung im Alltag heute noch spielt, zeigt das Begrüßungsritual zwischen einem Singapur- (S) und einem Festlandchinesen (F) (Gu 1990, 246):

1. F: *Nin gui-xing?* „Ihr werter Familienname?"
2. S: *Xiao-di xing Li.* „Kleiner-jüngeren Bruders Familienname ist Li."
3. S: *Nin zun-xing?* „Ihr ehrenhafter Familienname?"
4. F: *Jian-xing Zhang.* „Mein wertloser Familienname ist Zhang."

F erhöht den Namen des andern mit „werter" (1) und erniedrigt seinen Namen als „wertlos" (4). S seinerseits erniedrigt nicht seinen Namen, sondern sich selbst als „kleinen-jüngeren Bruder" (siehe Anredetitel), um gegenüber F seine untergeordnete Stellung explizit zu machen (2). Den Namen des Gegenübers wertet er als „ehrenhaft" auf. *„Solche Höf-*

lichkeitsfloskeln sind für uns so selbstverständlich, dass wir sie nicht wörtlich nehmen. Für westliche Menschen wirken solche Gepflogenheiten ungewohnt und lächerlich", erklärt Zhang Xaoying von der „Deutschen Welle" ihren chinesischen Hörerinnen und Hörer.

Es ist hier auch zu beachten, dass die Chinesen nicht, wie es im Westen üblich ist, sich zuerst selbst vorstellen, sondern den Kommunikationspartner nach seinem Namen fragen. Dadurch entsteht eine erste Möglichkeit, den andern zu erhöhen. Auch bei einem Telefongespräch wird der Anrufer nie - so wie es bei uns üblich ist - seinen eigenen Namen zuerst angeben. Der Empfänger stellt zuerst die Frage nach dem Anrufer: *„wei?"* (im Sinne von „wer?").

Demonstration von Bescheidenheit

Die chinesische Tradition fordert, sich bescheiden zu geben und nicht aufgrund spezieller Fähigkeiten, besonderem Wissen oder durch eine von der Gruppennorm abweichenden Meinung aufzufallen. Im *Li-ji* steht über das äußere Benehmen des Schriftgelehrten:

> „Er ist in großen Dingen so bescheiden, dass er fast gleichgültig erscheint, er ist in kleinen Dingen so bescheiden, dass es fast übertrieben erscheint; er ist in großen Dingen scheu, in kleinen wie beschämt. Es fällt ihm schwer, in sein Amt einzutreten, aber leicht, sich zurückzuziehen. Er ist unauffällig, als besäße er keine Fähigkeiten. So ist sein äußeres Benehmen" (Wilhelm 1997, 195).

Bescheidenheit stellt noch heute ein wesentliches Interaktionsprinzip im chinesischen Diskurs dar. Zur Bescheidenheitsmaxime gehört es, nicht nur abschätzige Bemerkungen über sich selbst, sondern auch über seine Familie zu machen, aus Angst, alle positiven Aussagen könnten dem Sprecher als Überheblichkeit angerechnet werden oder arrogant wirken. Statt der Hervorhebung der eigenen Fähigkeiten werden - vor allem in Interaktionen mit Höherstehenden - Bescheidenheitsrituale zelebriert. Auf Investorenkongressen fällt es Chinesen schwer, die Aufmerksamkeit auf die positiven und aus westlicher Sicht wesentlichen Merkmale ihrer Projekte und Referate zu lenken. *„Generell haben Chinesen noch viel nachzuholen in Sachen Marketing und Präsentation"*, vermerkt ein Mitarbeiter einer westlichen Handelsvertretung. Zufriedenheit mit der eigenen Leistung darf nicht zum Ausdruck gebracht werden. Selbst gute Leistungen sollten als immer noch unbefriedigend hingestellt werden.

> Referate werden mit Bescheidenheitsfloskeln eingeleitet: Das Referat sei sehr schlecht, der Referent ungenügend vorbereitet und zudem

> verfüge er nur über ungenügende Kenntnisse in diesem Gebiet. Dem Zuhörer sei sicher schon alles aus den folgenden Ausführungen längst bekannt.
>
> Im Vor- bzw. Nachwort jedes Fachbuches gehört eine Entschuldigung des Autors dafür, dass er dieses Thema noch nicht ausführlich und tiefgehend untersucht habe und deshalb hier erst eine „oberflächliche" Meinung äußern könne mit der gleichzeitigen Bitte an die Leser um ihre wertvolle Meinung und wohlwollende Kritik.
>
> Der Dolmetscher protestiert, er spreche leider nur sehr, sehr schlecht deutsch, obwohl sie sich nachher überzeugen können, dass sein Deutsch erstaunlich gut ist.
>
> Die Gastgeberin betont immer wieder, wie schlecht sie kochen könne und sie nur das Allereinfachste zubereitet habe. Diese Aussagen stehen ganz im Widerspruch zu der Fülle auserlesener, fantastisch zubereiteter Speisen, welche aufgetischt werden, während die Gastgeberin immer wieder die Formel wiederholt, dass alles sehr schlecht und schäbig sei.

Solche Umgangsformen können nur innerhalb der gleichen Kultur funktionieren, wie folgendes Erlebnis einer Chinesin in Europa zeigt:

> Nach chinesischer Sitte sagte die Frau zu ihren europäischen Freunden, welche sie zum Essen eingeladen hatte, dass sie leider mit dem wenigen vorlieb nehmen müssten, was da sei. Sie hätte ihnen nicht viel zu bieten. *„Sofort wollten sie mich zum Essen ausführen, was mir höchst peinlich war. Meine Gäste waren sehr erstaunt, als sie sahen, dass sich mein Esszimmertisch unter der Last der guten Dinge, die ich ihnen zur Ehre vorbereitet hatte, förmlich bog"* (Lie 1983, 50f).

Die Autorin begriff nach diesem Erlebnis die westlichen Spielregeln:

> ....„dass man sich im Westen nicht selbst herabsetzen darf. Wer sich vor seinen Mitmenschen kleiner macht, als er ist, darf nicht etwa auf höflichen Widerspruch hoffen, sondern wird prompt beim Wort genommen" (Lie 1983, 50f).

Die für unsere Ohren „übertriebene" chinesische Bescheidenheit ist kein Zeichen mangelnden Selbstvertrauens. Sie sollte ja nicht wörtlich interpretiert werden.

> „Wenn ich in China sage, ich sei leider ein sehr schlechter Arzt, ein elender Professor und ein miserabler Autor, wird dies sofort als pure Höflichkeitsformel und als Bescheidenheit verstanden, die meinen guten Willen zeigt und mir Sympathie einbringt. Im Westen dagegen ist man mehr geneigt, mir zu glauben. Zumindest wird jeder mein gesundes Selbstbewusstsein in Zweifel ziehen, da man ja bei uns nach der Devise lebt: ‚Tue Gutes und rede darüber!'" (Schnorrenberger 2002, 180).

Da in Europa solche Konventionen nicht üblich sind, verursacht das westliche „Beim-Wort-nehmen“ immer wieder Missverständnisse. Auf die Bemerkung eines deutschen Kollegen, sein chinesischer Partner sei so fleißig, ob er in letzter Zeit viel erreicht habe, antwortete der Chinese.

> *„Fleißig bin ich wohl, aber ohne Erfolg“*. Auf die Nachfrage *„warum denn“* blieb der Chinese die Antwort schuldig, weil er eigentlich seine Arbeit mit Erfolg geschafft hatte (Jin 1994, 182/183).

Ein weiteres Beispiel, wie diese chinesischen Gepflogenheiten in interkulturellen Kontakten zu heiklen Situationen führen können, erzählt Amy Tan in ihrem Bestsellerroman *„Töchter des Himmels“*:

> Um ihren amerikanischen Verlobten mit ihrer chinesische Herkunftsfamilie bekannt zumachen, lud die Chinesin ihn zu einem Familienessen ein: „Aber den schlimmsten Fehler machte er, als er unwissentlich die Kochkunst meiner Mutter kritisierte. Wie jede Köchin fand sie immer irgendwas an ihrem Werk auszusetzen. An jenem Abend bemängelte sie ausgerechnet eine ihrer Spezialitäten, die sie immer mit besonderem Stolz auftischte: das gedünstete Schweinefleisch mit eingelegtem Gemüse. *‚Ai, da ist ja nicht genug Salz daran‘*, mäkelte sie nach dem ersten Bissen. *‚Ist ja ungenießbar.‘* Das war immer unser Stichwort, von dem Gericht zu kosten und es überschwänglich zu loben. Doch diesmal kam Rich uns zuvor. *‘Ach, das haben wir gleich, da fehlt nur noch ein bisschen Sojasauce‘*, und damit kippte er einen ganzen Schwall von dem salzigen Zeug über die Platte. Meine Mutter sah aus, als traute sie ihren Augen nicht“ (Tan 1993, 192).

Diese chinesischen Bescheidenheitsrituale irritieren uns Menschen aus dem Westen. Sie sind nur auf dem unterschiedlichen soziokulturellen Hintergrund zu verstehen. Die konfuzianische Gesellschaft verlangt vom chinesischen Menschen, stets ernsthaft in seinen Bemühungen zu sein und seine Fähigkeiten sorgfältig abzuwägen. Auch im *Dao-de-jing*, dem klassischen Buch des Taoismus, wird die Tugend der Bescheidenheit als Verhaltensmaxime gepriesen:

> „Wer sich selbst hervortut, wird nicht anerkannt; wer sich selbst nicht recht gibt, wird geehrt; wer sich seiner Verdienste nicht rühmt, dem kommen die Verdienste zu; wer nicht prahlt, wird lange hochgeachtet“ (Lao-zi 1990, Kap. 22).

Es ist gefährlich, sich zu exponieren und mit besonderen Fähigkeiten zu glänzen. *„Der Mensch fürchtet sich vor dem berühmt werden wie ein Schwein vor dem dick werden“*, sagt ein chinesisches Sprichwort. Ein zur Prahlerei neigender Mensch wird im Falle seines Versagens keine Sympathie finden, sondern nur Spott ernten.

Bei einem deutsch-chinesischen Autorentreffen stellten die deutschen Organisatoren ihre zwei Poeten mit der Anmerkung vor: *„Beide sind mit ihren exzellenten Texten weit über die Landesgrenze hinaus bekannt.“* Umso amüsanter fanden es die Chinesen, als in der anschließenden Diskussion der eine Dichter bekannte, dass er gewissermaßen alle seine Leser persönlich kenne, da sich seine Anthologien nur bei Lesungen verkaufen ließen. - Die Chinesen beklagten sich darüber, dass ihre lyrischen Veröffentlichungen nur je eine Auflage von 10.000 erreichen würden.

Es ist besser, seine Fähigkeiten zu unterschätzen, weil es nicht möglich ist, den Ausgang eines Unternehmen vorauszusehen.

So wandte sich die - das erste Mal für die Weltmeisterschaft qualifizierte - Chinesische Fußballmannschaft wegen dem enormen Erwartungsdruck mit einem offenen Brief an ihre Fans: *„Wir fürchten, aufgrund mangelnder Erfahrung und Fertigkeiten nicht die Resultate erzielen zu können, die die Öffentlichkeit zufrieden stellen“* (Kilchenstein 2002, 46).

Die Herabsetzung der eigenen Leistungen kann auch als strategisches Mittel benutzt werden, um einer kritischen Auseinandersetzung vorzubeugen. Ausländer, die vorher nie Kontakt mit Chinesen hatten, sind meist beeindruckt von deren Eingeständnissen wie: *„Wir sind noch ein unterentwickeltes Land und müssen noch viel von Ihnen lernen. Bitte machen Sie Vorschläge. Wir sind ihnen dankbar für jede Kritik.“* Solche Aufforderungen sind keinesfalls wörtlich zu nehmen.

Umgang mit Komplimenten

Wenn die Chinesen Komplimente freundlich zurückweisen, heißt das jedoch nicht, dass man keine Komplimente aussprechen soll. Chinesen lieben Komplimente ebenso wie wir. Aufgrund der sozialen Konvention genießt der Bescheidene die Befriedigung, dass seine Freunde seine niedere Selbsteinschätzung zurückweisen, denn es gehört auch zur Konvention, dass den selbsterniedrigenden Äußerungen heftig widersprochen wird.

So wird vom Gast erwartet, dass er der Gastgeberin heftig widerspricht und das Essen in den höchsten Tönen lobt. Dieses Lob muss jedoch wiederum von der Gastgeberin zurückgewiesen werden, da die chinesische Bescheidenheitsetikette ein energisches Zurückweisen von Komplimenten erfordert. Ein Kompliment anzunehmen ohne zu widersprechen, bedeutet nach chinesischer Auffassung, schlechte Manieren zu haben und gilt als Verstoß gegen die Bescheidenheitsmaxime.

Während bei uns ein Kompliment des Vorgesetzten für eine gute Leistung mit Dank quittiert wird, antwortet ein Chinese in der gleichen Situation mit einer persönlichen Abwertung: *„Nein, nein! Das nächste Mal muss ich mir noch mehr Mühe geben!"*

Der Dolmetscher, der für seine Sprachkenntnisse gelobt wird, protestiert: *„Ich spreche leider nur sehr schlecht deutsch"* oder antwortet mit, *„bu-hao, bu-hao"* (nicht gut, nicht gut!).

Wenn man Ihnen ein Kompliment über Ihr Sprachtalent macht, wenn Sie ein paar Wörter Chinesisch sprechen, dann sollten auch Sie dieses Lob bescheiden mit *„na-li, na-li"* (woher denn, woher denn?) ablehnen.

Da Selbsterniedrigung die Erniedrigung der gesamten Familie miteinschließt, kontert der Gastgeber das Kompliment der Gäste für das hervorragende Essen mit: *„Meine Frau kann leider gar nicht kochen"*, und entschuldigt sich nochmals für das schäbige Essen.

Rühmen Sie die hübsche, kluge Tochter, werden die Eltern lachend abwehren und dem Lob widersprechen. *Guo-jiang* (übertrieben rühmen) ist eine gängige chinesische Erwiderung auf ein Lob.

Beim Aussprechen von Komplimenten chinesischen Frauen gegenüber sollte man vorsichtig sein. Ein Kompliment, welches sich nur auf das Äußere beschränkt - im Westen durchaus zulässig - gilt im Chinesischen als anzüglich. In China geht man davon aus, dass es zur äußeren Schönheit die Ausstrahlung der inneren Schönheit bedarf. Jüngere Frauen lobt man mit dem Ausdruck *da-fang* (großzügig, geschmackvoll, ästhetisch, gut erzogen, sich zu benehmen wissend). Gegenüber älteren, verheirateten Frauen verwendet man eher das Kompliment *xian-hui* (anmutig, zurückhaltend, gewandt, geschickt, intelligent). Der chinesische Zeitungskommentar zum Bild der Gewinnerin des Welt-Studentinnen-Schönheitswettbewerbs lautet: *chun-jing, zhi-hui you piao-liang* (rein und intelligent, auch schön).

6.3 Gastlichkeit und Taktgefühl

Chinesische Gastlichkeit

Einer der größten kulturellen Unterschiede zwischen Ost und West ist, wie in Asien Gäste betreut werden. Das Verhältnis zwischen Betreuer und Betreuten beinhaltet ein Abhängigkeitsverhältnis wie zwischen Eltern und Kindern. Die Verantwortlichkeit dem Gast gegenüber ist viel ausgeprägter als bei uns. Die chinesischen Gastgeber fühlen sich voll verantwortlich für das Wohlergehen der Gäste. Sie helfen nicht nur, wenn Hilfe (explizit) benötigt wird, sondern sie agieren ständig in der Rolle der aktiven Beschützer. Damit sich ein Gast nicht einsam fühlt in einem fremden Land, begleiten ihn die chinesischen Gastgeber überall hin und bestimmen, was gut für ihn ist.

> *„..Aber wer besorgt euch die Fahrkarten? Wer bringt euch zum Bahnhof? Wer kümmert sich darum, dass ihr Sitzplätze bekommt?“* Lehrerin Wei konnte nicht begreifen, warum ihr der junge amerikanische Lehrerkollege nicht erlaubte, ihre sämtlichen Verwandten in Changsa und Wuhan zu mobilisieren, um seine Fahrt zu organisieren. Als dieser von seinem Ausflug nach Wuhan zurückkam, wartete Lehrerin Wei auf dem Hochschulgelände auf ihn: *„Das war deine erste Reise in China. Es wäre doch eine Schande gewesen, wenn dich bei deiner Rückkehr niemand begrüßt hätte“* (Salzmann 1990, 63).

Der Gast soll vor allem Leid und allen Schwierigkeiten, welche ihm in diesem Land widerfahren könnten, beschützt werden. Es geht dabei auch wieder um die Gesichtswahrung. Die chinesischen Gastgeber möchten ihre eigene Familie, ihre Gesellschaft, ihr Heimatland in einem guten Licht erscheinen lassen. Chinesen vom Festland sind empfindlich, dass ihre Nation noch in Entwicklung begriffen ist. Der Alltag ist noch beschwerlich und nicht so bequem wie in den Industrieländern. Die chinesischen Gastgeber versuchen aus diesem Grund zu verhindern, dass die westlichen Gäste in direkten Kontakt kommen mit diesen „unangenehmen“ Aspekten des täglichen Lebens.

> „Also fuhren wir zuerst einmal zum Hotel; aber unterwegs sahen wir auf einmal kleine Gassen, die von unserer Durchgangsstrasse abgingen. Wir baten zu halten und stiegen gleich aus. Herr Qing wollte uns abraten. Er dachte an unsere Gesundheit. Diese Gassen, in die wir gehen wollten, seien doch so schmutzig und unhygienisch. Sie seien ja auch überhaupt nicht typisch. So habe man früher gewohnt. Die Häuser würden ohnehin abgerissen. Hier sollten neue, hohe Apartmenthäuser entstehen, acht, zehn, zwölf Stockwerke hoch. - Herr Qing war nicht glücklich, als wir ihn höflich baten, uns wenigstens

> durch ein, zwei dieser ganz untypischen Gassen gehen zu lassen. Nur um einen Vergleichsmaßstab zu haben, an dem man das neue später messen könne. Herr Qing genierte sich. Wir sollten nicht sehen, wie armselig die Leute in China leben" (Wickert 1984, 34).

Die chinesische Gastlichkeit wird von den individualisierten Westlern oft als „Bevormundung", „Behinderung der freien Integration" oder „Einmischen in private Angelegenheiten" etc. empfunden. Sie fühlen sich nicht wohl unter dieser Überbehütung.

> „Wir wurden in China von allen Menschen z.B. den Behörden, dem Auslandsamt, den Kollegen u.a. so sorgfältig betreut, dass ich manchmal den Eindruck hatte, sie behandelten uns wie Kinder. Sie kümmerten sich derartig um uns, dass wir keinen eigenen Freiraum mehr hatten, wo sich unsere eigene Initiative zeigen konnte" (eine ehemalige deutsche Praktikantin über ihre Erlebnisse in China; Jin 1994, 179).

Chinesische Erwartungen an Gastlichkeit

Die chinesischen Besucher in Europa erwarten ähnliche Betreuung, wie sie es ihren Gästen zuteil werden lassen. Dabei kommt es immer wieder zu Frustrationen. Chinesen, welche sich für einige Zeit in Deutschland aufhielten, vermissten das „menschliche Mitgefühl". Sie empfanden das Verhalten der Deutschen in Sozialkontakten als distanziert und kalt.

> „Als mich einmal während eines Aufenthaltes in Deutschland mein Betreuer an einem Festtagsabend in meinem Hotel absetzte, obwohl es geschlossen und niemand zu erreichen war, überfiel mich große Traurigkeit aufgrund dieser unpersönlichen Behandlung. Statt mir in dieser schwierigen Situation zu helfen, hatte er nur einen Wunsch, so schnell wie möglich nach Hause zu kommen. Ich übertrug dieses Beispiel auf mein Heimatland und stellte fest, dass ich eigentlich immer von dem Wunsch beseelt war, die deutschen Kollegen, die ich zu betreuen hatte, stets in allen Dingen zu unterstützen. In der o.g. Situation wäre es mir ein Anliegen gewesen, den deutschen Kollegen möglichst schnell und unbürokratisch zu helfen. Ich kann mir nicht vorstellen, dass ich einen ausländischen Kollegen an einem Abend allein in einer fremden Umgebung zurücklassen würde. Es ist nicht als Vorwurf an den deutschen Kollegen gemeint, denn ich glaube, dass hier zwei unterschiedliche Kulturen aufeinanderprallen" (Jin 1994, 192f).

Für die beziehungsorientierten Chinesen ist es sehr wichtig, zuerst die menschliche Beziehung zu pflegen, bevor man zu den Sachinhalten kommt. Aus dieser traditioneller Höflichkeit heraus wollte deshalb ein chinesischer Hotelgast zuerst den deutschen Wirt mit ein paar höflich-freundlichen Worten begrüßen:

> *„Sehr geehrter Herr! Es freut uns sehr, dass wir in ihr schönes Land gekommen sind..."* Der Wirt war über diesen Anfang so verwirrt, dass er schnell den Sprecher unterbrach und zurückfragte, ob er gleich sein Zimmer beziehen möchte. In China wäre es in dieser Situation üblich, ebenso höflich und freundlich die Komplimente des Gastes zu erwidern (Jin 1994, 189).

In Rahmen eines Joint-Venture zwischen Deutschen und Chinesen entstand folgendes Missverständnis bezüglich der chinesischen Erwartungen an deutsche Gastlichkeit:

> Von Anfang an waren sich die chinesischen Mitarbeiter bewusst, dass die Reise nach Deutschland im Rahmen der Zusammenarbeit zu Stande kam. Daher war es ganz selbstverständlich, dass die Chinesen Deutschland als Gastland und sich selber als Gäste sahen. Dass diese Erwartung nicht mit der deutschen Realität übereinstimmten, wurde sich ein chinesischer Besucher erst im Nachhinein bewusst, als er über ein Erlebnis in der S-Bahn reflektierte. Er war zu Beginn seines Aufenthaltes mit einem Landsmann unterwegs. Sie waren die einzigen Ausländer im Abteil, als ein Kontrolleur zustieg, direkt auf sie zukam und nur ihre Karten kontrollierte, während ihn die Fahrkarten der andern Mitfahrer offensichtlich nicht interessierten. Der chinesische Besucher wurde darüber so wütend, dass er sich beim Kontrolleur beklagte, warum er nur ihre Karten kontrolliert hätte. Dies sei unhöflich, da sie ja hier zu Gast seien. Später musste er selbst über seine aufgebrachten Worte lachen, da er sich in der Zwischenzeit gewahr wurde, dass niemand in Deutschland einen Ausländer à priori als Gast ansehen würde (Jin 1994, 187).

Ein chinesisches Sprichwort lautet: *„Wer zu mir kommt, ist mein Gast."* Das will sagen, dass alle Besucher stets willkommen sind. In China führt man keinen Terminkalender für Besuche. Deshalb erstaunt es Chinesen sehr, dass man bei uns für jede Angelegenheit einen Termin auszumachen pflegt, sei es für einen Besuch beim Arzt, bei den Behörden, beim Professor und bei Kommilitonen. Sogar bei Freunden darf man nicht einfach vorbeischauen, ohne sich vorher angemeldet zu haben.

> Der chinesische Olympiasieger mit Schweizer-Pass Li Donghua (siehe Kap.18.3) bemerkte in einem Interview: *„Die Schweizer sind schon sehr anders als die Chinesen. Die sind etwas lockerer. Hier muss man zum Beispiel mit allen Termine abmachen, in China geht so was spontan."*

Umgekehrt erfuhr ein amerikanischer Englischlehrer in China, wie ihm jederzeit das Haus seiner Studenten offen stand. Die Studenten versicherten ihm, er könne bei jeder Tages- und Nachtzeit in ihre Häuser kommen, falls er sie besuchen wollte.

> *„Aber was ist, wenn du keine Zeit hast?" – „Wenn du kommst, habe ich Zeit!"*
> *„Aber was ist, wenn du schläfst?" – „Dann weck mich eben auf!"* (Salzmann 1990, 59).

Wenn man sich in China weigern würde, eine Person zu empfangen, hätte dies einen Gesichtsverlust des Besuchers zur Folge. Jedoch auch das moralische Gesicht des Besuchten wäre angekratzt. Nach chinesischer Höflichkeit soll man als Gastgeber sogar jede Andeutung gegenüber Gästen vermeiden, wenn diese nicht mehr erwünscht sind. Die Gäste müssen sensibel genug sein dafür, wie weit sie die Freundschaft in Anspruch nehmen dürfen. Dazu muss man wissen, dass in einer chinesischen Freundschaft Ansprüche gestellt werden, welche Unannehmlichkeiten mit sich bringen und Opfer erfordern können. Da das Hauptgebot der chinesischen Beziehungen auf Gegenseitigkeit gründet, sollten sich jedoch die Kosten gegenseitig wieder ausgleichen.

Kulturell unterschiedliche Höflichkeitsstrategien in Bezug auf Gastlichkeit

In den verschiedenen Gesellschaften gibt es unterschiedliche Höflichkeitsstrategien, die je nach kulturellem Hintergrund bevorzugt angewendet werden, um das eigene Gesicht oder dasjenige des Gegenübers zu wahren. Dies zeigt sich - wie wir feststellen konnten - deutlich in den kulturell unterschiedlichen Erwartungen, was „höfliches Verhalten" in Bezug auf Gastlichkeit betrifft. Während sich die westlichen Höflichkeitsstrategien mehr auf das Recht auf Respekt und Selbstbestimmung des Einzelnen ausrichten, bevorzugen Chinesen jene Höflichkeitsstrategien, welche das menschliche Bedürfnis bestärken, gehegt, umsorgt, angehört und verstanden zu werden.

Dies illustriert auch eine Studie, welche mit chinesischen und nordamerikanischen Studenten durchgeführt wurde. In einem Rollenspiel hatten die Teilnehmer die Aufgabe, einem Freund, der bereits während einiger Wochen in ihrem Hause zu Gast weilt, klar zu machen, dass sein spätes Nachhausekommen die Familie des Gastgebers störe. In diesem Rollenspiel kommunizierten die beiden Gruppen nach den bereits beschriebenen unterschiedlichen kulturellen Komponenten „höflichen Verhaltens“ (Nash 1983):

- Die Chinesen hoben in ihren Interventionen die gegenseitige Abhängigkeit hervor. Sie verwendeten vor allem solche Strategien, die sich auf die Sorge, um das Wohlergehen (Gesundheit und Sicherheit) des Gastes bezogen, welches durch das späte Nachhausekommen nicht mehr gewährleistet schien.
- Die Amerikaner hingegen zeigten ein Gesprächsverhalten, welches den individuumszentrierten Charakter ihrer Gesellschaft widerspiegelte. In ihren Strategien achteten sie darauf, dass der Handlungsspielraum des Gastes nicht eingeschränkt und seine Unabhängigkeit gewahrt wurde.

Diese unterschiedlichen kulturellen Annahmen können zu gegenseitigen Frustrationen führen mit fatalen Folgen auf dem internationalen Parkett. Wir, unabhängig-westlich erzogene Menschen, haben es schwer, uns in die umfassenden asiatischen Betreuungserwartungen hineinzuversetzen, und achten vielmehr darauf, nicht die Privatsphäre eines Gastes zu verletzen und sein Selbstbestimmungsrecht einzuschränken. Dieses Verhalten wiederum verunsichert unsere chinesischen Gäste zutiefst, vor allem dann, wenn sie sich zum ersten Mal in der westlichen Welt aufhalten.

> *„Die übergroße Zurückhaltung der Schweizer hat mich schon etwas gestört. Aber mit der Zeit empfand ich das sogar als angenehm. Die Schweizer legen Wert auf Freundschaft. Mit ihnen kann man deshalb langfristige Freundschaften pflegen. Auf so etwas legen die Chinesen Wert“*, antwortet Wu Qidi, stellvertretende Erziehungsministerin und Rektorin an der Pekinger Universität, auf die Frage, wie sie denn während eines Studienaufenthaltes an der ETH in Zürich mit den Schweizern klar kam (David 2004, 17).

Unterschiedliche kulturelle Erwartungen in Bezug auf Gastlichkeit haben zum Eklat beim Besuch des chinesischen Staatspräsidenten in der Schweiz im März 1999 geführt.

> Während die Schweizer Regierung das schweizerische Recht auf freie Meinungsäußerung und Selbstbestimmung demonstrieren wollte, fühlte sich der chinesische Staatspräsident durch die Anwesenheit der Tibet-Demonstraten bedroht. Nach chinesischer Auffassung verletzte die Schweizer Regierung durch ihre Haltung das Gastlichkeitsgebot - für Wohlergehen und Sicherheit des Gastes zu sorgen und ihn vor allem Unangenehmen zu bewahren - aufs tiefste. Jiang Zemin berief sich in seiner Unmutskundgebung auf den konfuzianischen Ausspruch: *„Ein von weither kommender Freund, ist das nicht eine große Freude.“*

Dank dem steten chinesischen Streben nach Harmonie war die diplomatische Verstimmung bald vergessen:

> „Anderthalb Jahre nach dem Eklat beim Besuch des chinesischen Staatspräsidenten Jiang Zemin in Bern sind die Beziehungen zwischen beiden Ländern wieder intakt. Dies sagte Bundespräsident Ogi gestern nach seinem Empfang bei Jiang. Jiang habe gar die damalige Bundespräsidentin Ruth Dreifuss grüßen lassen" (Mann 2000,11).

Großzügigkeits- und Taktmaxime

Die chinesische Tugend der Gastlichkeit schließt die Großzügigkeits- und Taktmaxime mit ein:

> Die Großzügigkeitsmaxime lautet: *„Maximiere deine Kosten und halte deinen Nutzen möglichst gering!"*

Komplementär zur Großzügigkeitsmaxime steht die Taktmaxime, welche fordert:

> *„Maximiere den Nutzen der andern und halte die Kosten der andern gering!"*

Eine Einladung auszusprechen entspricht der Großzügigkeitsmaxime. Eine Einladung anzunehmen bringt nach chinesischen Gepflogenheiten den Eingeladenen in Schuldigkeit gegenüber dem Einladenden und verstößt gegen die Taktmaxime, welche verlangt, die Kosten des andern zu minimieren. Zudem riskiert der Eingeladene sein Gesicht, wenn er als gierig angesehen wird. In einer chinesischen Einladungsverhandlung geht es darum, darauf zu achten, dass alle Teilnehmer das Ziel erreichen: Der Einladende, dass seine Einladung akzeptiert wird, damit er sein Gesicht nicht verliert und der Eingeladene, dass er die Einladung akzeptieren kann, ohne dabei sein Gesicht zu riskieren. Eine Einladung auszusprechen, gibt dem Einladenden Gesicht. Wenn der Eingeladene die Einladung ablehnt, bedeutet dies Gesichtsverlust für den Einladenden. Eine Einladung anzunehmen ist auch gesichtsriskierend für den Eingeladenen, da er als gierig angesehen werden könnte. Als Illustration gibt Gu (1990, 252f) ein Beispiel einer erfolgreichen gesichtswahrenden Einladungsverhandlung zwischen der Schwiegermutter (M) und dem zukünftigen Schwiegersohn (S).

1. M: *Mingtian lai chi wanfan (ar)?.* „Kommst du morgen zum Abendessen?"
   S: *Bu lai (le), tai mafan.* „Ich komme nicht, zu viele Umstände."
2. M: *Mafan shenme(ya). Cai dou shi xiancheng(de)*
   „Was für Umstände. Die Speisen sind alle vorhanden."

S: *Na yedei shao(wa).* „Jene auch müssen in Pfanne rühren (gekocht werden)."
3. M: *Ni bu lai women yedei chifan. Yiding lai* (ar), *bu lai wo ke shengqi (le).*
„Wenn du nicht kommst, müssen wir auch (gleichwohl) essen. Du musst kommen, sonst werde ich ‚böse' (in netter Form)".
S: *Hao (ba) jiu suibian.* „Gut dann, lass es einfach machen (wie du willst)."

(Die eingeklammerten Silben im Chinesischen sind Partikel, welche eine warmherzige Atmosphäre schaffen (sog. *ton softing makers*).

Es ist zu beachten, dass in der chinesischen Gesellschaft - wie auch dieses Beispiel zeigt - meist mehrere Runden für eine erfolgreiche Einladung notwendig sind:

1) M: Die Schwiegermutter lädt zum Essen ein.
S: Der Schwiegersohn lehnt ab und gibt mehrere Gründe für seine Absage an.
2) M: Die Schwiegermutter lädt erneut ein und widerlegt die Gründe zur Absage
S: Der Schwiegersohn lehnt erneut ab und verteidigt seine Gründe.
3) M: Schwiegermutter beharrt auf der Anwesenheit des Schwiegersohnes, widerlegt seine Einwände und überzeugt ihn.
S: Der Schwiegersohn akzeptiert.

Dieses strukturelle Muster ist prototypisch für ein chinesisches Einladungsprocedere für den Fall, dass die Einladung ernst gemeint ist und der Eingeladene die Einladung annehmen möchte. Für uns mag die Schwiegermutter als aufdringlich erscheinen, weil sie den Schwiegersohn drängt, ihre Einladung anzunehmen; und der Schwiegersohn als heuchlerisch, weil er die Einladung zuerst zurückweist.

Bei der dargestellten Einladungsverhandlung trägt der Schwiegersohn der Taktmaxime Rechnung. Er möchte die Einladung akzeptieren. Er ist jedoch noch unsicher, ob die Einladung ernst gemeint ist, und auch besorgt über seine Schuldigkeit gegenüber der zukünftigen Schwiegermutter, wenn er die Einladung akzeptiert. Deshalb lehnt er die Einladung aus Höflichkeit zuerst ab. Dadurch, dass er sich durch die Schweigermutter mehrmals drängen lässt, das Essensangebot anzunehmen, schützt er sein eigenes Gesicht und gilt nicht als gierig.

Die chinesische Art der Einladungsverhandlungen mag uns verwirren. Wie umgekehrt unsere westliche Gepflogenheit, eine erwünschte Einladung bereits beim ersten Angebot anzunehmen, zu Verwirrung bei den Chinesen führen kann, zeigt folgende Episode:

„Ich musste während meiner Anfangszeit in China einmal in der Wohnung eines chinesischen Vorgesetzten einige wichtige Papiere abholen. Als ich gerade wieder zum Gehen ansetzte, fragte er mich einladend lächelnd: *‚Möchten sie einen Kaffee mit uns trinken?‘* Ich hielt es für eine gute Gelegenheit zur Vertiefung unserer Beziehung und erwiderte sehr erfreut: *‚Ja, gerne!‘* Plötzlich überraschte Stille, betretene Blicke zwischen ihm und seiner Frau. Nach einer peinlichen Pause meinte er schließlich stockend: *‚Ah, ah, - vielleicht beim nächsten mal‘*“ (Schienle 1992, 19).

Die deutsche Art, Einladungen auszusprechen, verwirrte einen chinesischen Wissenschafter während seines Aufenthaltes in Deutschland ebenso. Er kam aufgrund seiner Erfahrungen zum Schluss, dass es in Deutschland zwei Kategorien von Einladungen gibt; nämlich gültige und ungültige Einladungen. Gültige Einladungen sind seiner Erfahrungen nach solche - mündlich oder schriftlich mitgeteilt -, die eine genaue zeitliche und örtliche Vereinbarung beinhalten. Eine Einladung ist nicht ernst gemeint, wenn sie nur mündlich und ohne genaue Zeit- bzw. Ortsangabe erfolgt.

„Kurz nach meiner Ankunft lud mich mein Mitarbeiter zu ihm nach Hause ein. Es war sehr schön. Einige Tage später trafen wir uns wieder. Er sagte zu mir, er möchte mich für den kommenden Samstag einladen. Insgeheim rechnete ich damit, dass er mir einen Tag vorher die genaue Zeit bzw.- den Ort der Einladung sagen würde. Es kam aber niemand. Am Samstag wartete ich in meinem Arbeitszimmer umsonst. Mein Kollege erschien nicht in der Universität. Ich dachte, dass diesmal seine Einladung eine ‚ungültige‘ sein musste“ (Jin 1994, 286).

7. *Ke-qi hua* (höfliches Sprechen)

Ke bedeutet im Chinesischen „Gast“ und *qi* meint die „Art und Weise des Verhaltens“. Wörtlich übersetzt heißt *ke-qi* „Verhalten eines Gastes“. *Ke-qi* ist ein typisch chinesischer Begriff, der nicht mit einem einzigen Wort übersetzt werden kann. Er besteht aus einer Synthese uns geläufiger Begriffe wie „höflich“, „manierlich“, „gesittet“, „demütig“, „bescheiden“, „gut erzogen“, „taktvoll“, „gebildet“, „aufmerksam“, „rücksichtsvoll“ und „verständig“, alles Eigenschaften, welche in *li-mao* (höfliches Verhalten) enthalten sind.

Im chinesischen Wörterbuch wird *ke-qi* mit *„li-mao* besitzen“ übersetzt. *Hua* bedeutet „Sprache/Sprechen“. So kann *ke-qi hua* als „höfliches Sprechen“ oder „gesittete Sprechweise“ umschrieben werden. Da *ke-qi hua* auf *li-mao* gründet, bildet das *li* auch die Grundlage für das „höfliche Sprechen“. Bei „höflich“ muss unterschieden werden zwischen „höflich“ in Bezug auf den Inhalt und „höflich“ in der Art und Weise des Sprechens. Nach chinesischer Auffassung kann eine Äußerung inhaltlich unhöflich sein (z.B. eine persönliche Kritik); dieser Inhalt kann jedoch durch einen höflichen Kommunikationsstil angebracht werden (z.B. durch indirekte Sprache).

Im Folgenden werden wir uns mit verschiedenen Formen des höflichen Sprechens (*ke-qi hua*) befassen. Die verschiedenen Formen des *ke-qi hua* dienen in erster Linie dazu, Harmonie zwischen allen Beteiligten zu stiften oder zu erhalten.

7.1 Strategien zur Vermeidung von Disharmonie

Die Chinesen verfügen über verschiedene Gesprächsstrategien, welche harmoniestiftend wirken sollen. Diesen Strategien kommt in erster Linie eine gesichtsschonende Funktion zu. Durch Kompromissbereitschaft, eine indirekte Sprechweise oder mit einem höflichen Lächeln wird eine offene Konfrontation vermieden.

Kompromissbereitschaft

„Wenn wir sehen, dass wir es nicht allen recht machen können, gehen wir einen Kompromiss ein oder suchen eine ‚umfassende‘ Lösung.“

Mit diesen Worten beschreibt Lin Yutang (1981, 187) in *„Zur Taktik des Umgehens"* das chinesische Konfliktlösungsverhalten.

Die chinesische Kultur entstand aus einer bäuerlichen Gesellschaft, in der jeder vom andern abhängig war. In dieser Kulturlandschaft - vor allem im ausgeklügelten Bewässerungssystem zur Bewirtschaftung der Reisfelder - konnte der Gedanke der sozialen Harmonie gedeihen, der noch heute das chinesische Sozialleben bestimmt.

> „Es war ein ständiges Empfangen, Nutzen und Weitergeben.. ...Wer Wasser nahm, musste Wasser abgeben. Wer Rücksicht forderte, musste auch Rücksicht üben. Wer andern Wasser abgrub, störte nicht nur seinen Nachbarn, sondern den Kosmos der Felder" (Wickert 1984, 193).

Weil alle und alles voneinander abhängig waren, setze man sich zusammen und suchte nach einem Kompromiss. Auch heute werden in China Differenzen oft mit Kompromissen ausgeglichen. Konfrontationen werden dadurch gelockert, dass jeder ein Stück weit nachgibt. Es kommt nicht darauf an, unbedingt Recht zu bekommen, wichtiger ist, dass keine der Parteien das Gesicht verliert.

> Ein deutscher Schriftsteller kommentiert sein Treffen mit chinesischen Schriftstellerkollegen: *„Man tut gut daran, die Antworten nicht nur inhaltlich zu lesen. Sie drücken ebenso das allgegenwärtige Bedürfnis der Chinesen aus, mit dem ausländischen Gast zu irgendeiner für beide Seiten erträglichen Kompromissformel zu kommen"* (Schneider 1985, 40).

Die Kompromissbereitschaft der Chinesen fällt auch in kulturvergleichenden Untersuchungen zum Kommunikationsverhalten chinesischer und amerikanischer Gesprächspartner auf: Die Chinesen gehen in Diskussionen auf die Argumente ihrer Gegner ein und mildern ihre eigene Position im Sinne eines Kompromisses ab, während die Amerikaner ihren Standpunkt eher noch pointierter vertreten, vor allem, wenn die Gegenargumente schwach sind (Nisbett 2000).

Kompromisse müssen sich nicht immer nur auf explizite Angebote beschränken. Eine Strategie der Konfliktvermeidung besteht auch darin, die individuelle Meinung im Interesse der Gruppenharmonie zurückzuhalten und sich der Mehrheitsmeinung anzupassen, um Meinungsverschiedenheiten aus dem Weg zu gehen.

Lin Yutang zitiert aus der bereits erwähnten Abhandlung *„Zur Taktik des Umgehens"* einen anonymen Schreiber (Lin 1981, 185-188):

> „...Ich war bemüht, nach festen Grundsätzen zu leben, aber die Gesellschaft fand, es fehle mir an Takt. In einer solchen Welt trotzt der Mensch weder erhobenen Hauptes dem Himmel, noch tritt er fest auf die Erde auf. Er verbeugt sich, macht den Kotau und setzt sich schüchtern auf einen Eckplatz. Er läuft am Flussufer umher, bis er eine Stelle gefunden hat, an der er den Fluss durchwaten kann."

Allein in dieser Abhandlung kommt das chinesische Wort *tschu* (= *qu*), - welches mit „umgehen", „rund", „Biegung", „gebogen", „verbogen", „indirekt" übersetzt werden kann -, 63mal vor. Lin erwähnt jedoch, dass es 3300 Verhaltensregel der sogenannten „*tschu*-Etikette" gibt. Der Autor fügt zu seiner oben zitierten Feststellung hinzu:

> „So verrichten wir alles auf indirekte Weise. Wir versuchen ein Hindernis zu umzingeln, eine Schwierigkeit zu umgehen und geben eine ausweichende Antwort."

Indirekte Sprechweise

Seit Jahrhunderten besteht in China große Skepsis gegenüber direkter, offener Sprechweise. Konfuzius warnte:

> „In Friedenszeiten sprich und handle nach festen Grundsätzen, in Zeiten einer Missherrschaft solltest du zwar nach strengen Grundsätzen handeln, in deiner Rede jedoch vorsichtig sein."

Es ist ein sehr altes Phänomen, dass die Kritik nur indirekt zwischen den Worten zu verstehen gegeben wird. So steht im Vorwort zum Shijing (Buch der Lieder), der großen (und vermutlich ersten) Poesie-Anthologie, dass es die Absicht der Poesie sei zu verschleiern: *„Ich sage es so, weil ich meinen Kopf nicht riskieren will, aber der Fürst versteht, was ich meine"* (Köser & Hetzer 1990).

Die Chinesen bevorzugen eine indirekte, verschleierte Sprache, in der die Botschaft zwischen den Zeilen zu lesen ist. Sie haben im Laufe der Jahrhundert eine besondere Fähigkeit der indirekten Sprechweise entwickelt. Indirekte Hinweise - vor allem auf gegensätzliche Ansichten und Meinungen oder negative Ereignisse - gelten als weitaus gesichtsschonender und deshalb kultivierter.

Indirektheit gilt im Chinesischen in bestimmten Situationen als *die* zentrale Gesprächsstrategie. Solche Situationen sind:

a) Aussprechen einer Bitte
b) Ablehnung einer Bitte
c) Abgabe persönlicher Stellungsnahmen
d) Beurteilung anderer

a) Aussprechen einer Bitte

Wenn jemand einen Höhergestellten um einen Gefallen bitten möchte, muss er zuerst die Position desjenigen, an den er die Bitte richtet, und die Wahrscheinlichkeit, mit der dem Gesuch stattgegeben werden könnte, einschätzen. Wenn die Bitte gewährt wird, hat der Gewährende dem Bittsteller Gesicht gegeben. Falls die Bitte abgelehnt wird, so verliert der Gesuchsteller sein Gesicht. Es beschämt jedoch auch den, der das Gesuch abweist. Bevor man eine Bitte äußert oder einen Wunsch vorbringt, ist es deshalb üblich, langsam das Gespräch darauf hinzusteuern. Je größer ein Wunsch ist, desto länger dauert die Vorbereitungsphase.

> „Nicht selten kamen chinesische Studierende und Lehrende in meine Sprechstunde und erkundigten sich lange und ausführlich, wie es mir in China gehe, ob ich meine Eltern vermisse, ob mir das Essen schmecke etc.; bis ich diesen Vorspann ungeduldig abbrach, um auf ihr gezieltes Anliegen zuzusteuern", beschreibt Günthner ihre Erfahrungen als Deutschlehrerin in China (Günthner 1993, 80).

Auch unter Freunden gehört es zum guten Benehmen, Bitten und Erwartungen so subtil zu verpacken oder nur beiläufig zu erwähnen, dass der oder die Angesprochene, sie ohne Gesichtsverlust überhören können. Ausländer, welche nicht auf die Kunst des Andeutens hin sozialisiert sind, haben im Entschlüsseln dieser indirekten Botschaften Verständnisschwierigkeiten.

> Eine Chinesin äußerte gegenüber ihrer westlichen Mitbewohnerin - einige Monate bevor diese ihren Heimaturlaub antrat -, sie habe gehört, dass europäisches Olivenöl so wunderbar für die Haut sei. Die Ausländerin verstand nicht, dass diese Andeutung die Bitte beinhaltete, von ihrem Europa-Urlaub Olivenöl mitzubringen (Chen 1999, 97).

b) Bitte abschlagen

Es gilt in der chinesischen Kultur als höflicher, eine Bitte anzunehmen und sie nachher zu „vergessen", d.h. nicht auszuführen, als die Bitte zum vornherein abzuschlagen. Wenn die Bitte trotz Zusage nach einer bestimmten Zeit noch nicht erfüllt ist, wird der Bittsteller daraus schließen, dass es nicht in der Absicht oder den Fähigkeiten des andern lag, seinem Wunsch nachzukommen, und wird in Zukunft nicht mehr weiter drängen. Die Tendenz, Nichtübereinstimmung und Gesichtsbedrohung des andern zu vermeiden, geht soweit, eine Einladung zuerst zu akzeptieren, auch wenn man weiß, dass man zu diesem Zeitpunkt nicht kommen kann. Später wird dann dem Gastgeber, evtl. über eine Drittperson mitgeteilt, dass man am Erscheinen verhindert ist.

Da es im Chinesischen als unhöflich gilt, jemandem nein zu sagen, oder direkt eine Absage zu erteilen, wird der chinesische Sprecher eine Notlüge einer die Harmonie bedrohenden Äußerung vorziehen. Als Basisregel gilt: *„Die Ehre des andern* (vor allem des Höhergestellten) *hat Vorrang vor deiner Sicht der Wahrheit.“* Unter den von Ueda beschriebenen 16 verschiedenen sprachlichen Möglichkeiten im Japanischen, in der Öffentlichkeit einen Wunsch oder eine Bitte höflich abzulehnen, steht Lügen an erster Stelle. So kann ein „Ja“ unter Umständen ein „Nein“ bedeuten. Das gilt auch im Chinesischen.

> Chinesische Kundschafter berichteten nach ihrer Rückkehr in ihre Heimat über den Fernen Westen, dass Europäer immer die Wahrheit sagten (außer beim Pferderennen): *„Das Volk von Europa sagt ja, wenn es ja meint und nein, wenn es nein meint.“* Gerade durch ihre Aufrichtigkeit machten die Europäer jedoch deutlich, dass sie keine Etikette hatten (Böckelmann 1998, 184).

Der amerikanische Missionar Arthur Smith schrieb über chinesische Höflichkeit: *„Den wahren Grund für irgend etwas kann man kaum je erwarten.“* Von einem Chinesen wurde er belehrt, dass man einem Bittsteller der Form halber nachgeben sollte, auch wenn man nie die Absicht hat, die Bitte tatsächlich zu erfüllen.

> *„Vertröste ihn auf morgen und dann auf ein anderes morgen, so tröstest du sein Herz“* (Smith 1894, 272).

Was wir als Lüge ansehen, gilt in Asien als Höflichkeit, um die andern nicht zu verletzen oder sie nicht das Gesicht verlieren zu lassen.

> Ein deutscher Naturwissenschafter war in Peking zu einem Abendessen von der *Academica Sinica* eingeladen. Er kam gerade aus Japan und beklagt sich, dass die Japaner nie aufrichtig seien. Man wisse nie, wann sie die Wahrheit sagen und wann sie einem anlügen. Er habe sich zum Grundsatz gemacht, alles was er denke, auch aufrichtig zu sagen, und heikle Themen oder unangenehme Tatsachen nicht zu umgehen. Damit sei er am weitesten gekommen. Dann wandte er sich an seinen Tischnachbarn auf der rechten Seite und erzählte auch ihm, dass man am weitesten komme, wenn man immer die Wahrheit sage, auch da, wo es unangenehm empfunden werde. Der Chinese antwortete: *„Sie haben völlig recht. Manchmal kann das in der Tat von Nutzen sein; - - - wenn man verletzen will.“* (Wickert 1984, 222).

Chinesen sind darin geübt, die Botschaft hinter den Worten herauszuhören. In China wird niemand erwarten, direkt mit der Wahrheit konfrontiert zu werden. Wenn Chinesen eine Ausrede gebrauchen, setzen sie voraus, dass dies offensichtlich ist und ihnen diese kleine Unwahrheit als Höflichkeitsgeste angerechnet wird.

c) Abgabe persönlicher Stellungnahmen

Die Chinesen bedienen sich verschiedener Kommunikationsstrategien, um sich einer persönlichen Stellungnahme zu entziehen.

Ausweichendes Statement

Durch Verzögerungstaktiken und weit ausholenden Bemerkungen wird vom eigentlichen Thema abgelenkt und ein vorgesehenes Thema gar nicht eingebracht.

> „Fragen beantwortete er manchmal nur halb, oder er wich charmant plaudernd vom Thema ab. Anfangs schrieb ich das seinem Alter zu, bald aber merkte ich, dass er stets einen guten Grund hatte, wenn er auswich. Man durfte ihn nicht unterschätzen" (Bericht des deutschen Botschafters über seinen Antrittsbesuch beim chinesischen Außenhandelsminister, Wickert 1984, 106).

Unexaktes Statement

Durch allgemeine, ungenaue Antworten und vage Formulierungen wird keine persönliche Stellungnahme deutlich.

> *„However, due to our limited funds, we are unable to offer financial support for your project. Please kindly understand our situation. If there is any way we can be of service in the future, please feel free to let us know"*, lautet die schriftliche Zurückweisung eines Stipendiumsgesuches der *„Pacific Cultural Foundation"* in Taipei für ein eingereichtes Forschungsprojekt.

Wenn durch eine zu genaue Formulierung einer der beiden Gesprächsteilnehmer sich in die Enge getrieben fühlen könnte, verwenden Chinesen lieber vage Formulierungen.

> *„Das Thema der Wanderarbeiter ist äußerst komplex"*, erklärt der Chefredaktor einer chinesischen Tageszeitung, als er auf die Probleme der Landflucht und die ausbleibenden Maßnahmen der Behörden angesprochen wird (Brandenberger 1999, 53).

Genauigkeit im Ausdruck kann eine Form der Unhöflichkeit sein.

> *„Beim Übersetzen geht viel verloren, trotzdem kann ich die Struktur gut bemerken. Diese westlichen Gedichte sind sehr neu für mich"*, kommentiert ein chinesischer Dichter das Gedicht einer deutschen Kollegin.

Floskeln wie: *„Lass mich zuerst darüber nachdenken“*, *„Wir werden die Angelegenheit noch eingehend prüfen“* sind im Chinesischen geläufige Strategien, um keine direkte Absage erteilen zu müssen. Dies ist beim Dolmetschen chinesisch-deutscher Verhandlungsgespräche zu berücksichtigen (Vermeer 1989, 43).

> Bei der internationalen Garten-Expo 1999 in Kumming hatten die chinesischen Experten den ersten schweizerischen Projektentwurf als *„sehr interessant und sehr europäisch“* kommentiert, was der schweizerische Projektverantwortliche als höfliche Formulierung für „langweilig“ interpretierte und nach einer zusätzlichen Attraktion suchte, die dann ein großer Erfolg wurde.

Abgeschwächte Sprache

Um eine direkte Konfrontation zu vermeiden, wählen chinesische Sprecher absichtlich abschwächende Formulierungen (vielleicht, ein wenig, es könnte sein etc.) sowie Signalisierung von Unsicherheit oder Zweifel, auch in Situationen, in denen sie sich der Sache sicher sind.

Abschwächende Formulierungen werden auch gebraucht, um die andern (vor der Wahrheit) zu schonen, z.B. bei Unglücksfällen oder Krankheit.

> Ein amerikanischer Schüler erhielt von der Frau seines Kalligraphielehrers folgenden Brief übermittelt: *„Es tut mir Leid, dir mitzuteilen, dass Professor Jin krank geworden ist und nicht mehr zuhause wohnen kann. Er bedauert es sehr, dass er dich vorläufig nicht mehr unterrichten kann, und er hofft, dass du dich nicht entmutigen lässt.“* Als der Schüler herausgefunden hatte, in welchem Krankenhaus der Professor lag und ihn dort besuchen wollte, erfuhr er erst, dass der Professor nicht einfach krank war, sondern im Koma lag (Salzmann 1990, 294).

Ich war ganz überrascht zu hören, dass ein kurzes Telefongespräch mit meiner in New York wohnenden Schwägerin die Telefonleitungen rund um den Globus heiß laufen ließ. Auf die obligate Eingangsfrage nach meinem Befinden antwortete ich (in aufrichtig schweizerischer Manier): „Besser.“ Mit dieser realen Einschätzung meines Gesundheitszustandes wollte ich einerseits vermerken, dass ich meine Krankheit überwunden hatte, dass ich mich aber noch nicht so fit fühlte, um mit meinem Mann und Sohn nach Asien zu einem Familientreffen zu reisen. Die Schwägerin interpretierte mein „Besser“, jedoch dahin, dass es mir momentan offenbar sehr schlecht gehen würde und es unverantwortlich sei, mich in diesem Zustand allein in Europa zurückzulassen.

Diese Interpretation führte zu den erwähnten telefonischen Aktivitäten in der Familie rund um den Globus.

Rhetorik der Anspielungen

> „Manchmal ist es besser, wenn man einem Freund gegenüber die verschleierte Anspielung dem geraden Rat vorzieht, und auch Könige und Herrscher kannst du auf indirekte Weise, indem du ihnen eine ähnliche Situation schilderst, eher dazu bringen, deinen Standpunkt einzusehen, als durch einen offenen Rat."

Auch diese Verhaltensregel entspricht den „*tschu*-Etiketten" (Lin 1981, 1987). Statt eine direkte Antwort zu geben, werden häufig Umschreibungen, blumige Redewendungen oder feststehende lexikalische Formeln verwendet, die dem Gegenüber den Sinn lediglich andeuten sollen.

> In einem interkulturellen Seminar sprachen die chinesischen Studenten andeutungsweise von den Auswirkungen von 1989 (dem Tian-anmen-Massaker). Eine deutsche Kollegin wollte es genau wissen und doppelte nach, was denn im Jahre 1989 passiert sei? Darauf antwortete die Dolmetscherin: *„Die Welt hat sich verändert."*

Wenn es um Angriffe auf eine einflussreiche Person geht oder die Beurteilung einer heiklen politischen Situation, werden überlieferte Anekdoten oder festgefügte Redensarten, z.B. Sprichwörter gewählt. Es kommt weniger auf die klare Formulierung der Gedanken an, sondern es geht vor allem darum, auf vorsichtige Weise seine Meinung kundzutun. Die chinesische Ausdrucksweise ist von solchen Andeutungen geprägt. Diese Art zu sprechen zeigt sich in chinesischen Sprichwörtern wie *„Auf den Mandelbaum zeigen und auf die Akazie schimpfen"* oder *„Auf einen Hirsch zeigen und ihn Pferd nennen."* Über den Ursprung des zweiten Sprichworts berichtet folgende Geschichte:

> „Der Kanzler Chao Gao, der den Thron usurpieren wollte, machte eine Kraftprobe. Er ließ dem Kaiser einen Hirsch vorführen und sagte, er schenke ihm dieses Pferd. Der Kaiser lachte: *‚Da haben Sie sich wohl versprochen, Herr Kanzler? Das ist doch kein Pferd, sondern ein Hirsch!'* Aber als er sich zu den Beamten und Höflingen ringsum wandte, damit sie ihn bestätigten, verging ihm das Lachen. Sie machten ernste Gesichter und dachten angestrengt nach. Einige meinten, das Tier sehe in der Tat in gewisser Hinsicht und je nach Standpunkt, von dem man es betrachte, einem Pferde nicht ganz unähnlich. Einige konnten sich nicht entscheiden. Doch es gab auch einige, die keine politische Phantasie besaßen, die in dem Hirsch nichts anderes als einen Hirsch sahen und das geradeaus sagten. Diejenigen, die den Hirsch bei seinem Namen nannten, ließ der Kanzler bestrafen. Das war das Ende des zweiten Kaisers" (Wickert 1984, 273).

Schweigen

In heiklen Situationen kann auch Schweigen als Mittel zur Vermeidung von Konfrontation dienen.

> Als westliche Ärzte einem vortragenden chinesischen Kollegen eines chinesischen *Medical College* in der Diskussion ihre abweichend Meinung kundtun wollten, ging dieser mit unbewegter Mine aus dem Hörsaal, da er derartiges überhaupt nicht kannte. *„Ein Chinese würde nie einen westlichen Kollegen kritisieren, auch wenn dieser seiner Auffassung nach noch so irrige Ansichten hätte“*, weiß der deutsche Arzt und Honorarprofessor für chinesische Medizin Claus Schnorrenberger aufgrund seiner langjährigen China-Erfahrungen. *„Auch falsche westliche Auffassungen, z.B. solche zur chinesischen Medizin, erhalten im Ursprungsland noch Lob und Zustimmung, weshalb widersinnige abendländische Begriffe bis in alle Ewigkeit im Westen festgeschrieben bleiben werden“* (siehe Kap. 23) (Schnorrenberger 2002, 180).

Das Gesicht zu wahren spielt vor allem zwischen Menschen unterschiedlicher hierarchischer Ebenen eine große Rolle. Um die Harmonie nicht zu stören, wird eine Person nur höchst ungern wegen eines Fehlers kritisiert. So wird ein Angestellter nie mit seinem Chef debattieren oder ein Schüler vor dem Lehrer seine Meinung frei äußern. Das hätte auf beiden Seiten einen Gesichtsverlust zur Folge. Aus dem gleichen Grund würde man niemanden direkt auf einen Fehler hinweisen.

d) Beurteilung anderer

Jeder möchte sein Gesicht wahren, d.h. nicht in aller Öffentlichkeit kritisiert werden. Direkte Kritik ist eine Verletzung des guten Rufes der betreffenden Person. Aus diesem Grund wird viel Wert auf höfliches, nicht verletzendes und nicht bloßstellendes Verhalten gelegt. Wenn Kritik an einer Person unumgänglich ist, gibt es im Chinesischen verschiedene Formulierungen, um das Gesicht dieser Person zu schonen.

Understatements

Hier werden die eigenen Fähigkeiten heruntergespielt, um den andern zu erhöhen:

> Der junge Mann, dem von der Heiratsvermittlerin ein junges Mädchen aus gutem Haus vorgestellt wird, listet nach dem Zusammentreffen alle guten Qualitäten des Mädchens auf und setzte ihnen alle seine Charakterfehler entgegen mit der Schlussfolgerung, dass das Mädchen *„Besseren würdig ist“*. Auf diese Weise gibt er der Heiratsvermittlerin zu verstehen, dass dies nicht das Mädchen seiner Wahl ist (Hartzell 1989, 368).

Die Taktik des Understatements kann sich auch darin zeigen, dass man sich in einer heiklen Situation als „nicht genug kompetent“ gibt, um nicht Stellung beziehen zu müssen.

Positive Bezugnahme

Bevor eine Kritik angebracht wird, werden zunächst die „guten Dinge“ betont. Zuerst folgt eine positive Bezugnahme zum Sachverhalt, um nachher auf indirekte Weise den Dissens anzudeuten.

> Am Ende der ersten Unterrichtswoche erhielt der junge amerikanische Englischlehrer vom Klassensprecher eine von der Klasse ausgearbeitete Zusammenfassung ihrer „Vorschläge zur Verbesserung des Unterrichts“: *„Lieber Mark, Du bist ein lebhafter Junge! Deine Kurse sind voller Heiterkeit und wirklich wunderbar. Um unseren Kurs zu verbessern, möchten wir vorschlagen, dass wir in Zukunft erstens...“* (Dann folgte eine Auflistung von vielen Verbesserungsvorschlägen.)... *“Wir hoffen, dass wir es gemeinsam schaffen werden, diese Widersprüche zu überwinden! Wir danken dir, verehrter Lehrer“* (Salzmann 1990, 32f).

Das Gesicht der Andern erhöhen

Dieses Verhalten beinhaltet bestimmte Taktiken im spontanen Erteilen von glaubwürdigen Komplimenten. Mittels Erhöhung des Andern durch Komplimente kann eine persönliche kritische Stellungnahme umgangen werden.

> „Wir brachten das Gepäck in den ersten Stock, der unsere Wohnung sein würde. Unsere Schritte und Stimmen hallten in den leeren Zimmern. Sie waren gerade gestrichen worden, hellblau und grün. Zu den Farben äußerten wir uns nicht. Es war nichts mehr zu ändern, aber wir lobten, dass man rechtzeitig fertig geworden war“ (Kommentar des deutschen Botschafters beim Bezug seiner Botschaftsresidenz in Peking; Wickert 1984, 41).

Ein eindrückliches Beispiel einer gesichtsschonenden Strategie ist der Begleitkommentar einer Pekinger Zeitung zu einem zurückgewiesenen Artikel eines britischen Journalisten:

> „Wir haben Ihr Manuskript mit grenzenlosem Genuss gelesen. Wenn wir Ihren Beitrag veröffentlichen würden, wäre es in Zukunft unmöglich, eine Arbeit von geringerem Stand zu publizieren. Und da es undenkbar ist, dass wir in den nächsten tausend Jahren etwas Gleichwertiges zu sehen bekommen werden, sind wir zu unserem Bedauern gezwungen, Ihren göttlichen Aufsatz zurückzusenden. Wir bitten tausendfach um Nachsicht für unsere Uneinsichtigkeit und Furcht“ (Knapp 1988, 5).

Als ich dieses Schreiben einem chinesischen Freund vorlegte, der in internationalen Unternehmen in Deutschland, in der Schweiz und in Asien tätig war, meinte dieser nach kurzem Überlegen, dass er eine Absage in ähnlicher Art und Weise verfassen würde.

Indirekte Zurechtweisung

Anstatt eine Person direkt zurechtzuweisen, werden deren Untergebene oder ihr nahestehende Personen zurechtgewiesen. Seit jeher griff man in China, wenn man eine Person der Gegenwart treffen wollte, eine Gestalt aus der Geschichte oder aus einem fernen Lande an, die mit der lebenden Person eine Gemeinsamkeit hatte. Man war findig, solche Parallelen zu entdecken.

> So griff das Volk nach Maos Tod in Gedichten und Wandzeitungen die Kaiserinwitwe Ci-xi an oder man schrieb Lobgedichte auf Maos erste Frau, aber jeder wusste, dass die Maowitwe Jiang Qing damit getroffen werden sollte. Auch den Kaiser hatte man früher nie direkt angegriffen, sondern man schimpfte auf seine Berater (Wickert 1984).

Für dieses Vorgehen der indirekten Zurechtweisung steht das Strategem: „*Auf das Gras schlagen um die Schlange aufzuscheuchen*" (siehe auch Kap. 8. u.16.3):

> „Unter der südlichen Tang-Dynastie (937-975) amtete ein weiser Wang-Lu als Präfekt des Kreises Dang-tu. Ihn kennzeichneten Besitzgier und Bestechlichkeit. Eines Tages reichten Bewohner seines Kreises eine Klageschrift gegen seinen Sekretär mit dem Vorwurf der Bestechlichkeit ein. Dazu kamen noch andere Delikte. Als Wang-Lu die Anklagen gelesen hatte, die auch auf ihn zutrafen, erschrak er zutiefst. In dieser Stimmung schrieb er: ‚*Ihr habt zwar nur auf das Gras geschlagen, ich aber bin bereits eine aufgescheuchte Schlange*'" (von Senger 1995, 216).

Einschaltung einer Vermittlungsperson

Wenn ein Konflikt nicht zu umgehen ist, wird oft eine Vermittlerperson eingeschaltet. Es gilt nach chinesischer Auffassung als gesichtsschonender, wenn Kritik über einen Mittelsmann übermittelt wird, und die kritisierte Person anschließend die Möglichkeit hat, in der Konfrontation mit den andern ihre Haltung selbst zu kritisieren oder zu ändern, als dass sie direkt - vor den Augen anderer - mit Kritik konfrontiert wird.

7.2 Westliche Direktheit versus östliche Indirektheit

Der Deutsche „nimmt kein Blatt vor den Mund“, ohne lange Umschweife „kommt er zur Sache“, „packt den Stier bei den Hörnern“, notfalls „redet er auch mal deutsch“ und „sagt seinem Gegenüber gründlich die Meinung“. Diese Redewendungen charakterisieren den Idealtypus des deutschen Kommunikationsverhaltens (Weggel 1987, 51). Die Tradition des direkten Kommunizierens als eine Wertorientierung des Westens kann auf Asiaten sehr grob wirken, wenn sie zum ersten Mal mit diesem deutschen Umgangsstil konfrontiert sind. Die Chinesen wundern sich, wie offen ihre deutschen Kollegen über bestimmte Dinge reden, sich nicht scheuen, ihre Meinungen klar darzulegen und auch vor konfrontativen Auseinandersetzungen nicht zurückschrecken.

> „Versuchen deutsche Interagierende in Gesprächen mit ChinesInnen einen direkten oder gar konfrontativen Gesprächsstil einzuschlagen, indem sie Nichtübereinstimmung und Kritik offen verbalisieren oder versuchen, den andern mit provokativen Bemerkungen aus seiner Reserve zu locken, so fühlen sich chinesische Gesprächsteilnehmende vom ‚aggressiven‘ Gesprächsstil der deutschen Interagierenden häufig in die Enge gedrängt: Würden sie den konfrontativen Stil der Deutschen übernehmen, so käme dies einem Herabsinken auf die Ebene ‚persönlicher Unreife‘ gleich und würde ihr Gesicht bedrohen“ (Günthner 1993, 75).

Da Indirektheit in der chinesischen Kommunikation eingesetzt wird, um Unterschiede zu mildern, Konflikte zu vermeiden, die Ehre zu erhalten - kurz, um Gesichtsverlust zu vermeiden -, werden die Direkt-Kommunizierenden oft als taktlos und beleidigend wahrgenommen. Die westliche Art von Direktheit verstößt gegen die chinesische Etikette, dadurch fühlen sich die Chinesen verletzt.

> Eine chinesische Professorin berichtet von einer ihrer Studentinnen, welche vorübergehend in einem schweizerischen Institut als wissenschaftliche Mitarbeiterin tätig war. Nach ihrer Rückkehr beklagte sich diese, wie unglücklich sie an ihrem Arbeitsplatz war und wie herabwürdigend sie die einheimischen Kollegen behandelten: *„Sie sprachen mit mir auf eine direkte Art, als hätte ich keinen Respekt verdient und als wären sie mit mir unzufrieden.“* Sie war erstaunt, später durch eine Kollegin zu erfahren, dass man mit ihr sehr zufrieden war und ihre Leistung außerordentlich schätzte (Jin 1994, 209).

Jin (1994, 209f) stellte in ihren Interviews jedoch fest, dass den jungen Chinesen die westliche Offenheit gefällt, wenn sie sich mit dem direkten westlichen Umgangstil vertraut gemacht haben. Die Tradition der Zurückhaltung und Selbstbeschränkung ist bei der jüngeren Generation in China nicht mehr so stark ausgeprägt. Chinesen lernen schnell dazu. Chinesen, welche in Amerika oder Europa gelebt haben, ist der westliche Stil bekannt. Sie haben gelernt, dass sie nicht immer nach einem versteckten Sinn in den Worten des Gegenübers suchen sollen.

Gerade das Wissen um die indirekte chinesischen Ausdrucksweise kann in der interkulturellen Kommunikation zwischen Chinesen und Deutschen jedoch zu gegenseitiger Verwirrung führen, wie folgendes Beispiel zeigt:

> Eine chinesische Delegation war zu einem Jubiläum einer deutschen Universität eingeladen. Als Ehrengäste sollten sie ein gemeinsames Wochenende mit zwei deutschen Professoren verbringen. Da die Chinesen wussten, dass ihre deutschen Kollegen dafür ihre Freizeit opfern mussten, wollten sie auf diese Begleitung verzichten. Als Gäste, konnten sie jedoch nicht einfach das Angebot ablehnen; dies stellte nach chinesischer Auffassung einen Gesichtsverlust für die Gastgeber dar. Aufgrund dieser Rücksichtsnahme wählte die Delegationsleiterin folgende Formulierung gegenüber den Gastgebern: *„Am Samstag haben wir etwas anderes vor. Wir möchten einige chinesische Studenten, bzw. Fortzubildende hier besuchen. Außerdem glauben wir, dass Sie in diesen Tagen auch sehr beschäftigt sind.“*

Die deutschen Gastgeber verstanden nicht genau, was die chinesischen Gäste ihnen mitteilen wollten. Vor allem wussten sie nicht, ob die Anmerkung: *„Außerdem glauben wir, dass Sie in diesen Tagen auch sehr beschäftigt sind“*, bedeutet, dass die Gäste eigentlich nur aus Höflichkeit auf die Veranstaltung verzichten wollten? Deshalb bestanden die Deutschen auf der Einhaltung des im Tagesprogramm vorgesehenen Ausfluges. Erst nach längerem Hin und Her wurde es den Gastgebern klar, dass ihre Gäste den Besuch der chinesischen Studenten bevorzugten und den Ausflug wirklich nicht unternehmen wollten (Jin 1994, 284).

Ein Chinese erklärt den indirekten chinesischen Kommunikationsstil:

> *„Du darfst Worte nicht als bare Münze nehmen. Sie sind nur als Fingerzeig gedacht. Für das, was wirklich gemeint ist, musst du mit der Zeit ein Gespür entwickeln. Wir tragen eben unsere Gedanken und Gefühle nicht direkt auf den Lippen. Wenn Du das verstehen lernst, werden sich viele Missverständnisse vermeiden lassen“* (Hieber 1984, 30).

Missverständnisse in der interkulturellen Kommunikation können auch dadurch entstehen, dass die Chinesen - seit ihrer frühen Kindheit auf „Indirektheitserwartungen" hin sozialisiert - alle Äußerungen von Ausländern gemäß ihrem eigenen Kodierungssystem entschlüsseln, d.h. Chinesen wittern Andeutungen, indirekte Hinweise oder Kritik auch dort, wo Ausländer keine versteckten Absichten kundtun wollen.

Hanna Chen schreibt in ihrem Reiseführer *„KulturSchock China"* über die Höflichkeit im chinesischen Alltag:

> „Chinesische Höflichkeit einzuschätzen lernt man nicht in drei Tagen. Man kann sie sich in keinem Volkshochschulkurs, in keinem Universitäts-Seminar aneignen und nicht nach Regeln auswendiglernen. Sie hat nichts mit Logik zu tun, aber einiges mit der Kunst, Gedanken zu lesen. Sie ist Bestandteil einer Kommunikationskultur, die auf genauem Hinfühlen beruht. Virtuosen auf diesem Gebiet geraten fast nie in einen krassen Widerspruch zu ihren Gesprächspartnern, denn sie erfassen deren Denkweise intuitiv richtig und passen sich verbal an. Selbst unter Chinesen sind Menschen dieses Schlages gefürchtet, weil sie kaum je preisgeben, was sie wirklich denken" (Chen 1999, 96f).

Indirekte Kommunikation wird im Westen oft als Mangel an Zivilcourage angesehen oder als Zeitverlust gewertet. Viele westliche Menschen neigen dazu, Indirektheit mit Unehrlichkeit und Direktheit mit Offenheit gleichzusetzen. Es ist jedoch zu bemerken, dass die Verwendung indirekter Sprache nicht nur auf die chinesische Kultur beschränkt ist. Die meisten Kulturen funktionieren nach einem „gefeilten System der Indirektheit". Nur in den „modernen" westlichen Gesellschaften gibt man einer direkten Kommunikation den Vorrang. Die amerikanische Kommunikationsexpertin Tannen (1993) macht darauf aufmerksam, dass es sich dabei auch im Westen eher um einen theoretischen als um einen wirklich praktizierten Wert handelt. Auch in unserer Gesellschaft gibt es viele Situationen, in denen man nicht direkt kommuniziert, da man aus Erfahrung weiß, dass man sich dabei Schwierigkeiten einhandeln wird. Es muss darauf hingewiesen werden, dass sich bei den Chinesen die indirekte Sprechweise nur auf die in diesem Kapitel aufgelisteten Situationen zur Vermeidung offener Konfrontation beschränkt. Die weiteren Ausführungen in diesem Buch werden aufzeigen, dass es Situationen gibt, in denen die Chinesen viel direkter kommunizieren als wir.

7.3 Ein höfliches Gespräch

Zur Veranschaulichung von *li-mao* und *ke-qi hua* soll anhand von Auszügen aus einem Gespräch zwischen dem damaligen deutschen Botschafter Wickert und dem chinesischen Außenminister Qiao Guanhua aufzeigt werden, wie in einem „höflichen Gespräch" die Prinzipien des *li-mao* und *ke-qi hua* eingewoben sind. Der deutsche Botschafter berichtet über diese Begegnung in seinem Buch *„China von innen gesehen"* (Wickert 1984, 43-48). Anlass des Gesprächs war die Akkreditierung des deutschen Botschafters in China.

Gespräch mit dem chinesischen Außenminister

(Das Gespräch wird nur ausschnittweise wiedergegeben. Bei der Auswahl der Beispiele wurde das Augenmerk nicht auf den Inhalt, sondern vor allem auf den Gesprächsverlauf und die Kommunikationsstrategien gelegt. Wörtliche Zitate sind speziell gekennzeichnet.)

Am Tage des Empfangs wurde der deutsche Botschafter vom chinesischen Protokollchef in den Großen Empfangssaal geführt. Dort, im Empfangssaal, in der Mitte des großen chinesischen Teppichs, stand der chinesische Außenminister und kam dem deutschen Botschafter entgegen, als dieser eintrat.

Der Außenminister war entspannt, strahlte Wärme aus, und später im Gespräch lachte er einige Male laut und herzlich - als habe er keine Sorgen.

Der Außenminister gab dem Botschafter die Hand und begrüßte ihn in deutscher Sprache: *„Guten Tag! Ich freue mich, Sie hier in Peking begrüßen zu können."....*

Später sprach der Außenminister auf Chinesisch: *„Ich habe ihren Vorgänger sehr geschätzt. Er war ein aufrechter Mann. Ich bin überzeugt, wir werden ebenso gut zusammenarbeiten."*

Der chinesische Außenminister war informiert, dass die Wagenkolonne des deutschen Außenministers vorgestern einen Unfall gehabt hatte. Er äußerte sein Bedauern, dass es unter den begleitenden Journalisten Todesfälle gegeben hatte, und er war froh, dass der Minister nicht verletzt war.

Dann kam der Außenminister zum eigentlichen Thema des Besuchs: *„Sie werden sich gewundert haben, dass ich Sie schon heute zu mir gebeten habe, obwohl Sie Ihr Beglaubigungsschreiben noch nicht überreicht haben. Aber wir Chinesen sind nicht formalistisch."*

Der Außenminister stellte des Weiteren fest, dass die Beziehungen zwischen der Volksrepublik und Deutschland zufriedenstellend seien und das Handelsvolumen steigt....... *„Über die politische Lage wollen wir uns demnächst ausführlich unterhalten; aber ob ich vor der UN-Vollversammlung dazukommen werde, weiß ich noch nicht."*

Der Botschafter erinnerte den Außenminister daran, dass Deutschland im nächsten Jahr Mitglied des Sicherheitsrates werde. *„Wir würden es begrüßen, wenn China unsere Initiative in den Vereinten Nationen zur Errichtung eines Menschenrechtsgerichtshofes unterstützte."*

Darauf antwortete der chinesische Außenminister unverbindlich: *„Darüber müssen wir einmal umgehender sprechen. Wann sind Sie zum ersten Mal nach China gekommen?"*...

Der Botschafter: *„Im Jahre 1936. Ich war damals Student."*

Der Außenminister: *„Dann sind wir wohl gleichaltrig. Ich habe damals in Tübingen studiert."*

Der Botschafter wusste, dass der chinesische Außenminister eine Dissertation über das vielleicht bedeutendste Buch des philosophischen Taoismus geschrieben hatte. Er mied jedoch das Thema, denn der Taoismus war zu jener Zeit verfemt, und in den Augen der linken Ideologen war diese Dissertation eine ganz schwarze Seite in der Biographie des Ministers.

Dann fragte der Außenminister den Botschafter, wie viele Schriftzeichen er schreiben könne. (Mit dieser Frage wird in China seit jeher der äußere Umfang der Bildung gemessen.)

Der Botschafter antwortete darauf: *„Sehr wenige. Die meisten habe ich vergessen; aber wenn ich Peking verlasse, hoffe ich, wieder mehr Zeichen schreiben zu können."*

(Das war eine sehr vage Antwort. Doch wenn er auch alle gängigen Zeichen hätte schreiben können, so hätte der Botschafter aus Höflichkeit nicht anders antworten dürfen.)

Ganz unvermittelt wechselte dann der Außenminister die Richtung des Gesprächs und kam vom Austausch allgemeiner Höflichkeiten auf ein anderes Thema.

Der chinesische Außenminister erkundigte sich, ob es in Deutschland Übersetzungen von Maos Gedichten gäbe. Er gab zu bedenken, wie schwierig es sei, den Sinn und die Anspielungen sowie die Übernahme poetischer Ausdrücke chinesischer

Klassiker zu erfassen. Er zeigte sich besorgt darüber, dass man aus den Gedichten, wenn man sie nicht richtig verstanden hat, genau das Gegenteil dessen herauslesen könne, was der Autor meinte.

Der deutsche Botschafter hatte mit wachsender Verwunderung zugehört. Hatte der Außenminister ihn heute zu sich gebeten, um ihm das zu sagen?...Zu einer literarischen Plauderei hatte er ihn sicher nicht ins Außenministerium gebeten. Um die Absicht des Außenministers klarer zu sehen, gab der Botschafter der Unterhaltung eine Wendung ins Politische: *„Solche Fehlinterpretationen von Gedichten sind bei Übersetzungen oft nicht zu vermeiden. Aber in der Regel werden sie keine schweren Folgen haben. In der Politik ist das anders.....“*

Der Außenminister benutzte die Brücke nicht, die ihm der Botschafter baute: *„Auch eine falsche Deutung oder Übersetzung eines Gedichtes aus der Feder des Vorsitzenden Mao kann große Folgen haben.“*

Im weiteren Gespräch kam der Botschafter auf den Ausspruch von Konfuzius zurück: *„Ich weiß nicht, ob ich heute und in diesem Saal den Namen des Konfuzius aussprechen darf, aber ich war immer beeindruckt von einem seiner Worte: als er nämlich gefragt wurde, was er zuerst tun würde, wenn er die Regierungsgeschäfte übernehmen sollte, antwortete er: ‚Sicherlich zuerst die Beziehungen* (oft mit Namen übersetzt) *richtigstellen‘“* (aus Lun-yu „Gespräche mit Konfuzius“ siehe Kap 6.1).

Der Außenminister hatte das Zitat erkannt; doch er war vorsichtig. Da auch Konfuzius in dieser Zeit verfemt war, ging er nicht darauf ein: *„Es fehlt mir jetzt an Zeit, des längern über Konfuzius zu sprechen.....“*

Der Außenminister leitete zu Hegels „Vorstellungen der absoluten Idee“ über und fügte (in deutscher Sprache) hinzu: *„Ich will damit sagen: die Idee ist unveränderlich und bleibt stehen, unabhängig davon, ob man ihr diesen oder jenen Namen gibt, oder ob man sie gar durch Interpretationen zu fälschen versucht.“*

Der Botschafter spekulierte nun darüber, was ihm der Minister wirklich mitteilen wollte. War er besorgt, weil nun eine Zeit anbrach, wo jeder Maos Worte interpretieren konnte, wie es ihm passte?

Als sei nun das Wichtigste gesagt, erkundigte sich der *Außenminister* - wie das in China üblich ist - nach der Familie des Botschafters, nach seinen Kindern und Enkelkindern.

Der Botschafter gab Auskunft und bedankte sich, dass er ihn so bald nach seinem Amtsantritt in China empfangen habe.

Als der Außenminister den deutschen Botschafter hinausbegleitete sagte er auf Deutsch: *„Wir sind also gleichaltrig, aber ihr Außenminister ist viel jünger als wir beide.“*

Er begleitete den Botschafter noch bis zur Türe und verabschiedete sich mit einem deutschen *„Auf Wiedersehen“*.

(Anzumerken ist hier, dass der Botschafter den Außenminister nicht wieder gesehen hat. Sieben Tage später verkündeten die Medien den Tod Maos. In der darauffolgenden politisch chaotischen Zeit wurde der Außenminister seines Postens enthoben. Viele seiner Äußerungen sind im Nachhinein – im Wissen um diese Ereignisse - besser zu verstehen.)

Analyse des „höflichen Gesprächsverhaltens“

Bei diesem diplomatischen Gespräch sind die chinesischen Prinzipien „höflichen Verhaltens“ und „höflichen Sprechens“ eingebunden. Sie sollen hier nochmals verdeutlicht werden.

Der Außenminister kommt dem Gebot der chinesischen Gastlichkeit nach, durch seinen warmherzigen Empfang und das deutschsprachige Begrüßungs- und Abschiedsritual wie auch dadurch, dass er seinen Gast persönlich hinausgeleitet und erst bei der Türe verabschiedet. Zu dieser Warmherzigkeit gehört auch der „unchinesische“ Händedruck - wohl eine Anpassung an westliche Gepflogenheiten, welche dem Minister seit seinem Studienaufenthalt in Deutschland bekannt sein dürften.

Das chinesische Lachen, als „habe er keine Sorgen“, verdeckt, in welch großen Schwierigkeiten der Minister in jener politisch unruhigen Zeit steckt, und entspricht der chinesischen Vorgabe der immerwährenden „Gesichtswahrung“.

Die anteilnehmenden Worte des chinesischen Außenministers zum Unfall seines deutschen Amtskollegen zeugen von Taktgefühl.

Geschickt weicht der Außenminister direkter Konfrontation - bei konträren Meinungen oder heiklen Themen - durch abrupte Themenwechsel aus (*„...Darüber müssen wir einmal umgehender sprechen. Wann sind Sie zum ersten Mal nach China gekommen?“..*) Bei den persönlichen Fragen geht es darum, Gemeinsamkeiten herauszufiltern (die Feststellung, „gleichzeitig - im Heimatland des andern - studiert zu haben“ bedeutet „gleichaltrig“ zu sein). Solche Gemeinsamkeiten bilden *ren-qing* (menschliche Gefühle) und schaffen *guan-xi*. Die Wichtigkeit solcher Gemeinsamkeiten für das chinesischen Sozialverhalten zeigt sich darin, dass der Außenminister bei der Verabschiedung nochmals diese Gleichaltrigkeit hervorhebt.

Auf die Frage nach der Kenntnis der Schriftzeichen, als Indiz der Bildung, antwortet der Botschafter - aufgrund der Bescheidenheitsmaxime - in höflich bescheidener chinesischer Manier sehr vage.

Ganz unvermittelt wechselt dann der Außenminister wieder die Richtung des Gesprächs und kommt vom Austausch allgemeiner Höflichkeiten auf ein anderes Thema (siehe Kap. 11.2 *„Themenkontrolle“*). Seine indirekte Ausdrucksweise und die vielen Andeutungen veranlassen den Botschafter immer wieder, darüber zu spekulieren, was ihm der Außenminister in Wirklichkeit mitteilen möchte.

Der Versuch des Botschafters, die Absicht des Außenministers zu klären, und dem Gespräch eine Wendung ins Politische zu geben, übergeht dieser und weicht dem von Wickert eingebrachten Thema aus: *„Es fehlt mir jetzt an Zeit, des längern über Konfuzius zu sprechen.“*
Wieder mit einem Themenwechsel, diesmal auf die familiäre Ebene, führt der Minister das Gespräch zum Abschluss (siehe Kap. 11.4 *„Gesprächsbeendung“*).

Die Nachfrage nach der Familie gehört zu jeder chinesischen Unterhaltung. Die Nachfrage nach dem Wohlergehen von Ehefrau, vor allem jedoch nach den Kindern und Enkelkindern, ist in der familienorientierten chinesischen Gesellschaft auch bei offiziellen Kontakten ein absolutes Muss!

Zusammenfassend ist zu bemerken:
Beide Gesprächspartner bemühen sich um ein freundliches harmoniestiftendes Gespräch unter Beachtung aller Formen und Regeln der Höflichkeit. Während des ganzen Gesprächs geht es den beiden Partnern darum, das Gesicht des andern zu schonen durch vorsichtiges, gegenseitiges Abtasten und Umgehen heikler Themen.

Der chinesische Außenminister verwendet die indirekte Sprechweise. Er macht viele Andeutungen, weicht vom Thema ab durch abrupten Themenwechsel und vertröstete seinen Gesprächspartner, - um nicht eine klare Absage auszusprechen - zu einem späteren Zeitpunkt auf das Thema zurückzukommen.

Aus der hierarchischen Konstellation des Gespräches ergibt sich auch, dass vor allem der Außenminister spricht und berechtigt ist, die Fragen zu stellen. Als der hierarchisch Höhergestellte bringt er das Thema ein, ihm obliegt während des ganzen Gesprächs die Themenkontrolle und er führt auch die Unterhaltung zum Abschluss (vgl. *„Diskursorganisation"* Kap. 11.).

Der deutsche Botschafter - in der Rolle des Zuhörers - versucht herauszuhören, was der Sprecher für ein Thema hat. Während des ganzen Gesprächs ist er darum bemüht herauszufinden, was ihm der Außenminister wirklich mitteilen möchte. Durch seine Gesprächseinlagen versucht er den Außenminister zu direkteren Statements bringen. Er achtet jedoch darauf, seinen Partner nicht in die Enge zu treiben. Der Botschafter unterlässt es bewusst, auf das z.Z. unopportune Dissertationsthema des Außenministers einzugehen. Bei der Erwähnung des zeitweise in politische Ungnade gefallenen Konfuzius lässt er seinem Partner genügend Raum, auf das historische Zitat einzugehen oder auch hier die *„Taktik des Umgehens"* anzuwenden.

肆

Chinesisches Gesprächsverhalten

8. „Ein chinesisches Sprichwort sagt...."

„Ein chinesisches Sprichwort sagt", ist bei uns zum „geflügelten Wort" geworden. China ist bekannt für seine „Sprichwortkultur". Wenn es auch in jeder Kultur solche sprachlich festgefügten, enkodierten Verhaltensnormen gibt, so sagt man den Chinesen nach, dass sie größtenteils in Sprichwörtern reden. Die Chinesen lieben es, in ihre tägliche Konversation traditionelle Redensarten einfließen zu lassen, und sind immer mit einem passenden Zitat zur Hand. Auf die Frage nach dem Alter eines Gesprächspartners kann die Antwort aus *Lun-yu „er li"* (dann stehen) lauten, was „30 Jahre alt" bedeutet:

> Konfuzius sprach: „Als ich fünfzehn war, war mein ganzer Wille aufs Lernen ausgerichtet. *Mit dreißig stand ich fest.* Mit vierzig hatte ich keine Zweifel mehr. Mit fünfzig kannte ich den Willen des Himmels. Als ich sechzig war, hatte ich ein feines Gehör, um das Gute und das Böse, das Wahre und das Falsche herauszuhören. Mit siebzig konnte ich den Wünschen meines Herzens folgen, ohne das Maß zu überschreiten" (aus *Lun-yu* „Gespräche"; Wilhelm 1921,42).

Sich in Anlehnung an ein klassisches Werk angemessen auszudrücken, zeugt von Bildung und ist ein Zeichen guter Erziehung. Studenten mussten zur Erreichung ihres ersten akademischen Grades Textausschnitte der chinesischen Klassiker und hunderte von Essays und Gedichte von bedeutenden chinesischen Autoren der verschiedenen Epochen auswendig lernen. In der klassischen chinesischen Rhetorik galten Zitate bekannter Persönlichkeiten als wichtigstes Stilmittel. Das häufige Zitieren von Spruchweisheiten zeugt auch heute von gutem Stil. Es ist eine chinesische Leidenschaft, in einer Unterhaltung seine Belesenheit durch das Zitieren der Klassiker zu zeigen. Dies macht es für Personen, welche nicht von ihrer Jugend auf ein umfangreiches literarisches Wissen erworben haben, fast unmöglich, einer anspruchsvollen Konversation zu folgen.

8.1 Sprichwörtliche Redensarten

Bei den sprichwörtliche Redensarten wird im Chinesischen in die zwei Gattungen *Cheng-yu* (festgeformte Redewendungen) und *Yan-yu* (die eigentlichen Sprichwörter) unterschieden. Die Grenzen zwischen

Cheng-yu und *Yan-yu* sind fließend. Viele *Cheng-yu* gehen ursprünglich auf *Yan-yu* zurück.

Cheng-yu (festgeformte Redewendungen)

Cheng-yu stellen einen wesentlichen Bestandteil der chinesischen Umgangssprache dar. Ihre besondere Form besteht darin, dass sie meist aus vier monosyllabischen Wörtern des klassischen Chinesischen zusammengesetzt sind. Diese Vier-Zeichen-Sätze verkörpern das chinesische Stilideal der klassischen Sprache. Ihr Gebrauch deutet auf ein hohes Bildungsniveau des Sprechers hin. *Cheng-yu* enthalten Verhaltens- und Lebensregeln, die aus historischen Quellen stammen (alte Chroniken, Dynastieannalen, Volksmythen, Parabeln, konfuzianische Klassikern etc.). Hinter jedem *Cheng-yu* steht eine Geschichte oder eine historische Begebenheit. Wohl das berühmteste Beispiel eines *Cheng-yu* ist 塞翁失馬 *Sai-weng-shi-ma*, (Sai - Alter - verlieren - Pferd), 安知非福 *an-zhi-fei-fu* (nicht sicher wissen Unglück Glück), was bedeutet: *„Ist es ein Unglück oder Glück, dass dem alten Sai sein Pferd davonlief.“* Diese Redewendung wird von Chinesen gerne zitiert. Sie steht für einen „bedachtsamen Menschen“. Das zitierte *Cheng-yu* basiert auf einer Erzählung des Philosophen Huai-nan-zi:

> „Es war einmal ein alter Mann, der in der Nähe der Großen Mauer wohnte und dessen Pferd sich verlaufen hatte. Die Nachbarn bemitleideten ihn, aber der Alte meinte, sie sollten abwarten, ob das doch noch zu etwas Gutem führen würde. Tatsächlich kehrte das Pferd eines Tages in Begleitung eines schönen Mongolenpferdes zurück, und die Nachbarn beglückwünschten ihn. *‚Nicht so voreilig‘* sagte der alte Mann, *‚dies kann noch Unglück bringen‘*. Kurz darauf warf das neue Pferd seinen Sohn ab, und er wurde zum Krüppel. Als die Nachbarn dem Vater ihr Bedauern darüber aussprachen, antwortete der Alte. *‚Wer weiß, ob das nicht doch noch glücklich enden wird?‘* Bald fielen die Hunnen ein, alle jungen Männer des Bezirks wurden eingezogen und von zehn neun getötet. Der Krüppel war natürlich zu Hause geblieben, und so hatte der alte Mann bis zu seinem Lebensende einen Sohn, der ihn versorgte“ (Karlgren 1975, 93f).

Mit dem Hinweis auf dieses *Cheng-yu* versuchte ein Chinese seinen amerikanischen Freund nach einer Enttäuschung aufzumuntern:

> *„Mach dir deshalb keine Gedanken. Kennst du die Geschichte vom alten Mann mit dem Pferd? Das ist eine berühmte Geschichte, die bei uns jedes Kind kennt.“* Und abschließend fügte er erklärend hinzu: *„Das ist die chinesische Denkweise. Um ehrlich zu sein, mir scheint, dass ihr Ausländer Kleinigkeiten schrecklich tragisch nehmt“* (Salzmann 1990, 181).

Cheng-yu sind Verkürzungen einst längerer Äußerungen. Oft sind die Hintergrundgeschichten in Vergessenheit geraten, während die Redewendung geblieben ist. Mittels eines *Cheng-yu* kann eine Erklärung abgegeben, eine verfahrene Situation geschildert oder eine peinliche Angelegenheit angedeutet werden, ohne dass es nötig ist, ausführlich darüber zu berichten und in Details zu gehen. Diese Redensart entspricht ganz dem Prinzip der rhetorischen Sparsamkeit der chinesischen Kommunikation.

Allgemein ist die chinesische Sprache sehr bildhaft und überaus reich an lebendigen Metaphern. Meist gehen diese Metaphern auf *Cheng-yu* zurück. Ihr Ursprung ist jedoch in Vergessenheit geraten. Beispiele solcher Metaphern sind:

> 坐井觀天 *zuo-jing-guan-tian* (im Brunnen sitzen und den Himmel betrachten): einen beschränkten Horizont haben, engstirnig sein.
> 畫蛇添足 *hua-she-tian-zhu* (eine Schlange malen und ihr Füße ansetzen): etwas Unnötiges tun.
> 脚踏兩船 *jiao-ta-liang-chuan* (auf zwei Booten gleichzeitig stehen): es beiden Seiten recht machen wollen.

Eine Untergruppe der *Cheng-yu* bilden die militärischen Merksprüche (Strategeme). Bei diesen Strategemen handelt es sich sowohl um Kriegsstrategien als auch um Überlebensstrategien im politischen und privaten Leben. Die bekanntesten *Strategeme* haben bereits vor Jahrtausenden Eingang in chinesische Redewendungen, speziell in *Cheng-yu*, gefunden (von Senger 1995). Ein Beispiel eines solchen Strategems ist der in Kap. 7 zitierte Ausspruch: *„Auf das Gras schlagen, um die Schlange aufzuscheuchen."* Da den Strategemen vor allem in Verhandlungsgesprächen eine wichtige Rolle zukommt, werden sie in Kap. 16.3 nochmals ausführlich behandelt.

Yan-yu (Sprichwörter)

Sprichwörter, meist klassische Zitate, hatten in China schon immer eine wichtige Funktion zur Verbreitung gesellschaftlicher Normen. Ein Teil der in den konfuzianischen Klassikern aufgeführten Verhaltensregeln und ethischen Fragen aus dem Buch des Meng-zi (Menzius, Schüler des Konfuzius) fand in Form von Sprichwörtern große Verbreitung. Während der Ming-Dynastie (1368-1644) stellten die Gelehrten am Kaiserhof spezielle Sprichwörterbücher mit denjenigen Sprichwörtern zusammen, die Aspekte der konfuzianischen Sozialethik widerspiegelten. Sie sollten mit ihrem ethischen Gehalt wesentlich der Wissensvermittlung der Bauern dienen, die fast alle Analphabeten waren. Auch andere geistige Strömungen wie der Buddhismus und Taoismus bildeten die Quellen von noch heute verwendeten Sprichwörtern. Die chinesischen Sprichwörter sind zum Volksgut geworden. Mit ihren direkten Aussagen werden sie - anders als die hochstilisierten *Cheng-yu*, die einen bestimmten Bildungsgrad voraussetzen - auch vom einfachen Volk verstanden. Beispiele solcher *Yan-yu* sind:

„Auch eine Reise von tausend Meilen fängt mit dem ersten Schritt an."
„Inmitten einer großen Freude sollte man nichts versprechen."
„Am besten gefallen bei den Kleidern die neuen, bei den Freunden jedoch die alten."
„Bevor du einen Hund schlägst, finde heraus, wer sein Besitzer ist".
„Gerade Bäume werden zuerst gefällt, süße Brunnen zuerst ausgeschöpft."

8.2 Verwendung von sprichwörtlichen Redensarten im Diskurs

An verschiedenen Stellen dieses Buches werden chinesische Sprichwörter zitiert, um eine Aussage zu veranschaulichen und ihr Nachdruck zu verleihen. Sprichwörter hatten im chinesischen Diskurs schon seit jeher eine wichtige Funktion, um Aussagen zu belegen. Zur Rechtfertigung eigener Verhaltensweisen oder zur Stützung eines Arguments wird das situationsadäquate Zitieren von Spruchweisheiten und Maximen der Klassiker noch heute von den Chinesen sehr geschätzt. Sprichwörtliche Redensarten werden oft in der Alltagssprache verwendet, um eine persönliche Meinungsäußerung zu umgehen (vgl. *„Taktik des Umgehens"*). Man will vermeiden, seine Gedanken als eigene individuelle Ideen darzulegen, sondern ist - in Anlehnung an die klassischen Texte - bestrebt, die Verbundenheit mit der eigenen Tradition hervorzuheben. Scheint eine aufgestellte Behauptung oder eine abgegebene Meinung zweifelhaft, so soll das Zitat einer Autorität den Hörer von der Richtigkeit der Behauptung überzeugen. Anstelle einer persönlichen Stellungnahme tritt eine allgemein anerkannten Weisheit. Somit wird eine direkte Konfrontation umgangen.

Bei der bereits zitierten Analyse von Gesprächen zwischen deutschen und chinesischen Gesprächspartnern fallen laut Günthner (1993, 204ff) die chinesischen Gesprächsteilnehmer durch das Zitieren einer großen Anzahl „sprichwörtlicher Redensarten" auf. Die Chinesen flochten immer dann sprichwörtliche Redensarten in ihr Gespräch ein, wenn sie die Gültigkeit ihrer Aussage belegen wollten. Speziell in Gesprächsausschnitten, in denen kulturell unterschiedliche Verhaltensweisen thematisiert und soziale Normen explizit gemacht werden, findet sich bei den chinesischen Sprechern eine große Anzahl solcher sprichwörtlichen Redensarten. Diese Spruchweisheiten wurden eingeleitet mit Ankündigungen wie: *„In China gibt es ein Sprichwort...“* oder *„bei uns in China sagt man ...“* Chinesische Sprichwörter und Redewendungen finden sich nicht nur in Aufsätzen und Vorträgen, sondern auch in wissenschaftlichen Texten. Nicht logische Begründungen stellen in der chinesischen Argumentation das wichtigste Prinzip dar, sondern Analogiebildungen durch das Zitieren von anerkannten Autoritäten und allgemeingültigen Vorbildern.

> „Wir mussten während unseres Germanistikstudiums viele deutsche Sprichwörter lernen, da man bei uns glaubt, Sprichwörter im Deutschen sind genau so wichtig, wie diese Sprüche oder *Cheng-yu* in China. Doch dann kam eine deutsche Lektorin an unsere Hochschule. Wir mussten bei ihr Interpretationen deutscher Literatur schreiben. Und da waren wir völlig verwirrt, als sie nach Rückgabe der ersten Interpretationen uns mitteilte, es sei in Deutschland nicht üblich, wissenschaftliche Arbeiten mit Sprichwörtern zu schmücken. Die meisten Studenten hatten nämlich ihre Texte voller Sprichwörter, wie das bei uns üblich ist. Man lässt eine Interpretation oder eine Magisterarbeit gerne mit Sprüchen, wie *‚Aller Anfang ist schwer‘* oder so beginnen. Wir haben eigentlich nie verstanden, warum dies in Deutschland nicht auch als schöner Stil gilt.“ (chinesische Studentin; Günthner 1990, 58).

Während in der westlichen Gesellschaft die persönliche sprachliche Ausdrucksfähigkeit das höchste Ziel der sprachlichen Sozialisation ist, wird in China eine depersonalisierte Sprache, d.h. die adäquate Verwendung von allgemeingültigen Formeln und Sprichwörtern gefördert. Das Verwenden solcher Routineformeln und Floskeln gilt in unserer Schule wiederum als schlechter Stil und wird dementsprechend benotet.

> Ein muttersprachlicher Deutschlehrer wollte seine Unterrichtszeit an der Peking-Universität nutzen, um von seinen Studenten, welche aus allen Teilen Chinas stammten, Informationen über ihr Land zu erhalten: *„Ihre Aufsätze, in deutscher Sprache verfasst, beeindruckten mich. Ich fand sie sehr aufschlussreich für Ausländer, die etwas über das Denken und Fühlen einer jungen Generation erfahren wollten.“* Später merkte er jedoch, dass er den Informationswert solcher Aufsätze überschätzte. *„Aufsätze werden in China nach bestimmten Mustern geschrieben, vieles ist auswendig gelernt, stereotyp.“* (Hieber 1984, 19).

9. Höflichkeitsroutinen

9.1 Grußformen

Begrüßungen

Der gebräuchlichste Gruß im Chinesischen ist: *ni hao* (wörtlich „Sie gut“ d.h. „Es geht ihnen gut.“) Der gleiche Gruß kann auch als Frage gestellt werden: *ni hao ma?* (Geht es ihnen gut?) Beide Formen gelten als freundliche Begrüßung. Als Antwort auf Ihr *ni hao* kommt gewöhnlich auch ein *ni hao* zurück (entsprechend der französischen Frage- und Antwortform „ça va bien“). Respektsperson begrüßt man mit der Höflichkeitsform: *nin hao?* oder *nin hao ma?* Die Höflichkeitsform wird im Chinesischen nur für hohe Respektspersonen verwendet.

Es gibt im Chinesischen noch andere Grußformen, die sich von den bei uns gebräuchlichen Formen mehr unterscheiden als die hier beschriebenen. Ein konventioneller chinesischer Gruß ist, den Namen einer Person zu sagen mit einem Respektsnamen oder Anredetitel (z.B. *Li xian-sheng* „Herr Li“ oder *Li chang-zhang* „Direktor Li“). Diese Grußart führt oft zu Missverständnissen. Europäer antworten darauf mit „ja“ (ich höre), da sie der Meinung sind, dass die andere Person mit einer Frage einsteigen oder einem Kommentar nachdoppeln möchte. Die korrekte Antwort auf diese Anredeform ist, auf die gleiche Art zurückgrüßen.

Der morgendliche Gruß lautet: *ni zao* oder *zao* (in deutscher Übersetzung: „Sie sind früh“). Typisch chinesische Grußworte sind auch: *na-er qu ya?* oder *ni qu na-er?* „Wohin gehen (Sie)?“ oder kurz „wohin?“ in fallender Intonation. Eine weitverbreitete Begrüßungsformel ist *chi le ma?* oder *chi guo le ma?* „Haben Sie (bereits) schon gegessen?“ Sie können darauf mit *chi guo le* („Ja, ich habe schon gegessen“) ihre Gesprächsbereitschaft ausdrücken. Seien Sie nicht überrascht, wenn Sie um die Mittagszeit auch der Mann am Bankschalter fragt, ob Sie schon gegessen haben. Sie können ihm darauf antworten, dass Sie bald essen gehen werden.

Die eigentliche Bedeutung dieser Begrüßungsformel ist auf die einst in China herrschenden Hungersnöte zurückzuführen. Sie signalisierte eine besondere Anteilnahme in einer Zeit, als Nahrungsaufnahme nicht selbstverständlich war, sondern als Zeichen eines gewissen Wohlstandes galt. Wörtlich genommen führt die Begrüßungsform „Haben Sie schon gegessen?“ zu Missverständnissen, da sie nach deutscher Gepflogenheit als Einleitung zu einer Essenseinladung verstanden werden kann. Diese Formel wird unter jüngeren Leuten immer weniger verwendet. An ihrer Stelle treten - vor allem in Großstädten - neuere Formeln wie etwa *zai na-er fa-cai?* wörtlich übersetzt: „Wo erwerben Sie im Moment Ihren Reichtum?“ (Die wortgetreuen deutschen Übersetzungen sind nur Scheinentsprechungen. Diese chinesischen Grußformeln besitzen bestimmte soziale Konnotationen, die im Deutschen nicht existieren).

Eine weitere chinesische Grußform sind Kommentare zur Ihrer momentanen Tätigkeit. Wenn Sie z.B. an einem Brief schreiben, kann ein Freund, der gerade dazukommt, ihre Tätigkeit kommentieren mit: „Oh, Sie schreiben.“ – „Schreiben Sie einen Brief nach Hause?“ Sitzen Sie am Computer kann die chinesische Begrüßung heißen: „Sie arbeiten am Computer.“ Ihre höfliche Antwort lautet dann: „Ja, ich bin nun schon zwei Stunden daran.“

Die chinesischen Grußformen „Haben Sie gegessen?“ „Wohin gehen Sie?“ „Schreiben sie nach Hause?“ werden von Europäern als neugierig, fast schon zudringlich, auf jeden Fall als unhöflich wahrgenommen. Persönliche Fragen nach dem Woher und Wohin sind im Chinesischen geläufige Gesprächsfloskeln, wenn man sich unterwegs begegnet. Ausländer, welche diese Routineformel nicht als Begrüßungsform erkennen, holen lange aus und erzählen, was sie tatsächlich vorhaben. Dies wiederum verwirrt oder verunsichert die chinesischen Gesprächspartner. Diese erwarten nicht, dass Ihre Antwort auf diese Konventionsfragen der Wahrheit entsprechen. Es geht bei dieser chinesischen Höflichkeitsformel nicht darum, jemanden auszufragen, sondern um die Bestätigung der wechselseitigen freundschaftlichen Verbundenheit und persönlichen Anteilnahme. Auch ich war anfangs verunsichert, wenn mich unser chinesischer Nachbar abends beim Nachhausekommen mit den Worten begrüßte: „Frau Lin, Ihr Mann zuhause?“ Ich antwortete dann immer, dass ich mich vergewissern werde. Ich ging davon aus, dass unser Nachbar ein Anliegen an meinen Mann hätte und sich deshalb nach seiner Anwesenheit erkundigte. Inzwischen habe ich mich an diese Begrüßungsformel gewöhnt.

Verabschiedungen

Bei uns im Westen kündet man die Beendigung eines Gesprächs mit den Worten an, dass noch Arbeit auf uns wartet oder wir noch etwas zu besorgen hätten. Meist wird anschließend noch etwas weiter gesprochen, bevor man sich endgültig verabschiedet. In der kollektivistischen chinesischen Gesellschaft ist es nicht üblich, die persönlichen Beweggründe für sein Handeln hervorzuheben. So werden auch nicht - wie bei uns - persönliche Gründe vorgegeben, um sich zu verabschieden. Man verabschiedet sich mit Begründungen, welche auf den andern bezogen sind z.B. dass man nicht noch mehr die kostbaren Zeit des andern in Anspruch nehmen möchte: wörtlich *bu da-jiao* (nicht länger stören). Dann erfolgt der Aufbruch - für unser Empfinden - sehr abrupt. Der Gastgeber versucht jedoch, den Gast zurückzuhalten mit *hai zao* (es ist noch früh).

> *„Wenn die Zeit gekommen war, uns zu verabschieden, ließen uns die Gastgeber in der Regel nie gleich weggehen, sondern flehten uns buchstäblich an, wenigstens noch ein Weilchen zu bleiben, zeigten sich sogar beleidigt, dass wir nach Hause wollten. Diese kleinen Höflichkeitsszenen dauerten, bis wir uns zuletzt entschlossen erhoben und mit einem schuldbewussten Lächeln der Türe zustrebten"*, erinnert sich ein Chinese an seine Verwandtenbesuche (Han 2001, 87).

Mit der Höflichkeitsformel „Wiederzukommen, sobald Sie Zeit haben", verabschiedet sich der Gastgeber von seinen Gästen und gibt ihnen die Ermahnung *man zou* („langsam gehen") im Sinne von „Kommen Sie gut nach Hause!" mit auf den Weg.

Es entspricht den chinesischen Erwartungen von Gastlichkeit, bei einem Besuch am Ankunftsort abgeholt zu werden (Flughafen, Bahnhof, Bushaltestelle etc.). Bei der Verabschiedung begleitet der Gastgeber selbstverständlich seine Gäste wieder dorthin zurück und wartet, bis sie weggefahren sind.

Beim Verabschieden vor einer großen Reise z.B. am Flughafen sagt man oft auch *bao-zhong* („sich sorgen" im Sinne des amerikanischen *„take care of you"*). Die gebräuchlichste Verabschiedung ist *zai-jian* („Wiedersehen"). *Zai-jian* wird jedoch nur unter Freunden und Bekannten gebraucht. Beim Verlassen eines Geschäftes ist es nicht üblich, ein Abschiedswort zu sprechen. Man nimmt die gekauften Sachen, nachdem das Verkaufspersonal *xie-xie* (danke) gesagt hat und verlässt ohne Grußwort das Geschäft.

Nonverbale Formen des gegenseitigen Respekts

Die gesamte Körpersprache ist bei den Chinesen leiser, verhaltener. Ein fester Handschlag und offener Blick, jene Verhaltensweisen, welche im Westen die lautere Absicht eines Menschen bezeugen sollen, sind im chinesischen Raum ein Zeichen schlechter Manieren. Direkter Blickkontakt kann besonders von Chinesinnen als ausgesprochen unangenehm empfunden werden. Jemandem während eines Gesprächs unablässig in die Augen zu starren wirkt aggressiv. Joviales Schulterklopfen sollte man besser unterlassen. Man schüttelt sich traditionell in China nicht die Hand, sondern grüßt mit leichter Verbeugung, während die Rechte unter der linken verborgen bleibt. Wenn Chinesen jemandem Ehrerbietung zeigen wollen, falten sie die Hände zusammen und verneigen sich leicht.

> „‚*Ganz herzlichen Dank für diese Gespräch*', sagte der stellvertretende Institutsdirektor und presste die Hände wie zum Gebet zusammen" (Spengler 1995, 103).

Wenn Sie eine Begrüßung oder einen Abschied mit besonderem Gefühl verbinden wollen, ergreifen Sie die Hand ihres Gegenübers mit beiden Händen. Beim Verlassen des Raumes gilt es als ein besonderes Zeichen des Respekts, rückwärts den Raum zu verlassen und so der höhergestellten Person nicht den Rücken zuzukehren.

Der Handschlag war in China früher unüblich. Lin Yutang beschreibt in „*Wunderliche Sitten aus dem Westen*" seine Abneigung gegenüber dieser lächerlichen europäischen Sitte des Händeschüttelns, die ihm aus hygienischen und andern Gründen zuwider ist:

> „Zudem sprechen auch ästhetische und Empfindungsgründe gegen das Händeschütteln. Streckst du deine Hand aus, so bist du deinem Gegenüber auf Gnade und Ungnade ausgeliefert, denn er kann schütteln, so stark und so lange es ihm beliebt" (Lin 1937, 304).

Heute wird in China das Händeschütteln aus Höflichkeit westlichen Besuchern gegenüber praktiziert. Man drückt sich bei der Begrüßung jedoch nicht kräftig die Hand, sondern berührt die Hand des andern nur flüchtig.

> „Innerlich schauerte ich immer noch bei der Erinnerung, wie er meinen Eltern zum Abschied kräftig die Hand geschüttelt hatte, mit der gleichen unbekümmerten Vertraulichkeit, die er unsicheren Kunden gegenüber an den Tag legte" (eine Chinesin über ihren amerikanischen Verlobten; Tan 1993, 193).

9.2 Entschuldigungen

Es gibt im Chinesischen viele Gelegenheiten sich zu entschuldigen. Man entschuldigt sich für Umstände, die man bereitet, für ein Versehen, das einem unterlaufen ist oder die kostbare Zeit der andern, die man für sich in Anspruch nimmt.

> Nach einem interessanten Fachaustausch mit einem chinesischen Kollegen wird sich dieser entschuldigen: *„Ich habe Ihre kostbare Zeit verschwendet."* Er erwartet jedoch, dass Sie ihm mit der entsprechenden Routineformel antworten: *„Woher denn. Ich habe viel gelernt. Ich habe Ihnen zu danken"* (vgl. Liang 1993, 260).

Eine in ihrer Vielseitigkeit unübsetzbare Floskel der Entschuldigung ist die Redewendung *bu-hao yi-si* (wörtlich „Keinen guten Sinn"). Diese Entschuldigungsformel wird z.B. bei der Entgegennahme eines Geschenkes im Sinne eines Dankeschöns ausgesprochen („Ich habe das nicht verdient.") Bezeichnend für die chinesische Höflichkeit ist, dass man immer selbst in Schuld gegenüber den andern ist. Die Bitte um eine Gefälligkeit wird meist mit einer Entschuldigung eingeleitet, um das Gegenüber im Voraus zu besänftigen und für ein anschliessend vorgebrachtes Anliegen wohlgesinnt zu stimmen. Eine Entschuldigung kann auch indirekt einen Vorwurf beinhalten. Es ist höflicher, einen Vorwurf als Entschuldigung zu formulieren, als ihn direkt anzubringen. Selbst auf dem Bußenzettel werden die Verkehrssünder in Taiwan mit entschuldigenden Worten auf ihr Versehen aufmerksam gemacht.

> „(Wir)* Bitten sehr um Verständnis, dass (wir) für die Sicherheit und Ordnung im Verkehr nach dem Gesetz handeln müssen. (Wir) Hoffen auf ihr Verständnis und bitten Sie gleichzeitig, auf die Verkehrsordnung zu achten. (Wir) Wünschen ihnen Gesundheit und Sicherheit. Das benachrichtigende (zuständige) Amt."
>
> *(In der chinesischen Sprache wird das Subjekt oft weggelassen.)

Einige in der westlichen Welt gebräuchlichen Entschuldigungsformen werden hingegen von Chinesen nicht verwendet. Jemanden unterbrechen, den Tisch oder das Zimmer verlassen, jemandem vorangehen oder an jemanden im überfüllten Bus anstoßen sowie Körpergeräusche wie Rülpsen, Niesen oder sich Schnäuzen verlangen keine Entschuldigung in der chinesischen Gesellschaft. Man zeigt sich eher belustigt über die Westler, welche sich sogar entschuldigen, wenn sie im überfüllten Bus an eine Person anstoßen. Im chinesischen Raum hört man in der Menschenmenge eher die Entschuldigungsformel *bao qian* als Bitte um die Freigabe des Weges. Die Entschuldigungsformel *bao qian* kann in verschiedenen Verlegenheitssituationen verwendet werden. Sie gilt lediglich als Höflichkeitsfloskel und hat nichts mit dem Ausdruck tatsächlichen Bedauerns zu tun. Die Entschuldigungsformel *dui bu qi* - mit einer leichten Verbeugung ausgesprochen - wird hingegen dann verwendet, wenn man einen wirklichen Fehler eingesteht.

Im April 2001 hielt eine diplomatische Krise zwischen den USA und China - ausgelöst durch den Zusammenstoß eines US-Spionageflugzeug mit einem chinesischen Militärflugzeug - die ganze Welt in Atem. Die Konfrontation zwischen den Mächten entwickelte sich zu einem „diplomatischen Tanz um die Worte", da China von den USA eine förmliche Entschuldigung verlangte. Schließlich erklärte der amerikanische Außenminister Colin Powell, Washington täte die Angelegenheit leid (*sorry*). In einem offiziellen Brief an den chinesischen Außenminister doppelten die USA mit *very sorry* nach. Diese Wortwahl erlaubte es beiden Seiten das Gesicht zu wahren. Die USA konnte damit das Wort *apology* (Entschuldigung) umgehen. Im Chinesischen lässt sich *sorry* sowohl mit *bao-qian* (blosse Höflichkeitsfloskel ohne Ausdruck des tatsächlichen Bedauerns) als auch mit *dui-bu-qi* (Eingeständnis einer Schuld) übersetzen.

10. Gesprächsthemen

Tagesneuigkeiten zur Gesprächseröffnung sind in Asien weit weniger häufig als z.B. bei uns. In China sind Konversationseröffnungen meist sehr persönlich. Ein typischer Gesprächsöffner zwischen Fremden ist die Frage nach der Arbeit oder nach dem Beruf. Damit ist auch schon die Hierarchie geklärt, ohne deren Kenntnis im Chinesischen keine höfliche Konversation möglich ist. Viele chinesische Unterhaltungen beginnen mit Fragen nach dem Alter, Zivilstand, Anzahl Kinder und familiären Hintergrund etc.:

> „Normalerweise gab ich bei Zugfahrten vor, Chinesisch weder zu sprechen noch zu verstehen, denn sobald ich den Mund aufmachte, trug ich wohl oder übel zur Erheiterung sämtlicher Fahrgäste bei, da ich dann alle möglichen Fragen über meine Nationalität, Größe, mein Gewicht, Alter und Gehalt beantworten musste" (Salzmann 1990, 270 über seine Reiseerfahrungen in China).

Solche Fragen, welche in der westlichen Kultur als zu persönlich, wenn nicht sogar aufdringlich empfunden werden, gelten in China als höflich und gesellschaftlich korrekt. Sie sollen die für den Gesprächsverlauf förderliche Atmosphäre von Vertrautheit schaffen. Gespräche über Krankheiten, Einkommen, Rente oder allgemein über Geldangelegenheiten, auch Kommentare zur äußeren Erscheinung einer Person sind im Gegensatz zu westlichen Konventionen im Chinesischen üblich. Mütter weisen ihre Kinder auf die große Nase der ausländischen *a-yi* (Tante) hin. Die Verkäuferin fragt laut bei meinem Eintreten in den Laden - während sie jemand anders bedient -, ob meine Haarfarbe echt sei?

Ein wichtige Initialfrage ist die Frage nach der Familie, vor allem nach den Kindern und evtl. Enkelkindern. Auch wenn man sich fremd ist, gehört es zum Anstand, sich nach der Familie des Gesprächspartners zu erkundigen. Dies gilt auf allen Gesprächsebenen bis hin in die hohe Diplomatie (siehe Kap.7.3 *„Ein höfliches Gespräch"*). Chinesen fühlen sich einander näher verbunden, wenn sie zuerst Informationen über ihre Familien ausgetauscht haben. Obwohl es diesbezüglich kein Tabu gibt, fühlen sich einige Chinesen nicht wohl, wenn sie über Details des Ehepartners ausgefragt werden. Darum ist es ratsam, die Kinder zu fokussieren. Hier gibt es jedoch einen Unterschied zwischen den verschiedenen chinesischen Gesellschaften. In Taiwan fragt man nicht, ob jemand Kinder hat, sondern stellt gleich die Frage nach der Anzahl. Hüten sie sich jedoch davor, auf dem chinesischen Festland, ausgerechnet den Zuständigen im Amt für Familienplanung nach der Anzahl seiner Kinder zu fragen, wie dies einmal einer meiner Bekannten passiert ist. Die Antwort war eine ausführliche Belehrung über die Ein-Kind-Politik Chinas. Vermeiden sie allgemein auf dem Festland politisch brisante Themen wie z.B. die Taiwanfrage anzusprechen. Abgesehen davon sind die meisten Chinesen der Meinung, dass es keinen Sinn mache, über Politik zu reden. Man konzentriere sich besser auf die Alltagsgeschäfte und löse die eigenen Dinge im Kleinen.

> „Meine Freunde sprechen nicht über Politik, und sie vermeiden das nicht nur, um allem Ärger aus dem Weg zu gehen, sondern auch, weil es keinen Sinn hat, die Ereignisse am Hof zu erörtern, die man nur vom Hörensagen kennt. Was man so klatschen hört, ist oft bloßes Gerücht, und sich darüber zu unterhalten, ist reine Zeitverschwendung“ (aus *„Freundschaftliches Geplauder“*; Lin 1981, 85).

Bei einer Einladung oder einem Bankett können Sie über chinesisches Essen sprechen. China weist eine vielseitige regionale Küche auf, was zu endlosen Gesprächsthemen führt. Andere Kommunikationseröffner sind, nach dem Geburtsort oder der Heimatstadt des andern zu fragen. Chinesen sprechen gerne über ihre Heimatstadt und sind glücklich, Ihnen alles, was sie darüber wissen, zu erzählen. Dazu gehören Fragen nach regionalen Bräuchen, Sport, Musik, Volkkunst, Industrie, historische Stätten, Sehenswürdigkeiten etc. Diese Themen sind „sicher“ und führen auch weniger zu interkulturellen Missverständnissen.

Bei Gesprächen zwischen Chinesen und Deutschen zeigte sich, dass die Deutschen oft ihre Gesprächspartner um Meinungskundgaben zu sozialen, politischen und moralischen Themen bitten. Für Chinesen sind solche Fragen sehr schwierig zu beantworten. Sie selbst fragen nie nach persönlichen Meinungen.

> „Wir Chinesen sagen nicht gern unsere persönliche Meinung. Und vor allem dann nicht, wenn sie von den andern abweicht. Man möchte nicht anders denken als die andern. Doch die Ausländer fragen immer direkt: *‚Was findest DU?‘* Das ist oft schwierig für uns. Eigentlich sagen wir nur ganz vertrauten Menschen, was wir wirklich denken“ (Günthner 1993, 222).

Wenn es Chinesen peinlich ist, auf eine Frage zu antworten, dann schweigen sie. In China wird dieses Schweigen sofort verstanden. Es bedeutet, dass eine Person über dieses Thema nicht reden möchte. Doch die westlichen Gesprächspartner sind nicht darauf sensibilisiert, dass hier eine gesichtsbedrohende Situation vorliegen könnte und fragen nach. Eine Chinesin kommentiert ein Gespräch zwischen ihrer chinesischen Kollegin und einem deutschen Arbeitskollegen:

> „Mir war sofort klar, dass es ihr peinlich war und sie das Thema nicht hören wollte. Doch der Deutsche wiederholte seine Frage, da er dachte, sie hätte ihn nicht verstanden. Doch ihr Deutsch ist so gut. Natürlich hat sie verstanden. Als sie dann immer noch nicht reagierte und wegschaute, wiederholte er nochmals. Schließlich merkte er es und wurde still" (Günthner 1993, 52).

Bei einer Befragung von chinesischen und amerikanischen Studenten über Gesprächsthemen, welche von großer Wichtigkeit sind, gab es zwischen den beiden Gruppen keinen Unterschied. Von den Chinesen wurden jedoch mehr Gesprächsthemen als „verboten" klassifiziert als bei den Amerikanern. In der chinesischen Gesellschaft gelten andere Tabus als bei uns. Bei Tabuthemen (Liebe, Sex, Tod etc.) tendieren die Chinesen dazu - ähnlich wie in andern heiklen Situationen - ihre Gefühle durch Symbole oder sprichwörtliche Redensarten anzudeuten. Oft ist das Ausbleiben einer erwarteten Antwort, d.h. ein Schweigen, ein Hinweis darauf, dass das Thema tabu ist.

> „Wir Chinesen schweigen einfach, wenn so ein Thema wie Sexualität behandelt wird. Und noch stärker müssen wir schweigen, wenn man uns persönlich dazu befragt" (Günthner 1993, 52).

Andrerseits stellen Chinesinnen für uns ungewohnt direkte Fragen, wenn es z.B. ums Kinderkriegen geht. *„Warum haben Sie keine Kinder?" „Waren Sie deswegen beim Arzt?" „Was haben Sie bereits unternommen?"* Solche Fragen, die für uns in die Privatsphäre gehören, werden jüngeren Frauen jederzeit von ihnen nicht näher bekannten Chinesinnen gestellt. Chinesen sind allgemein neugierig. Ihre Neugierde sehen sie als ein positives Zeichen ihrer Anteilnahme.

11. Diskursorganisation

11.1 *Facework* (Selbstdarstellung)

Etablierung sozialer Beziehungen

An verschiedenen Stellen dieses Buches wird immer wieder auf die hierarchische Strukturierung der chinesischen Gesellschaft und deren Einfluss auf das Kommunikationsverhalten hingewiesen. Bevor Chinesen miteinander sprechen können, müssen sie zuerst den relativen Rang des Gegenübers und seine Position in der Gesellschaft herausfinden. Die Kenntnis der Position des Gesprächspartners ist wichtig für die Verwendung des korrekten Anredetitels und die Rollenzuschreibung während des Gesprächs (Sprecher- und Hörerrolle).

In einer Studie wurde die Art und Weise der Informationsgewinnung bei einem Erstkontakt bei taiwanischen und amerikanischen Studenten analysiert. Es zeigte sich, dass die Taiwaner nach einer ersten Begegnung mehr über ihre Gesprächspartner wussten, als die Amerikaner. Vor allem verfügten die taiwanischen Studenten über mehr Informationen über das intellektuelle Potential und den akademischen Grad ihres Gegenübers. Diese Informationen sind in der chinesischen Gesellschaft wichtig, um die erforderliche Distanz zum Partner aufrechtzuerhalten oder ihm gegenüber Solidarität zu bekunden.

Stellung des *Facework*

Facework basiert auf dem Axiom des österreichisch-amerikanischen Kommunikationspsychologen Watzlawick (1974, 56), dass alle Aussagen einen Inhalts- und einen Beziehungsaspekt haben; jede Mitteilung enthält neben dem Inhalt einen Hinweis darauf, wie der Sprecher sie vom Hörer verstanden haben möchte. Jede Mitteilung ist also gleichzeitig eine Selbstdarstellung (*Facework*). *Facework* ist somit - wenn auch nicht so augenfällig - ein wesentlicher Bestandteil jeder Kommunikation. Kulturelle Unterschiede betreffen vor allem Stellung und Stellenwert des Facework innerhalb eines Gesprächs:

Nach westlicher Art wird das Gespräch mit einem direkten persönlichen Statement eröffnet. Der Sprecher bringt zuerst das Thema ein; durch das anschließende *Facework* bemüht er sich, sein Eingangsstatement etwas abzuschwächen und seine Person (und das Eingangsstatement) ins richtige Licht zurücken, d.h. in der westlichen Kommunikation folgt also das *Facework* auf die Einführung des Themas.

In der chinesischen Kommunikation steht das *Facework vor* der Einführung des Themas. Das bedeutet, das Thema wird erst nach einer längeren Zeit des Smalltalks eingeführt. Dieser Smalltalk ist nichts anderes als ein ausgedehntes *Facework* mit dem Ziel, einen gemeinsamen Kontext für die Kommunikation zu schaffen.

In der chinesischen Gesellschaft gilt es als unhöflich, ein Anliegen ohne große Umschweife auszusprechen. Das Vorbringen eines Anliegens verlangt einen ausgiebigen Smalltalk, der den eigentlichen Gesprächsanlass vorbereitet. Dieser Smalltalk dient dem Sprecher dazu, die Wahrscheinlichkeit einzuschätzen, mit der seinem Anliegen entsprochen würde, um zu entscheiden, ob er es überhaupt thematisieren soll. Mit einer Folge von Andeutungen versucht der chinesische Gesprächspartner deshalb zuerst herauszufinden, ob die andere Person fähig und willens ist, seinem Anliegen zu entsprechen. Solche Einleitungsrituale, bei denen man sich eingehend nach dem Befinden des Gegenübers und seiner Familie erkundigt, um eine vertraute Atmosphäre zu schaffen, können bis zu einer Stunde dauern (siehe Günthner 1986, 307 u.1993, 80).

Dieses „langsame Zur-Sache-kommen" (vgl. Kap. 10.3 *„Informationsstrukturierung"*) ist verknüpft mit dem chinesischen Gesichtskonzept. Wenn beide Kommunikationspartner ihre relative Position etabliert haben und wenn derjenige, der die Kommunikation eröffnet hat, dem Beantworter genügend Gesicht gegeben hat, darf das Anliegen vorgebracht werden. Es gilt: je größer und ernsthafter das Thema, umso mehr wird seine Einführung hinausgezögert. Wenn das *Facework* „nicht gelingt", d.h. wenn es nicht gelingt, die Aufmerksamkeit des Zuhörers für das Anliegen zu gewinnen oder das Facework so ausreichend ist, dass der Zuhörer selbst das Thema erraten kann, verzichten die Chinesen darauf, das Thema einzubringen.

> „*‚Und was hat sie gesagt?‘* Ich wusste, dass er auf unsere Heiratspläne anspielte. Ich hatte ihm gesagt, dass ich es erst meiner Mutter erzählen wollte, damit sie es meinem Vater dann schonend beibringen konnte. - *‚Ich bin überhaupt nicht dazu gekommen, es ihnen zu sagen‘*, antwortete ich wahrheitsgemäß. Wie hätte ich mit unseren Heiratsplänen herausrücken können, wo meine Mutter sich bei jeder Gelegenheit darüber ausließ, wie viel teuren Wein Rich in sich hineinschüttete, wie blass er aussah und wie unglücklich Shoshana zu sein schien.

Rich lächelte gutmütig: ‚*Wie lange dauert es denn zu sagen, Mom, Dad, wir wollen heiraten?*'" (eine Chinesin und ihr amerikanischer Verlobter; Tan 1993, 192f).

Aufgrund der unterschiedlichen Annahmen über das *Facework* und seine Funktion kommt es in der interkulturellen Kommunikation zwischen chinesischen und westlichen Kommunikationspartnern immer wieder zu Missverständnissen:

- Wenn die Chinesen mit ihrem *Facework* soweit sind, dass sie ihr Thema einzuführen versuchen, sind die westlichen Gesprächspartner bereits der Überzeugung, dass es sich bei diesem Gespräch um eine lockere Unterhaltung ohne ernsthaftes Thema handelt. Die Chinesen wiederum empfinden, dass es ihnen nicht gelungen ist, die Aufmerksamkeit des Hörers auf ihr Anliegen zu lenken und verzichten deshalb darauf, ihr Thema einzubringen.
- Für westliche Kommunikationspartner mag das chinesische *Facework* wie eine Sequenz von Rätseln erscheinen. In der Annahme, dass das Ziel des Gesprächs (Thema) immer am Anfang der Interaktion angegeben wird, werden westliche Gesprächsteilnehmer versuchen, die chinesische Gesprächsabsicht herauszufinden.
- Umgekehrt gehen chinesische Sprecher von der Annahme aus, dass das von den westlichen Gesprächspartnern zuerst eingeführte Thema nicht der Hauptpunkt der Unterhaltung ist. Sie richten ihre Aufmerksamkeit deshalb auf den weitern Verlauf der Kommunikation.

Die Konsequenz dieser kulturell unterschiedlichen Erwartungen in Bezug auf das Thema eines Gesprächs ist: Beide Gesprächspartner erinnern sich an die gleichen Details eines Gesprächs, aber jeder wird den verschiedenen Punkten eine unterschiedliche Bedeutung zuschreiben (siehe Scollon & Wong-Scollon 1991).

11.2 Themenkontrolle

Bei uns gilt - dies wurde in soziolinguistischen Studien nachgewiesen -, dass die das Gespräch beginnende Person das Thema einführt. Sie muss jedoch darauf warten, bis ihr der Gesprächspartner den Weg dazu eröffnet hat. Dieses Gesprächsmuster scheint uns logisch und ist ein fester Bestandteil der westlichen Kommunikation. Dies ist es jedoch nicht, weil es „logisch" ist, sondern weil es ein erlerntes kulturelles Verhalten darstellt. In andern Kulturen gibt es andere Wege und Verteilungen der Rechte, das Thema einzuführen (siehe Scollon & Wong-Scollon 1991).

Um die Ausgangslage zu betrachten, wie in der chinesischen Kultur der erste Sprecher ausgewählt wird und wie sich daraus die kulturspezifischen Kommunikationsmuster entwickeln, muss beachtet werden, dass es aufgrund der hierarchischen Strukturierung der chinesischen Gesellschaft immer vertikale Unterschiede zwischen den Gesprächspartnern gibt. Die Sprecherrechte, wer zuerst spricht, wie das Thema eingeführt wird und wer das Gespräch beendet, richten sich nach der kulturell etablierten hierarchischen Stellung.

In Asien wird erwartet, dass eine Person mit einem niedrigen Status eine Person in einer höheren Position grüßt. Es wird erwartet, dass Kinder ihre Eltern grüßen, Studenten ihre Lehrer, Angestellte ihre Vorgesetzten. Bei genauerer Beobachtung dieses Begrüßungsrituals zeigt sich, dass die Vorgabe - die Person in niedrigerer Position muss immer die höhergestellte grüßen - nur gilt, wenn die höhergestellte Person ein Zeichen gibt, dass sie für die Begrüßung offen ist. So hat nicht diejenige Person das Recht, welche mit der Begrüßung beginnt, das Thema einzuführen, sondern dies ist das Recht der höhergestellten.

Beispiele solcher Verhaltensanweisungen sind im *Li-ji* nachzulesen (nach der engl. Übersetzung von Legge 1967, 70-75):

> *„When he is following his teacher, he should hasten forward to him, and stand with his hands joined across his breast. If the teacher speaks to him, he will answer; if he does not, he will retire with hasty steps."*
>
> *„If the host has not put some question, the visitor should not begin the conversation."*

Dem höhergestellten zweier Kommunikationspartner steht auch das Recht zu, mit einem Thema fortzufahren oder es zu beenden; d.h. er kontrolliert das Thema.

Aufgrund dieser Regelung hätte eine Person mit niederem Status gar keine Möglichkeit, selbst ein Thema einzuführen. Dem ist jedoch nicht so. Es gibt die Chance, dass eine Person in niedrigerer Position durch indirekte Strategien - scheinbar zufällig - ihr Thema einführt. Durch die Unterbrechung des Kommunikationsflusses mit einem *zhege* (Verlegenheitsfloskel) - gefolgt von einem langatmigen *Facework* - kann sie indirekt ihre Bedürfnisse anbringen und darauf warten, dass die höhergestellte Person diese als Thema aufnimmt. Aufgrund der konfuzianischen Tugend des *ren* (Wohlwollen) ist die höhergestellte Person verpflichtet, die Bedürfnisse ihrer Untergebenen wahrzunehmen (vgl. *„Hörerzentrierung"*). Sie muss auf die subtilen Hinweise ihres Gesprächspartners eingehen und sich bemühen herauszufinden, was dieser für ein Anliegen hat.

11.3 Informationsstrukturierung

Nach westlicher Auffassung dient Kommunikation dem Austausch von Informationen. Wir gehen davon aus, dass Gesprächspartner vor allem an neuen Informationen interessiert sind. Doch auch über den Sinn und Zweck eines sprachlichen Austausches bestehen kulturell unterschiedliche Annahmen. Sprechen dient nach chinesischer Auffassung nicht in erster Linie dazu, seine persönlichen Gedanken auszudrücken oder eine klare Auskunft zu erteilen. Ziel des Sprechers ist es, Verhalten zu beeinflussen und eine Handlung auszulösen (Granet 1980, 18, siehe Kap. 20.).

Diese unterschiedlichen Auffassungen über das Ziel einer Kommunikation führen zu unterschiedlicher Diskurskonventionen im Umgang mit Informationen. Die kulturspezifische Art, Informationen zu strukturieren, sind Ursprung vieler Konfusionen in Gesprächen zwischen asiatischen und westlichen Gesprächspartnern.

Die westlichen Gesprächspartner bringen zuerst ihre Argumente bzw. Behauptungen vor und führen dann Gründe und Zusatzinformationen an - oft auch in Form von Beispielen - , welche die Eingangsbehauptungen stützen. Die westlichen Gesprächspartner versuchen nachzuweisen, woher die Argumente kommen. Aufgrund der Art und Weise, ein Thema einzuführen, ist das westliche Gesprächsmuster als deduktiv zu bezeichnen.

Scollon & Wong-Scollon (1991) beschreiben das asiatische Gesprächsmuster als induktiv. Im Gegensatz zu den westlichen Gesprächspartnern versuchen die Chinesen mit ihrem Gesprächsverhalten aufzuzeigen, wohin die Argumente gehen. Die Chinesen geben beim Sprechen nur sehr ungern den Hauptpunkt an, ohne vorher detaillierte Bedingungen rund um diesen Punkt aufgeführt zu haben. Zuerst schneiden sie eine Serie von wenig bindenden Themen an, welche als Vorbereitung für das Hauptthema dienen. Das Eingangsstatement der Westler ist bei den Chinesen am Schluss ihrer Ausführungen zu finden. Für westliche Zuhörer scheint es, als ob sich die chinesischen Ausführungen ständig um das Thema herum drehen, ohne es direkt anzugehen. Der chinesische Diskursstil wird im Westen als zirkulär wahrgenommen.

> „Die chinesischen Dozenten scheinen sich bei ihren Ausführungen oft im Kreise zu drehen, ohne dass wir wissen, worauf sie eigentlich hinauswollen. Fragt dann ein ungeduldiger Europäer *‚Warum erzählen Sie uns all dies? Was hat das für eine Relevanz für unser Thema'*, so antwortet der Dozent verwirrt: *‚Warten Sie und hören Sie zu. Ich erkläre die Hintergründe, die Sie wissen müssen, bevor wir zum heutigen Thema kommen'*" (Aussage einer Schweizerin, die an einer chinesischen Hochschule chinesische Medizin studiert; Günthner 1993, 125).

Dieses Ausspielen von Hintergrundinformationen und das Zurückhalten von pragmatisch wichtigen Informationen erwecken den Eindruck von langatmiger Präsentation und verlangen vom Hörer eine lange Aufmerksamkeitsspanne. Der westliche Hörer - interessiert an neuen Informationen - wird verwirrt, weil er nicht genau weiß, was nun eigentlich das Hauptthema ist, da den „trivialen Informationen" so viel Gewicht gegeben wird.

> *„Ich muss mich immer wieder in Geduld üben, daß ich nicht einfach das Gespräch unterbreche, wenn mein Mann mir etwas mitteilen will. Da ich bereits ahne, worauf das Gespräch hinaus will, scheint es mir überflüssig, mir noch alle Hintergrundinformationen anzuhören. Mein Mann wiederum fühlt sich durch meine Ungeduld beim Erzählen gestört, so dass er den Faden verliert und wieder von vorne beginnen muss."*

Der chinesische Diskursstil wirkt auf westliche Verhandlungspartner undurchsichtig und unlogisch und führt zum Stereotyp des „undurchschaubaren Asiaten".

In den von Günthner durchgeführten Analysen deutsch-chinesischer Gespräche kam es vor, dass die chinesischen Gesprächspartnerinnen mitten im Abrollen der Hintergrundinformation von ihren deutschen Kolleginnen unterbrochen wurden; ihnen war die Relevanz dieser Informationen nicht ersichtlich.

> ...." Wenn man als Sprecher schon einige Hintergründe gesagt hat, muss man sich genau überlegen, ob diese ausreichen, dass man nun den Schluss und die Hauptthese bringen kann. Wenn die Gründe noch nicht ganz einleuchtend und klar sind, liefert man weitere, möglichst, bis der Gesprächspartner selbst zum gleichen Schluss kommt" (Günthner 1993, 141).

Mit diesem Kommentar reflektiert eine Chinesin anschließend über ein Gespräch zwischen ihr und zwei deutschen Gesprächspartnerinnen, in welchem sie von ihrer deutschen Kollegin durch einen abrupten Themenwechsel unterbrochen wurde.

Young (1982) fand in einer Diskursanalyse von Geschäftsverhandlungen in Hongkong die bereits beschriebenen Stildifferenzen zwischen Gesprächspartnern westeuropäischer oder chinesischer Herkunft, obwohl die Verhandlungssprache Englisch war. Young konnte anhand von Tonbandaufnahmen beobachten, wie die englisch sprechenden Chinesen ihre typisch chinesischen Diskursstrategien ins Englische übertrugen. Zuhörer englischer Muttersprache, denen Young das Tonband vorspielte, waren durch die Informationsstrukturierung der Chinesen verwirrt und überfordert, das Hauptthema des Gesprächs zu identifizieren. Sie vermissten ein Eingangsstatement, welches die allgemeine Richtung des Diskurses angab, und es somit dem Zuhörer erleichtern würde, den Ausführungen zu folgen. Auch in diesen Gesprächsanalysen fällt auf, wie oft die Chinesen durch ihre westlichen Gesprächspartner unterbrochen wurden. Diese Unterbrechungen hinderten die Chinesen, ihre Hauptinformationen anzuführen, was für eine Geschäftsverhandlung fatale Folgen haben kann.

Das langsame Abrollen von Hintergrundinformationen ist eine wichtige Strategie zur Konfrontationsvermeidung und spiegelt die chinesische Vorliebe für harmonische soziale Beziehungen und Indirektheit wider. Die Chinesen präsentieren zuerst die gemeinsamen Probleme und die kontextuellen Zwänge, durch die alle Gesprächsteilnehmer gebunden sind, und legen erst danach ihre Meinung dar. Der Sprecher steuert langsam auf den eigentlichen Punkt zu und sichert sich dabei ab, dass ihm der Gesprächspartner dahin folgt (Hörerzentrierung). Ein Chinese kommentiert den chinesischen Kommunikationsstil wie folgt:

> Während der Sprecher spricht, versetzt er sich gleichzeitig in die Position des Hörers und überlegt, ob das was er sagt, für den Hörer auch Sinn macht. Dieser chinesische Gesprächsstil ist offener, unvoreingenommener und weniger beeinflussend als der westliche, welcher sofort einen bestimmten geistigen Rahmen schafft. Der chinesische Stil verhindert eine Polarisierung der verschiedenen Positionen und die daraus eventuell resultierenden Konflikte unter den Gesprächsteilnehmern (Young 1982, 53).

„Um die Ecken gehen und in die Gassen abbiegen“ ist die chinesische Redewendung für diese indirekte Weise der Informationsvermittlung. Die westliche Art, gleich „mit der Türe ins Haus zu fallen“ - d.h. die

sofortige Präsentation der zentralen Behauptung, wirkt auf chinesische Gesprächspartner sehr unhöflich und grob. Danach befragt meint eine Chinesin:

> „Natürlich kann man auch zuerst die Meinung sagen und dann die Gründe nennen, doch wirkt das *ting aoqi* als arrogant. Man soll ja bei uns bescheiden wirken, deshalb sagt man zuerst die Gründe und dann schließlich die Schlussfolgerung. Das ist der angemessene Stil" (Günthner 1993, 138).

11.4 Gesprächsbeendung

Wie wir gesehen haben, gibt es verwirrende kulturelle Unterschiede in der Art und Weise der Diskursorganisation. Diese Unterschiede in der Diskursorganisation führen auch zu unterschiedlichen Annahmen darüber, wann eine Konversation beendet ist:

- Wenn chinesische und westliche Gesprächspartner zum Schluss kommen, dass alles gesagt ist und nichts mehr hinzugefügt werden muss, gehen die Chinesen aufgrund ihrer Gewohnheit der Informationsstrukturierung davon aus, dass der Hauptpunkt erst gerade gesagt wurde.
- Für Westler hingegen hat das zuletzt Gesagte keine Konsequenz, denn westliche Personen lieben es, die Konversation mit einem kleinen Scherz zu beenden.
- Ein Chinese wiederum kann diesen Scherz als Hauptpunkt des ganzen Gesprächs werten.
- Umgekehrt vermutet der westliche Gesprächspartner im zuletzt Gesagten des chinesischen Partners einen Scherz und schenkt dieser Äußerung wenig Beachtung.
- Die Konsequenz ist, dass der chinesische Gesprächspartner wieder zum *Facework* zurückkehrt, um sicher zu sein, dass alles in „Ordnung ist" zwischen den beiden Gesprächspartnern und führt als Schlussfolgerung nochmals den Hauptpunkt auf.
- In den Ohren des westlichen Gesprächspartners mag diese Gesprächsfolge wiederum wie die „Einführung eines neuen Themas" klingen.

So läuft die Konversation weiter, bis beide Partner wiederum der Auffassung sind, es sei nun an der Zeit aufzuhören. In den von Scollon & Wong-Scollon (1991) gesammelten Daten aus Tonbandaufzeichnungen von Gesprächen zwischen asiatischen und westlichen Gesprächspartnern dauern solche „Gesprächskodas" wenigstens solange wie die Primärkommunikation, mit dem Unterschied, dass alle Gesprächsteilnehmer am Ende völlig verwirrt sind über den „Ablauf der Dinge".

12. Interaktionskonventionen

Um mit Angehörigen fremder Sprachgemeinschaften zu kommunizieren, ist nicht nur das Wissen um unterschiedliche Kommunikationsstile und Diskurskonventionen notwendig, sondern auch die Kenntnis von kulturspezifischen Interaktionskonventionen (*Traffic-Signale*). Diese zeigen sich im Sprecher- wie auch im Hörerverhalten.

12.1 Sprecherverhalten

Chinesisch Sprechende benützen - wie auch bei uns üblich - Intonation (Aussagen in fragendem Tonfall) und unspezifische Nachfragen *shima?* (nicht wahr?), *zhen-de?* (wahr?) *en?* (hm?) etc. am Ende einer Aussage als *Traffic-Signale.* Diese Frageanhängsel dienen vor allem dazu, den Kommunikationspartner zu einer sprachlichen Äußerung aufzufordern, um zu überprüfen, ob er dem Gespräch folgt. Chinesisch Sprechende haben noch weitere Möglichkeiten, die Interaktion zu steuern. In ihrer Sprache stehen ihnen eine Fülle von Partikeln (*ma, ne, ya, ba* etc.) zur Verfügung, welche meistens am Ende eines Satzes verwendet werden. Diese Partikel geben die Haltung des Sprechers wider und signalisieren dem Hörer, welche Reaktion von ihm erwartet wird: ob Zustimmung, Ausdruck des Bedauerns, eine Erklärung, die Unterbreitung von Vorschlägen oder eine Handlung. Mit Hilfe dieser Satzendpartikel überwachen die chinesischen Sprecher konstant ihre Zuhörer. Sie sind in der Lage, die Reaktion der Zuhörer genau einzuschätzen, und können aufgrund ihrer Beobachtungen nicht nur entscheiden, welches Thema eingeführt werden soll, sondern kennen auch das notwendige Ausmaß des Abrollens der Hintergrundinformation (Wong-Scollon & Scollon 1990).

12.2 Hörerverhalten

Hörersignale

Um Interesse zu signalisieren, stehen dem Hörer bestimmte, kulturell festgelegte, verbale und nonverbale Mittel zur Verfügung, welche als Hörersignale bezeichnet werden. Diese Hörersignale sind für den reibungslosen Ablauf der Kommunikation von größter Wichtigkeit. In der interkulturellen Kommunikation können unterschiedliche Konventionen im Hörerverhalten Verwirrungen auslösen und zu erheblichen Störungen der Kommunikation, wenn nicht sogar zu einem Abbruch führen. Kulturspezifische Variationen betreffen sowohl die Häufigkeit als auch die Form dieser Signale.

> Ein Chinese erzählte mir, wie er bei einem Telefongespräch völlig aus dem Konzept kam, als jede seiner Aussagen vom schweizerischen Geschäftspartner mit einem kräftigen *„Jawohl"* quittiert wurde.

Günthner (1993) untersuchte Hörersignale in Gesprächen zwischen deutschen und chinesischen Kommunikationspartnern und -partnerinnen. Die Gespräche wurden in deutscher Sprache geführt. In dieser Analyse fällt zunächst die unterschiedliche Häufigkeit der Verwendung von Hörersignalen in den beiden Gruppen auf. Die Deutschen geben allgemein mehr Hörersignale („mhm", „ja", „ahja" etc.) von sich als ihre chinesischen Gesprächspartner. Das von den Deutschen am häufigsten verwendete Signal ist „mhm".

> „Ja, ich habe schon verstanden, was A gesagt hat. Doch bei uns im Chinesischen braucht man nicht ständig, *‚mhm mhm'* wie im Deutschen zu sagen. Man wartet ab, was die andere Person sagt. Hier an dieser Stelle habe ich einfach gewartet, dass sie weiter erzählt. Im Chinesischen benutzen wir dieses *‚mhm'* meist, wenn wir etwas zu dem, was der andere sagt, sagen wollen. Ansonsten muss man nicht unbedingt diese Zeichen geben", kommentiert eine chinesische Sprecherin ihr Hörerverhalten (Günthner 1993, 184).

Das geringere Auftreten von Hörersignalen bei den chinesischen Gesprächspartnern, kann in der interkulturellen Kommunikation zu Missverständnissen führen. Die deutschen Gesprächspartner interpretieren das Ausbleiben der erwarteten Hörersignale entweder als Verstehensprobleme, und versuchen eine Neuformulierung ihrer Aussage, oder sie fassen es als Zeichen von Nichtübereinstimmung mit dem Gesprächspartner auf, und starten einen neuen Erklärungsversuch.

Längere Gesprächspausen sind in der chinesischen Konversation für Sprecher und Hörer zur Informationsstrukturierung wichtig. Für die ausländischen Gesprächspartner werden solche Pausen bereits als peinlich empfunden und oft fälschlicherweise als Signal für einen Sprecherwechsel interpretiert. Bei Chinesen wiederum ruft das pausenlose Sprechen ihrer westlichen Kommunikationspartner Unbehagen hervor. Ein chinesicher Student berichtet, wie er sich während eines Auslandaufenthaltes vom Redefluss seiner amerikanischen Kommilitonin total überfahren fühlte, und deshalb versuchte, ihre Kontakte - wenn immer möglich - zu meiden:

> „Nicht lange danach, wieder in der Cafeteria, tauchte sie plötzlich auf und setzte sich zu mir, als ich allein beim Essen war. Sie fing sofort an zu reden. Die China-Themen waren ihr mittlerweile ausgegangen und die neuen Themen waren weit verstreut. Ich weiß nicht mehr, was sie alles erzählt hat. Wir aßen zusammen, und sie redete wie ein Wasserfall. Als ich zur Essensausgabe wollte, um mir einen Nachschlag zu holen, wartete ich darauf, dass sie einmal eine Sekunde Pause machen würde, so dass ich die Möglichkeit erhalten würde, kurz einzuwerfen: ‚*Entschuldige mich bitte für einen Moment.*‘ Unglücklicherweise machte sie keine Pause, nicht einmal eine Sekunde lang“ (Tannen 1994, 216).

Nach einem Seminar zur interkulturellen Kommunikation, begann der chinesische Student zu verstehen, wo das Problem lag. Durch das Setzen von *Traffic-Signalen* gelang es ihm, sich selbst auch ins Gespräch einzubringen, so dass die weiteren Gespräche auch zu seiner Zufriedenheit verliefen. Er und seine amerikanische Kollegin trafen sich nun öfters und es entwickelte sich ein freundschaftliches Verhältnis zwischen ihnen.

Hörerechos

In den Gesprächsanalysen von Günthner wiederholen die Chinesen auffällig häufig wörtlich die gesamte oder lediglich einen Teil der Originaläußerung ihrer Gesprächpartner. Zwei Beispiele solcher Hörerechos in Gesprächen zwischen deutschen (D) und chinesischen Gesprächspartner (Ch) seien hier aufgezeigt.

Beim ersten Gesprächsbeispiel geht es um die Frage, ob verheiratete Frauen in Deutschland auch arbeiten würden:

„D : ja
---
ja bei uns isch des
--
unterschiedlich, SEHR unterschiedlich
Ch : jaja SEHR unterschiedlich
D : viele Frauen, wenn sie Kinder haben, wollen auch zuhause sein“ (Günthner 1993, 198).

Beim folgenden Beispiel tauschen eine Deutsche (D) und zwei Chinesinnen (Ch1 und Ch2) Informationen über das chinesische und das deutsche Schulsystem aus:

„Ch1 : ja
Ch2 : ja und Oberschule
Ch1 : Oberschule
D : kann man auch/noch machen?
Ch2 : /auch noch machen.
Ch1 : noch drei Jahre gehen/
/drei Jahre
D : das sind dann zwölf
Ch2 : zw/ölf Jahle
D : /wie bei uns / bei uns sinds dreizehn
Ch1 : dreizehn=
Ch2 : =dreizehn
D : OBERschule dreizehn
Ch2 : Ober..“ (Günthner 1993, 196).

Auch Gespräche unter Chinesen weisen viele solche Echos auf. Ein Chinese (Ch1) und eine Chinesin (Ch2) unterhalten sich im folgenden Beispiel über menschliche Gestik und Mimik:

„Ch1 : *ge zhong de guoren zhege tanhua de shihou*
wenn verschiedene Menschen sich unterhalten
dade shoushi
machen Gesten
Ch2 : *dade shoushi*
machen Gesten
Ch1 : *dade shoushi bu yiyang*
machen Gesten nicht gleich
Ch2 : *bu yiyang*
nicht gleich“ (Günthner 1993, 193).

Chinesen verwenden die Hörerechos als Bestätigung der Äußerung des Sprechers. In der chinesischen Konversation haben Hörerechos die gleiche Funktion wie bei uns die Hörersignale „mhm, ja, aha“ etc. Sie sollen die zentrale neue Information (sei es eine Bewertung, Einschätzung oder die Übermittlung von Wissenselementen) fokussieren, ihren Empfang bestätigen und somit die aktive Beteiligung des Hörers am Gespräch signalisieren. Durch die Wiederholung der Äußerung des Gesprächspartners wird diesem vermittelt, dass das, was er sagt, als wichtig angesehen wird. Eine chinesische Germanistin, welche sich bereits mehrere Jahre in der Bundesrepublik aufhält und häufig als Dolmetscherin arbeitet, meint zu den Hörerechos:

> „Das ist so eine chinesische Strategie. Man wiederholt die Äußerung des andern aus Höflichkeit. Ja aus Höflichkeit. Wir nennen diese Strategie *zhonggo*, das heißt, ich hinterlasse einen guten Eindruck auf die

andern, ich bin konzentriert und aufmerksam und dadurch höflich. Wenn man im Chinesischen mit ja zustimmt, ist das nicht höflich, sondern eher kalt" (Günthner 1993, 202).

Hörerechos konnte ich bei Familiengesprächen am Esstisch beobachten. Sie wurden vor allem von der Schwägerin gegenüber ihren Schwiegereltern verwendet, um Ehrerbietung und emotionale Übereinstimmung zu signalisieren. Hörerechos sind typisch für das Verhalten untergeordneter Personen gegenüber höhergestellten. Die statusniedrigere der beiden Gesprächspartner unterstützt die Aussagen des höhergestellten und hält die eigene Meinung zurück. Durch die Wiederholung der Äußerung des Partners überlässt man diesem die Verantwortung für das Gesagte. Hörerechos dienen der Konformität und tragen somit wesentlich zur Erhaltung der interaktiven Harmonie unter den Gesprächspartnern bei. Hörerechos gelten als *li-mao* (höfliches Verhalten). In diesem Sinne werden Hörerechos häufig in Gesprächen mit Ausländern verwendet, um ihnen gegenüber Respekt und Höflichkeit zu zeigen. Auf deutsche Gesprächsteilnehmerinnen wirken diese Hörerechos als überaus angepasst, und wie sich eine Deutsche äußerte: *„Irgendwie typisch chinesisch"* (Günthner 1993, 201).

伍

Unterschiedliche Kommunikationsstile

13. Innen- und Außenkommunikation

13.1 Wir und die Anderen

In der asiatischen Welt sind die sozialen Strukturen in innen und außen aufgeteilt. Chinesen tendieren zu außerordentlich scharfen Unterscheidungen zwischen „wir" und den „Anderen", zwischen der eigenen Gruppe (*shou-ren*; „Innenmenschen") und den Außenstehenden (*sheng-ren* ; „Außenmenschen").

Beziehungen mit Innenmenschen (Innenbeziehungen) bauen auf bestimmten Gemeinsamkeiten auf. Sie werden etabliert durch Geburt (gleicher Geburtsort, aus der gleichen Region stammend, gleicher Familienname) oder sonstige Gemeinsamkeiten (Studium, Arbeitsplatz etc.). Wer die gleiche Schule besuchte oder an derselben Universität studierte, gemeinsam Militärdienst leistete oder in der gleichen Firma arbeitete, entwickelt sofort ein Zusammengehörigkeitsgefühl. Chinesen bevorzugen es, in Langzeitfreundschaften zu leben, welche in der Mittelschulzeit oder noch früher geformt worden sind. Sie pflegen solche Beziehungen lebenslang und haben ein enormes Verantwortungs- und Pflichtgefühl einander gegenüber. Höfliches Benehmen gilt in erster Linie im Umgang mit diesem relativ begrenzten Kreis der Innenmenschen (*shou-ren,* wörtlich „gargekochte Menschen"), jedoch nicht für Kontakte mit Außenmenschen (*sheng-ren,* wörtlich „rohe Menschen").

Von Kindheit an wird den Chinesen eingeprägt, nur den Innenmenschen zu vertrauen, den Außenmenschen gegenüber jedoch vorsichtig zu sein und sich zu ihnen auf Distanz zu halten. Die Außenmenschen, das sind die Fremden; das ist die unbekannte Masse. Einander unbekannte Chinesen sind sich gleichgültig. Stehe ich mit jemanden in keiner Beziehung, besteht keine Notwendigkeit, sich zu erniedrigen bzw. den andern zu erhöhen, d.h. zu „höflichem Verhalten". Eine Ausnahme bilden bisweilen die Ausländer. Ihnen wird eher geholfen, da sie Gäste sind.

> „Dieselbe Schalterbeamtin, die vielleicht lächelnd und geduldig einem westlichen Ausländer erklärt, wo die Bushaltestelle ist, antwortet einem Chinesen auf dieselbe Frage unter Umständen nur mit einem Achselzucken" (Chen 1999, 104).

Viele Ausländer, welche auf einer China-Reise waren, schwärmen von den höflichen Verkäuferinnen in den Geschäften und der freundlichen Bedienung in den Restaurants. *„Nun, das ist eben die Sonderbehandlung für Touristen"*, beklagt sich ein Chinese. *„Genau das Gegenteil ist der Fall. Verkäuferinnen haben überhaupt kein Interesse, freundlich zu bedienen. Sie wimmeln die Leute oft nur ab"* (Hieber 1984, 44).

Die Unterteilung in innen und außen hat große Auswirkungen auf das Kommunikationsverhalten. Es gibt Unterschiede in bezug auf das, *was* kommuniziert wird (Gesprächsthemen, Inhalte) und *wie* kommuniziert wird (d.h. wie diese Informationen übermittelt werden). Je nachdem, ob es sich um Innen- oder Außenbeziehungen handelt, existieren unterschiedliche Kommunikationsstile und Sprecherrechte, so dass man von zwei verschiedenen kulturellen Kommunikationsmustern (Innen- und Außenkommunikation) ausgehen muss.

13.2 Innenkommunikation

Alle bis anhin diskutierten Gesprächsmuster beziehen sich auf die Kommunikation in Innenbeziehungen d.h., die interagierenden Personen stehen gegenseitig in Loyalitätsverpflichtungen. Im Westen beinhaltet „Höflichkeit" ein Verhalten, welches vorrangig den Umgang von Fremden untereinander erleichtert. „Chinesische Höflichkeit" hingegen ist für Menschen reserviert, mit denen man aus irgend einem Grund etwas zu tun hat: Verwandte, Bekannte, Freunde, Geschäftspartner, aber nie für völlig unbekannte Personen (siehe unter *guan-xi* Kap. 5.3 und 16.1).

Das geschlossene System der Innenbeziehungen bereitet den Chinesen große Schwierigkeiten in ihren Interaktionen mit Personen aus Außenbeziehungen. Konversationen mit Fremden sind selten. Es ist für Chinesen schwierig, mit jemandem zu sprechen, ohne über seine hierarchische Stellung informiert zu sein. Deshalb ist es in China nicht üblich, ein Gespräch mit einer Person zu beginnen, die man nicht persönlich kennt. Wer mit jemanden in Kontakt kommen möchte, lässt sich durch eine (beiden Gesprächspartnern bekannte) Drittperson einführen.

13.3 Außenkommunikation

Der Kommunikationsstil der Außenkommunikation bezieht sich auf anonyme, zeitlich beschränkte Kontakte und dient nur der Erreichung eines persönlichen Ziels. Außenkommunikation findet z.B. im Dienstleistungssektor statt (zwischen Kunde und Verkäufer; Klient und Büroangestellter; Gast und Kellner; Fahrgast und Taxifahrer). Die Außenkommunikation beschränkt sich nur auf die kurze Zeit der Transaktion (z.B. Kauf von Bahnbilletten, Briefmarken, Bestellungen im Restaurant etc.). Kommunikative Ökonomie ist gefragt. Hier sind keine einleitenden Begrüßungsworte angebracht. Auch eine langsame Etablierung des Themas wird nicht erwünscht. Es wird vom Kunden erwartet, dass er sofort und ohne Umschweife zum Thema kommt:

> *„Zwei Fahrkarten nach Taipei"; „Drei Luftpostmarken"; „Feuertopf für vier Personen".*

Wenn man das Gewünschte erhalten hat, bezahlt man und geht, ohne Dankesworte und Abschiedsgruss (vgl. Scollon& Wong-Scollon 1991).

Das chinesische Kommunikationsmuster in Außenkontakten kontrastiert sehr mit den westlichen Praktiken im Dienstleistungskontext zwischen Kunden und Angestellten. Für Leute aus dem Westen ist es extrem schwierig, in solchen Situationen ohne einleitende Worte direkt zum Thema zu kommen. Das chinesische Verhalten in der Außenkommunikation wirkt auf sie distanziert und kühl, gelegentlich auch aggressiv.

Das aufdringliche, unnachgiebige Verhalten der Chinesen in der Außenkommunikation steht in großem Kontrast zu ihrem ehrerbietigen, nachgiebigem Konversationsverhalten in der Innenkommunikation. Gegenüber Leuten, die man nicht kennt, gelten die (in den vorangehenden Kapiteln beschriebenen) chinesischen Höflichkeitsvorschriften nicht, da man von Fremden weder etwas Bestimmtes zu erwarten, noch zu befürchten hat.

> „Wenn man jemanden kennt, wenn man zu Gast ist, oder unter Kollegen, dann ist man extrem höflich, indirekt und bescheiden. Doch wenn man in der Öffentlichkeit ist, wo man die Leute nicht kennt, ist man oft rücksichtslos unhöflich" (chinesischer Informant; Günthner 1993, 83).

Das unbeherrschte Sozialverhalten der Chinesen in der Öffentlichkeit passt so gar nicht in unser Bild des „höflichen Chinesen". Die Etikette ist in den Wind geblasen. Durch Schreien, Stoßen, Drücken - auch unter Einsatz der Ellenbogen - versuchen sich die Leute vorzudrängen, um ihr Ziel zu erreichen.

> „Nirgends sonst im friedlichen Asien erlebt man eine Öffentlichkeit von so asozialem Verhalten wie ausgerechnet hier im Stammland einer einzigartigen Hochkultur. Nirgends ist die Verrohung der öffentlichen Sitten dermaßen fortgeschritten" (Chen 1999, 107).

Wenn Sie bis hierher in diesem Buch - vor allem die Ausführungen über *„Chinesischen Höflichkeitsprinzipien"* - gelesen haben und sich nun plötzlich in Shanghai auf offener Strasse befinden, die „Verbotene Stadt" in Peking besuchen oder sich sonst an einem belebten Ort in China aufhalten, werden Sie denken, dass Sie sich „im falschen Film" befinden. Reisende, die in China die „sprichwörtliche chinesische Höflichkeit" suchen, sind schockiert von den ruppigen Umgangsformen in Chinas Öffentlichkeit.

> „Die Kampfbereitschaft der Menschen beim Einsteigen in einen Bus in den volksrepublikanischen Städten lässt so manche Touristen die Entstehung des Kungfu in völlig neuem Licht betrachten. Klar, dass nur die kräftigsten jungen Männer eine Chance auf einen Sitzplatz haben. Sollte da eben ein komischer Ausländer aufgestanden sein, um einen Alten oder eine Hochschwangere sitzen zu lassen, so wird er feststel-

Die Kampfbereitschaft der Chinesen beim Einsteigen in einen Bus lässt die Entstehung des Kungfu in völlig neuem Licht erscheinen.
(Abbildung aus Zabo o. J.)

> len, dass er sich noch nicht ganz erhoben hat, dieweil ein Zwanzig- oder Dreißigjähriger seinen Hintern schon auf den Sitz schiebt" (Chen 1999, 109).

Nicht nur westliche Besucher, sondern auch Chinesen aus Taiwan, Hongkong oder Singapur zeigen sich befremdet über solches Benehmen. Dabei muss betont werden, dass diejenigen, welche in der Öffentlichkeit so rücksichtslos ihre Ellenbogen einsetzen, in ihrem privaten Umfeld höfliche, zuvorkommende, liebevolle Menschen sind.

> Natürlich gebrauche auch sie ihre Ellenbogen, um in den Bus reinzukommen, sagt eine gebildete Shanghaierin: *„Einmal habe ich jemanden angerempelt und dann beim Hinschauen gemerkt, dass es eine Freundin von mir war. In dem Moment ist mir das Rempeln ungeheuer peinlich geworden. Aber normal denke ich nicht darüber nach"* (Chen 1999, 110).

Wenn man einander nicht kennt und für seine Übeltat anonym bleibt, kann man sich bestimmten sozialen Pflichten entziehen. Man hilft sich nicht, wenn man sich nicht kennt.

> *„Chinesen sind sehr hilfreich gegenüber Menschen, auf deren Hilfe sie zum gegebenen Zeitpunkt auch selbst angewiesen sein können. Fällt dieses Prinzip der Gegenseitigkeit weg, stehen sie mit verschränkten Armen dabei und schauen zu." „Vom andern Flussufer aus einen Brand beobachten"*, beschreibt ein Chinese dieses Verhalten. *„Wer nicht zur Familie oder zum Kreis der engen Freunde zählt, steht für Chinesen - bildlich gesprochen - am anderen Flussufer"* (Hieber 1984, 33).

Ausländer, die in China Zeugen von Unfällen wurden, berichten übereinstimmend, dass außer ihnen niemand in irgend einer Form Hilfe geleistet hatte. Chinesen, welche sich im Westen aufhalten, sind überrascht, wenn Unbekannte ihnen bei solchen Gelegenheiten beistehen. Sie sind allgemein beeindruckt über das höfliche Verhalten der westlichen Menschen in der Öffentlichkeit.

14. *Sa-jiao* (Flirtstil)

Für Chinesen steht der Begriff *sa-jiao* für einen kulturell bedeutsamen, flirthaften Kommunikationsstil. Im Wörterbuch ist unter *sa-jiao* zu lesen: „sich wie ein verwöhntes Kind aufführen, quengeln, schmollen, kapriziös sein, die Kokette spielen."

Aufgrund des unterwürfigen, schmeichelnden als typisch weiblich geltende Kommunikationsverhaltens und der Verwendung von als kindlich geltenden Sprachmustern wird dieser Stil in der chinesischen Gesellschaft stereotyp mit der Sprache kleiner Kinder oder junger, unverheirateter Frauen assoziiert.

Sa-jiao ist charakterisiert durch einen Komplex von verbalen und nonverbalen Codes. Nonverbal gehören zum *sa-jiao*-Verhalten eine ausdrucksvolle Mimik verbunden mit Wimpern-Klimpern, Augenrollen, Lippenvorstülpen, bestimmten wippenden Körperbewegungen, einer hohen engelsgleichen Stimme und einer auffallend nasalisierten Sprechweise. Verbal machen neben Formulierungen aus der Kindersprache, die in der chinesischen Gesellschaft als typisch weiblich geltenden Sprachmuster, den *sa-jiao*-Stil aus. Das sind der Gebrauch von speziellen lexikalischen Formen, Diminutiven, Wortwiederholungen und Vermeidung von direkten Aufforderungen, um Liebenswürdigkeit und Freundlichkeit zu suggerieren. Die weiche Stimme soll das Gefühl von Sanftheit und Charme hinterlassen.

> Im *Nü-jie* („Vorschriften für die Frauen") - eine Art Knigge für die konfuzianistische Frau - sind die Tugenden der Selbstlosigkeit und Unterwürfigkeit der *nei-ren* („Mensch der innern Räume"; Ehefrau) verherrlicht. Frauen werden zu respektvoller Zurückhaltung ermahnt. Wenn Männer sprechen, sollten Frauen zuhören (siehe Günthner 1991, 200f).

Es scheint, dass diese Vorstellungen über weibliches Gesprächsverhalten noch heute diese jahrtausendalte konfuzianische Tradition reflektieren. Die heute als typisch weiblich wahrgenommenen Qualitäten wie Liebenswürdigkeit, Feinheit und Bescheidenheit sind ein konfuzianisches Erbe. Frauen in der chinesischen Gesellschaft haben sanft, zärtlich, bescheiden und nachgiebig zu sein. So sagt eine berufstätige Chinesin, die im Ausland studiert hat, in einem Interview in einer schweizerischen Frauenzeitschrift:

> *„.. Ich prelle nie vor, wenn ich bei irgendeinem Problem rascher und besser Bescheid weiß als mein Mann. Er ist zwar sehr modern eingestellt, aber in seinem Innersten lebt noch die traditionelle Mentalität seines Volkes. Aus diesem Grund mag er es nicht, wenn ich mich in den Vordergrund stelle, schon gar nicht in der Gesellschaft von Freunden.*"Auf die Entgegnung der Interviewpartnerin: *„Sie sind ganz schön raffiniert*", meint die Chinesin,"*nein, nicht raffiniert, nur klug und chinesisch! Manches geht ja wirklich einfacher, wenn man den Weg der Sanftheit einschlägt*" (Chao 1993, 63).

Obwohl der *sa-jiao*-Stil als typisch weiblich gilt, wurde beobachtet, dass er im Kindergarten mehr von Knaben als von Mädchen gegenüber ihrer Lehrerin verwendet wird. Kleine Knaben praktizieren zuhause erfolgreich den *sa-jiao*-Stil, wenn sie bei ihrer Mutter etwas erreichen möchten (Farris 1988). Wohl wird diese Art von Kommunikationsstil auch andernorts - vor allem von Kindern - verwendet, da vermutlich Kinder in allen Kulturen mit ihrem Status als Abhängige manipulativ umgehen. Das Besondere beim *sa-jiao*-Stil liegt jedoch darin, dass dieser im Chinesischen bis ins Erwachsenenalter hinein bewusst strategisch eingesetzt wird, und dass der Hörer diesen Stil auch als solchen identifiziert.

Es zeigt sich, dass der *sa-jiao*-Stil am effektivsten gegenüber Kommunikationspartnern des anderen Geschlechts angewendet wird. Chinesische Frauen verstehen durch diesen indirekten weichen, sich anpassenden Kommunikationsstil den Männern zu schmeicheln. Gerichtet an sozial bedeutende Personen gewöhnlich Männer (Vater, Vorgesetzter, Freund, zukünftiger oder frischvermählter Ehemann) - ist *sa-jiao* ein indirektes Mittel der Einflussnahme und Machtausübung. *Sa-jio* gilt als typischer Kommunikationsstil junger Mädchen und Frauen. Von reifen Frauen wird er nicht mehr verwendet.

> „*Sa-jiao* ist eine Form von weiblichem Psychoterror, die eher einen Stein als eine andere Frau erweichen würde, aber bei Männern Wunder wirkt" (Chen 1999, 159).

Obschon männliche Sprecher es verneinen, berichten Frauen, dass auch Männer diesen schmeichelnden Kommunikationsstil in bestimmten Settings gegenüber Frauen gebrauchen, um eine Mutter-Sohn-Beziehung zu suggerieren. So gehört *sa-jiao*-Verhalten zum Flirtstil junger Männer, wenn sie ein Mädchen umwerben. Studenten versuchen, mit *sa-jiao* ihre Professorin um Nachsicht zu bitten, z.B. für eine nicht erledigte Hausaufgabe. Ehemänner schmeicheln ihren Ehefrauen mit *sa-jiao* im intimen Rahmen zu Hause.

Der *sa-jiao*-Sprachstil hat manipulativen Charakter. Er weckt gezielt Beschützerinstinkte und wird verwendet, um affektive Interessen zu manifestieren und gleichzeitig ein bestimmtes Ziel zu erreichen.

陸

Kommunikation in verschiedenen Kontexten

15. Essenseinladungen

15.1 Essen in der chinesischen Kultur

Essen bestimmt fast das ganze chinesische Leben. Viele chinesische Redewendungen weisen auf die herausragende Bedeutung des Essens in der chinesischen Kultur hin. Bekannt ist bereits die Begrüßungsformel *„Haben Sie schon gegessen?“* Weitere Formulierungen, welche im Zusammenhang mit dem Essen verwendet werden, sind:

> *„Auf welche Weise essen Sie?“* (Welchen Beruf haben Sie?)
> *„Womit hast du dir nur dein Essen verdient?“* (Vorwurf der Unverantwortlichkeit)
> *„Aroma essen“* (sehr beliebt sein, von Höherstehenden gefördert werden)
> *„Verlust essen“* (Schaden erleiden, ausgenützt werden)
> *„Bedrängnis essen“, „Bitterkeit essen“* (Not leiden)
> *„Ein Magen voller Bücher“* steht für „gebildet“.

Im Wörterbuch stehen über 30 Ausdrücke, welche im übertragenen Sinne in Verbindung mit dem Wort „essen“ gebracht werden.

Die Vorliebe der Chinesen, im Kollektiv zu leben, zeigt sich in ihren Essensgewohnheiten. Gemeinsame Essen sind für die Chinesen die wichtigste gesellschaftliche Aktivität. Sich innerhalb einer Gruppe abwechselnd vorzugsweise ins Restaurant und anschließend in eine Bar einzuladen, gilt als Mittel, „gute Beziehungen“ innerhalb der Gruppe aufrechtzuerhalten oder zu vertiefen (vgl. Innenbeziehungen). Bei wichtigen chinesischen Festtagen spielt das gemeinsame Essen im Familienkreis eine große Rolle. Die Chinesen zeigen einander Zuneigung durch gutes Essen und nicht so sehr durch warmherzige Worte.

> Dies wird eindrücklich in dem für einen Oscar nominierten Film *„Eat, Drink, Man, Woman“* (1994) des Taiwan-Chinesen Lee Ang dargestellt: Ein alternder verwitweter Vater, ehemaliger Koch des renommiertesten Hotels in Taipei, lädt jeden Sonntagabend seine vier erwachsenen Töchter zu einem Essen ein, welches er eigens mit großem Aufwand für sie vorbereitet. Die Eintracht am Esstisch täuscht. Sobald jedoch eines der Familienmitglieder eine harmoniegefährdende Äußerung von sich gibt, wird es von den andern unterbrochen. Der Schein kann auf diese Weise für einige Zeit gewahrt werden, doch plötzlich überstürzen sich die Ereignisse.

Nach chinesischer Sitte dürfen bei Tisch niemals unangenehme Dinge besprochen oder ernsthafte Angelegenheiten diskutiert werden. Ein gemeinsames Essen bietet darum die beste Möglichkeit, Unstimmigkeiten zwischen den am Tisch Versammelten unausgesprochen aus der Welt zu schaffen. Es ist daher das bedeutendste Kommunikationsmittel zur Schaffung von Harmonie. Am Esstisch tauscht man persönliche Informationen aus, kommt sich dabei näher, gewinnt Sympathien und ebnet den Weg für wichtige Entscheidungen. Gemeinsame Essen gehören deshalb auch zur bevorzugten Unterhaltung mit Fremden.

> Eine Deutsche berichtet über ihren Aufenthalt als Deutschlehrerin in China, dass es meist Monate oder sogar Jahre dauerte und somit zahlreiche gemeinsame Abendessen mit vielen Smalltalks Austausch persönlicher Daten (Anzahl der Geschwister, Beruf der Eltern, Familienphotos etc.) erforderlich waren, bis die chinesischen Bekannten und Kolleginnen ihre individuellen Standpunkte abgeben konnten und Diskussionen mit unterschiedlichen entgegengesetzen Meinungen möglich wurden (Günthner 1993, 231).

Eine Essenseinladung ist in China fast immer mit einer Absicht verbunden. Sie zielt vielleicht darauf ab, eine gegenseitige Beziehung zu festigen, auf die man später zurückkommen möchte, oder den Gast um eine Gefälligkeit zu bitten. Wer dem Gastgeber den erwarteten Dienst schuldig bleibt, brüskiert ihn und zeigt sogleich auf, dass es ihm an Taktgefühl fehlt.

> Ein chinesischer Handelsvertreter verbrachte nach seinem Amtsantritt im Ausland seine Zeit damit, die einflussreichsten unter seinen Landsleuten zu kontaktieren und sie an den Wochenenden in teure Restaurants zum Essen einzuladen. Auf diese Weise hatte er bald ein Beziehungsnetz über das ganze Land gespannt. Durch die Vernetzung seiner Landsleute mit den lokalen Behörden und Wirtschaftsleuten verschaffte er sich in kürzester Zeit Zugang zu wichtigen Stellen. Welche Absicht sich hinter diesen Einladungen verbarg wurde den Eingeladenen jedoch erst bewusst, als der Vertreter begann, sie um ihre Dienste zu bitten, die sie nun nur schwer verweigern konnten.

Essenseinladungen werden auch ausgesprochen, wenn sich der Gastgeber für etwas entschuldigen oder bedanken will. Während bei uns im offiziellen Bereich Dienstleistungen mit Geld abgegolten werden, revanchieren sich die Chinesen mit einem Essen. Dies ist für westliche Menschen ungewohnt und führt gelegentlich zu Verstimmungen, da im Westen dem Essensgenuss nicht dieser hohe Stellenwert beigemessen wird wie in der chinesischen Kultur. Eine Einladung zum Essen wird meist durch eine Gegeneinladung erwidert. So kommt es unter Chinesen zu einer nie endenden Folge von Essen.

15.2 Private Einladungen

Einladungen zu Hause

Falls Sie privat bei einer chinesischen Familie eingeladen werden, vergewissern Sie sich zuerst, ob die Einladung nicht bloß eine Höflichkeitsformel, sondern wirklich ernst gemeint ist (siehe *„Großzügigkeits-und Taktmaxime“* Kap. 6.3). Wenn Sie nach mehrmaligem Zurückweisen davon ausgehen können, dass die Einladung ernst gemeint ist, müssen Sie wissen, dass ein Ausländerbesuch für die meisten Chinesen etwas Außergewöhnliches darstellt. Ihre Gastgeber werden sich vermutlich in einige Unkosten stürzen und keine Mühe scheuen, Sie zu bewirten.

> „Als ich ihm vorschlug, den Unterricht wieder in meinem Zimmer abzuhalten, hielt er das lediglich für eine höfliche Geste, und so fragte ich ihn, ob wir uns vielleicht in seinem Hause treffen könnten. Ich glaubte zu bemerken, dass er zusammenzuckte, doch er erklärte sich sofort bereit und versicherte mir, es bereite ihm und seiner Familie keinerlei Umstände. Wir verabredeten also, dass ich an einem Abend der folgenden Woche kommen sollte. Sobald ich das Zuhause betrat, wurde mir klar, dass ich ihm und seiner Familie erhebliche Umstände bereitet hatte, denn zu einem war die gesamte Dreizimmerwohnung auf Hochglanz geputzt, und zum anderen stand auf dem Abendbrottisch mir zu Ehren ein neungängiges Festessen“ (Salzmann 1990, 74).

Wundern Sie sich nicht, wenn sich die Gastgeber trotz des Überangebotes an Speisen entschuldigen:

> *„Es ist nur ein ganz einfaches Mal. Wir haben leider kein besseres Gemüse oder Fleisch finden können.“*

Wie bereits bekannt, entspricht diese Art von Understatement der chinesischen Auffassung von Bescheidenheit. Wenn auch der Gastgeber selbst das angebotene Essen als äußerst bescheiden darstellt, so erwartet er dennoch, dass es von seinen Gästen gebührend gelobt wird.

> „Er hielt es wohl für besonders höflich, auf einen Nachschlag zu verzichten, statt dessen hätte er es jedoch wie mein Vater machen sollen, der sich mehrmals kleine Portionen von diesem und jenem auftat, weil es einfach zu köstlich sei und er nicht widerstehen könne, wie

> er immer wieder genüsslich schmatzend betonte“ (eine Chinesin über ihren amerikanischen Verlobten; Tan 1993, 192).

Die chinesische Aufforderung *man chi* oder *man yong* (langsam essen) ist nicht als Kritik an der Essgeschwindigkeit zu verstehen, sondern soll den sich höflich zurückhaltenden Gast zum Essen bewegen. Allgemein gilt in der chinesischen Kultur (wie vielerorts in Asien), dass ein Angebot erst nach mehrfacher höflicher Ablehnung akzeptiert werden darf, um nicht als unbescheiden oder gar unverschämt zu gelten. Es gehört ebenso zur chinesischen Höflichkeit, dass der Gastgeber auf seinem Angebot insistiert, bis der Gast seinen Widerstand aufgibt und zugreift. Zu Schwierigkeiten kann es in interkulturellen Begegnungen kommen, wenn dem Kommunikationspartner diese Konvention nicht geläufig ist.

> „Deutsche bieten oft nur einmal etwas zu trinken an. Doch, da wir Chinesen zunächst einmal ablehnen, wird die Situation oft sehr unangenehm für uns. Denn, wenn wir tatsächlich gerne Kaffee trinken würden, so wagen wir es nicht mehr ohne weiteres dem Gastgeber zu sagen. So entsteht eine peinliche Situation“ (Günthner 1993, 68).

Asiaten, welche sich zum ersten Mal in der westlichen Welt aufhalten, leiden in der ersten Zeit oft Hunger, wenn sie aufgrund ihrer kulturellen Gepflogenheiten ein Essensangebot zuerst dreimal ablehnen, um nicht als gierig zu gelten.

> „Nach einer Weile fragt die Gastgeberin: ‚*Wer möchte noch etwas? Oh, nein, danke.*‘ Es gehört sich bei uns zu Hause nicht, schon auf die erste Aufforderung zuzugreifen. ‚*Schade, ich dachte es schmeckt Ihnen.*‘ ‚*Ja aber ich…*‘ Anschließend kommt der Nachtisch - Erdbeeren mit Sahne. Hier in Deutschland schmecken die Erdbeeren viel besser als bei uns. Unsere Erdbeeren sind winzig und dazu noch sauer. Ich habe nur so viel genommen, wie es die Sitte bei uns erlaubt und genieße den Duft und die Süße der Früchte. Ich werfe verstohlen einen Blick in die Erdbeer-Schüssel. ‚*Darf ich noch etwas geben?*‘ fordert diesmal Herr Herz auf. ‚*Ach… nein, danke*‘ Lieber warte ich auf die zweite Aufforderung. ‚*Schade, Sie essen das wohl nicht sehr gerne, oder?*‘ – ‚*Wie schade, dass Sie so wenig von alle dem essen*!‘ schließt sich Frau Herz ihrem Mann an. Im Nu ist die Schüssel leer. Als wir auf dem Sofa sitzen, fragt die Gastgeberin: ‚*Wollen Sie Kaffee?*‘ ‚*Nein, danke.*‘ Halb hungrig, halb durstig habe ich mich nach Hause geschleppt. Aber ich bin doch froh, dass ich nichts Unhöfliches getan habe“ (Chen 1983, 101ff).

Zhang Xaoying von der „Deutschen Welle“ rät ihren chinesischen Landsleuten: *„In Deutschland sollt ihr nie eine Speise zurückweisen, wenn ihr noch hungrig seid“* (Zhang 2003).

In China ist Gastfreundschaft mit moralischem Prestige verbunden. Bei Einladungen wird viel mehr auf den Tisch gebracht, als die Gäste je essen können. Es gilt als Gebot der Höflichkeit, auch bereits satte Esser immer wieder zum Weiteressen zu nötigen. Die Großzügigkeit des Gastgebers (Menge, Vielfalt und Auserlesenheit der aufgetragenen Speisen) ist Ausdruck seiner Verehrung des Gastes. Der Gast betrachtet die zahlreichen Angebote des Gastgebers als Kriterium dafür, welche Bedeutung er für den Gastgeber hat. Um dem Gast Gesicht zu geben, stürzen sich manche Leute sogar in Schulden.

Ein chinesischer Wissenschafter, der für einige Zeit in Deutschland weilte, erinnert sich an seine erste private Einladung beim deutschen Institutsleiter:

> „Auf dem Tisch standen einige Platten mit belegten Brotscheiben, die man mit der Hebelkraft des Zahnstochers auf den eigenen Teller zu bugsieren hatte. Dies seien ‚Häppchen', so informierte man mich. Ich fand diese Art von Vorspeise sehr originell und vor allem reichlich. Gerade deshalb hielt ich mich in Erwartung der andern Speisen zurück. Der erste Gang dauerte appetitanregend lange. Ich wurde schon etwas ungeduldig. Vor allem war ich sehr durstig. Als nämlich die Dame des Hauses Tee nachschenken wollte und ich ihr dafür dankte, goss sie keineswegs nach, sondern bediente die andern, die sich erst nach dem Nachschenken bedankten. Dann wurden wir ins Wohnzimmer gebeten. Die Deutschen sind wirklich vornehm, dachte ich, in der Annahme, der Tisch würde für den nächsten Gang vorbereitet werden. Dieser ließ jedoch auf sich warten, und schließlich musste ich erkennen, dass das feierliche Abendessen nur aus ‚Häppchen' bestanden hatte. Unglaublich, flüsterte ich mir zu, wie geizig müssen diese Leute sein, und ging beleidigt nach Hause" (Kuan 1990, 154).

Erst viel später erkannte der chinesische Gast, dass dieses Abendessen nach deutschen Maßstäben doch recht kulinarisch war.

> Ein chinesischer Student war ähnlich erstaunt, als er in der Schweiz zu einem Geburtstagsfest eingeladen war, bei dem Pellkartoffeln und eine Käseplatte als Hauptmahlzeit herumgereicht wurden. Nach zahlreichen Einladungen zu Raclette (Schweizer Schmelzkäse mit Pellkartoffeln serviert), da er nach chinesischer Art, das dargereichte Essen immer rühmte und einem kulinarischen Leidensweg, weil der Käsegenuss für Chinesen fremd ist (und viele Chinesen Milchprodukte schlecht verdauen können), hat er sich inzwischen an die schweizerischen Esssitten gewöhnt.

Kulturell unterschiedliche Gepflogenheiten gibt es auch über den zeitlichen Rahmen, wann man zu einer Einladung erscheint. Bei uns gilt das

Gebot der Pünktlichkeit. Man sollte rechtzeitig, d.h. zum abgemachten Zeitpunkt zu einer Einladung erscheinen, jedoch ja nicht früher kommen. Sie werden nicht wenig überrascht sein, wenn chinesische Gäste zu einer Einladung früher ankommen, nicht zwei oder drei Minuten, sondern fünfzehn oder mehr. Ihr Motiv früher zu kommen, ist der tiefe Respekt, den sie gegenüber dem Gastgeber bezeugen. Wenn die Freundschaft näher und vertrauter wird, werden die Chinesen immer später kommen, bis sie schließlich pünktlich da sind.

Bei einer chinesischen Einladung ist der genaue Zeitpunkt nicht so wichtig.

> „Auf meine Frage, wann denn unsere Freunde zum Abendessen erscheinen würden, lachte meine Schwägerin amüsiert - vielleicht um sieben Uhr oder acht Uhr oder später - darüber hätten sie bei der Einladung nicht gesprochen, wohl aber hätten sie sich darüber unterhalten, welche Gerichte aufgetischt würden“ (Lin-Huber 1998, 14).

Essen im Restaurant

Wer es sich leisten kann, lädt Freunde, Bekannte oder Geschäftspartner in ein Restaurant ein. Anders als in Europa bestellt nicht jeder Gast sein persönliches Gericht. Es ist der Gastgeber, welcher die Speisen aussucht und bestellt.

Der in der Schweiz lebende taiwanische Schriftsteller Chu Wen-huei beschreibt in seinem Kriminalroman *„Mordversionen“* diskret die kulturell unterschiedlichen Verhaltensweisen des schweizerischen Kommissars und seines chinesischen Kollegen Hanrui:

> „ *‚Heute erlauben Sie mir doch die Einladung. Ich will nicht, dass immer Sie die Kosten übernehmen.‘* “ Bevor Hanrui sich setzte, bestand er auf seiner Absicht: ‚Das ist bei uns Chinesen nun mal so. Entgegenkommen beruht auf Gegenseitigkeit.‘ *‚Na gut, wie Sie wünschen.‘* Schneider verhielt sich europäisch, indem er das Wohlwollen seines Gegenübers akzeptierte. Er bedankte sich bei seinem Gesprächspartner und begann in der Speisekarte zu blättern, die der Kellner gereicht hatte“ (Chu Wen-huei 2002, 133).

Nach dem Essen bleiben die Gäste nicht noch lange bei Bier oder Wein sitzen. Damit entgehen sie der Gefahr, unter Alkoholeinfluss nicht noch Dinge zu sagen oder zu versprechen, die sie später bereuen. Wer spürt, dass er viel getrunken hat, verabschiedet sich vorzeitig, bevor er sich eine Blöße gibt. Meist kommt der Ehefrau die Verantwortung zu, genau auf ihren Mann zu achten und rechtzeitig zum Aufbruch zu mahnen. Wenn Freunde noch unter sich sein möchten, gehen sie anschließend zusammen in eine Bar. Bei diesem informellen Zusammensein darf es etwas lockerer zugehen und auch über den Durst getrunken werden.

Nicht nur bei vorher ausgesprochenen Einladungen, sondern auch bei einem spontanen Restaurantbesuch begleicht für gewöhnlich eine Person die gesamte Rechnung. Es wird nie - wie bei uns üblich - getrennt bezahlt. Falls nicht von vornherein klar ist, wer die Kosten übernimmt, kommt es häufig am Ende zu einem Gerangel. Aus Gründen der Höflichkeit versucht jeder, die Rechnung an sich zu reißen. Das Servierpersonal ist sich daran gewöhnt, dass mehrere Personen handfest um die Rechnung kämpfen.

> „Es zeugt von Prestige und gilt als edel, wenn man es bei einem Restaurantbesuch mit Geschäftsfreunden in China fertig bringt, alle entstehenden Kosten über die eigene Kreditkarte abzuwickeln, die man tunlichst gleich zu Ankunft an der Restaurationskasse abgibt mit einem „Tipp", damit niemand anders als man selbst am Ende die Gesamtrechung begleichen kann. Sollte später die Frage aufgeworfen werden, wann sich der Eingeladene revanchieren könnte, darf man fest und bestimmt sagen: ‚*Next life*' - also im nächsten Leben. Das kann aber auch schon in der folgenden Woche sein" (Schnorrenberger 2002, 180/181).

Nach dem chinesischen Prinzip der Gegenseitigkeit werden sich die eingeladenen Gäste zu einem spätern Zeitpunkt revanchieren.
Heikel wird die Situation, wenn das Geld knapp ist.

> „Die chinesische Etikette verpflichtet dazu, den anderen einzuladen, selbst wenn man dafür gar kein Geld hat. So tönte jeder großzügig an, er würde die Rechnung im Restaurant oder das Bezahlen der Eintrittskarten selbstverständlich übernehmen. Doch auf dem Weg zur Kinokasse wurden die Schritte immer kleiner in der Hoffnung, dass der andere vielleicht doch früher an der Kasse stand und bezahlte. Dann drückte man mit vielen Worten das Bedauern darüber aus, zu langsam gewesen zu sein, um ja nicht das Gesicht zu verlieren, denn nichts wäre für einen Chinesen schlimmer. Beim Bezahlen der Rechnung im Restaurant waren die Verrenkungen aus Höflichkeit und die absonderlichen Gesten der Großzügigkeit vergleichbar" (Han 2001, 87).

15.3 Offizielle Einladungen

Geschäftsessen, Bankette etc. sind für Chinesen wichtige soziale Anlässe. Westliche Industriemanager wissen inzwischen um deren Bedeutung, wenn man mit Chinesen Geschäfte machen will. Chinesische Bankette sind in den Augen westlicher Beobachter regelrechte

Gelage. Caspar, ein westlicher Zeitungskorrespondent in Shanghai, gibt unter dem Titel *„Das große Fressen für die guten Beziehungen"* seine Eindrücke eines solchen Geschäftsessens wieder (Caspar 1996, 3). Seine Beobachtungen aus westlicher Sicht werden im Folgenden wiedergegeben und mit allgemeinen Informationen über chinesische Gepflogenheiten bei offiziellen Banketten ergänzt.

Ankunft der Gäste

> „Als wir eintreffen, ist der Ehrengast bereits da; der Präsident, ein höherer chinesischer Beamter. Er hat einen Bekannten mitgebracht, einen emeritierten Professor einer führenden chinesischen Ingenieurschule. Wir befinden uns in einem der teuersten Restaurants der Stadt.
>
> Zuerst gibt's Smalltalk. Man überreicht Visitenkarten, in China immer mit beiden Händen und höflicher Verbeugung. Schließlich setzt man sich zu Tisch" (Caspar 1996, 3).

Etwas vor dem abgemachten Zeitpunkt zu erscheinen gilt auch bei offiziellen Einladungen als Zeichen des Respekts gegenüber dem Gastgeber und signalisiert, wie wichtig dem Gast dieses Treffen ist. In vornehmeren Hotels gibt es eine, vom Esstisch abgetrennte, bequeme Sitzecke, die für Smalltalks besser geeignet ist als die große Tischrunde. Den ankommenden Gästen wird heißer Tee serviert mit kleinen Snacks wie Erdnüsse, Reisgebäck etc.

Es ist wichtig, zuerst die ranghöchste bzw. die älteste Person zu begrüßen (nicht *Ladies first*). Die Visitenkarten geben Auskunft über Rang und Status des Gegenüber, was Auswirkungen auf die Art und Weise des gegenseitigen Austauschs von Höflichkeiten hat. Chinesen überreichen und empfangen Visitenkarten immer mit beiden Händen. Stecken Sie die Karten nicht einfach achtlos weg, sondern behalten Sie sie eine Zeitlang respektvoll in ihren Händen, um Ihrem Gegenüber Hochachtung zu bezeugen.

Als Gast sollte man nicht zum Tisch gehen, bevor der Gastgeber einlädt, Platz zu nehmen und die Plätze verteilt. Bei größeren Einladungen kommt es häufig vor, dass Männer und Frauen an getrennten Tischen sitzen. Die Sitzordnung wird nach dem Senioritätsprinzip festlegt. Auch hier gehört zum Bescheidenheitsritual, dass man sich zurückhält und für den besseren Platz nötigen lässt. Dieses Hin und Her sieht für Außenstehende oft wie ein Streit aus.

Die Sitzordnung bleibt nicht dem Zufall überlassen. Ob sich beim Geschäftsessen gute Gespräche entwickeln, ist eher nebensächlich,

„Frauentisch“ an einem Hochzeitsbanquett: Bei größeren Einladungen sitzen Männer und Frauen oft an getrennten Tischen.
(Foto W. Lin)

wichtig ist, wer neben wem sitzt. Ein hochgestellter Gast gibt seinem Nebenmann „Gesicht“. Es ist darauf zu achten, dass der ranghöchste Gast rechts neben dem Gastgeber, der zweithöchste links neben ihm sitzt. Der Ehrengast sitzt in der Regel der Zimmertür gegenüber. Von diesem Platz aus hat man den Überblick über das gesamte Geschehen. Der niedrigste Platz in der Rangordnung ist der ungeschützteste Sitzplatz mit dem Rücken zur Tür.

Wie wichtig es ist, auf diese Regeln zu achten, zeigt eine Zeitungsnotiz über den Staatsbesuch des chinesischen Staatspräsidenten in der Schweiz im März 1999.

> „Beim offiziellen Bankett des chinesischen Präsidenten kam es zu einem weiteren, äußerst peinlichen Zwischenfall. Dem Gast wurde nicht der Ehrenplatz zur Rechten der Gastgeberin, Frau Bundesrätin Dreifuss, zugewiesen, sondern er saß ihr gegenüber, mit dem Rücken zum offenen Saal und zur Tür. Der Präsident war sichtlich ungehalten und überlegte sich anscheinend, ob er die Veranstaltung demonstrativ verlassen solle“ (Wamister 2000, 3).

Esssitten

> „Als erstes wird Cognac serviert. Nicht irgend ein Cognac, sondern französischer, und zwar eine Qualität, die speziell für den asiatischen Markt produziert wird und teurer ist als die Fünfsternqualität, die man in Europa kennt. Dann kommen die Vorspeisen. Auf einer rotierenden Platte ziehen sie vorbei. Das spektakulärste Stück: ein riesiger Hummer. Aus seinem Mund steigt dichter weißer Dampf auf; offensichtlich soll er einen Drachen darstellen. Wie der Dampf produziert wird, weiß man nicht, sicher ist nur, dass er aus Australien stammt. Das Krustentier schmeckt ausgezeichnet. Das gleiche gilt für die übrigen Speisen, die folgen, darunter Haifischflossensuppe, die exklusivste Spezialität der chinesischen Küche, und ein Fisch, der aus dem indischen Ozean stammt. ‚*Der teuerste Speisefisch, den es gibt*', raunt mir eine Tischnachbarin zu" (Caspar 1996, 3).

Ein förmliches Essen besteht aus zehn bis zwölf Gängen. Die Vorspeisen sind kleine Kunstwerke. Sie werden in großen, buntverzierten Platten aufgetragen. Nach den Vorspeisen gibt es verschiedene Fleisch- und Gemüsegerichte. Dann folgt ein großer Fisch, welcher das Ende des Essens ankündigt. Weil die chinesische Bezeichnung für Fisch lautmalerisch gleich klingt wie „Überfluss" (übrig geblieben), symbolisiert der Fisch den Wunsch des Gastgebers, dass alle im Leben genug haben mögen. Erst jetzt wird die Suppe serviert. Um den Magen zu füllen gibt es für die Nimmersatten noch gebratene Nudeln oder Reis.

Dann folgt ein großer Fisch, welcher das Ende des Essens ankündigt.
(Foto D. Jünglin/A. Castellanos)

Das Bewusstsein, Mitglied einer großen Gemeinschaft zu sein, hat auch die chinesischen Esssitten geprägt. Es bekommt nicht jeder sein eigenes Gericht, sondern man isst gemeinsam von den Gerichten, die - für alle erreichbar - in der Mitte stehen. Es ist des Gastgebers Pflicht, sich zu vergewissern, dass die Gäste bedient sind. Üblich ist, dass Ihnen der Gastgeber oder Tischnachbar immer wieder besondere Leckerbissen aus den verschiedenen Platten auf den Teller legt, ohne Sie zu fragen, was Sie gerne haben möchten. Die - nach chinesischer Auffassung - besten Stücke von jedem Gericht auf den Teller des Gastes zu legen, damit dieser nie einen leeren Teller vor sich hat, ist eine Tradition der chinesischen Gastfreundschaft. Diese Art von Gastlichkeit verwirrt den europäischen Gast, der sich gewöhnt ist, selbst zu bestimmen, was er essen möchte.

Der Gastgeber legt den Gästen immer wieder besondere Leckerbissen auf den Teller, ohne sie zu fragen, was sie gerne essen möchten.
(Foto D. Jüngling/ A. Castellanos)

Lassen Sie diejenigen Speisen, welche Sie nicht mögen, einfach auf ihrem Teller. Eine verbale Formulierung, dass Sie nicht mehr essen mögen, wird der chinesische Gasteber als reine Höflichkeitsformel verstehen. Wenn Sie signalisieren möchten, dass Sie nicht mehr hungrig sind, lassen Sie ein wenig Reis in der Schüssel oder im Teller zurück mit der Bemerkung, dass die Gerichte dermaßen zahlreich und gut waren, dass sie bereits vollkommen gesättigt seien. Schon während des Essens sollten die Gäste immer wieder die verschiedenen Platten, die aufgetragen werden, rühmen. Diese lobenden Bemerkungen sollten am Ende des Essens wiederholt werden, vor allem, wenn Sie außer Hörweite des Gastgebers gesessen sind. Hüten Sie sich jedoch davor nur um der Höflichkeit willen Speisen zu rühmen, welche Sie nicht mögen. Sie werden ihnen sonst bei späteren Einladungen immer wieder aufgetischt werden.

Trinksitten

> „Die Hauptgänge sind vorbei, und es ist Zeit für die ‚Toasts', die Trinksprüche. Man trinkt auf den Präsidenten, auf sein Amt, auf Shanghai, auf die Schweiz. Immer mit Cognac und immer ‚*bottom›s up*' mit einem einzigen Schluck. Jeder versucht, den andern unter den Tisch zu trinken, vor allem der Gast den Gastgeber. Der letztere muss mitmachen, ob er will oder nicht, sogar seine Frau wird aufgefordert, *ex* zu trinken. Denn der Beamte, zu dessen Ehren das Bankett gegeben wird, ist endlich in Fahrt gekommen, und man will seinen Enthusiasmus nicht bremsen. Es geht darum *guan-xi* zu schaffen, was soviel heißt wie ‚gute Beziehungen'" (Caspar 1996, 3).

Während des Essens wird neben Bier und chinesischen Schnäpsen vor allem Cognac oder Whisky getrunken. Seit neuster Zeit ist auch das Trinken von französischem Rotwein in Mode gekommen. Getränke werden durch den Gastgeber ständig nachgefüllt, meist bereits, wenn die Gläser halb leer sind. Häufig füllen sich die Gäste auch gegenseitig die Gläser auf und trinken sich zu. Ein chinesisches Anstandsgebot verbietet, allein für sich trinken. Man hebt mit einem Toast auf jemanden das Glas mit beiden Händen ruft ihm *„gan-bei"* („trockener Becher" oder *ex*) zu, trinkt das Glas leer und nickt einander zu, nochmals das Glas mit beiden Händen haltend. Wem zugeprostet wird, muss mittrinken. Den Frauen ist gestattet, nur leicht am Glas zu nippen oder auf nichtalkoholische Getränke auszuweichen.

Trinksprüche werden auch im familiären Rahmen gesprochen. Sie dürfen jedoch bei einem Bankett oder andern offiziellen Essen nicht fehlen. Kurz nach Beginn des Essens hält der Gastgeber eine kurze Rede. Er heißt die Gäste willkommen und schlägt einen Toast zu ihren Ehren vor. Die Mitgastgeber werden dies gleicherweise tun. Gegen Ende des Mahls, wenn die Suppe serviert ist, wird der ranghöchste Gast eine kleine Dankesrede halten und einen angepassten Trinkspruch vorschlagen. Ein oder zwei Gäste sollten dem Beispiel folgen.

Ihre Toasts sollten der Freude über die Einladung Ausdruck geben, Freundlichkeiten zur guten Zusammenarbeit, Freundschaft und Völkerverständigung enthalten.

Aufbruch

Ein offizielles Essen dauert ungefähr zwei Stunden. Wird eine Nachspeise aufgetischt, gilt dies als Zeichen, dass das Mal nun beendet ist. Das Essen endet, wenn der Gastgeber sich bei den Gästen für ihr Kommen bedankt. Dann folgt ein nach unserem Empfinden abrupter Aufbruch. Man sollte nicht länger zurückbleiben, sondern das Restaurant verlassen, wenn nicht ein Abendprogramm vom Gastgeber vorgesehen ist. Es gehört zu den guten Manieren, kurz nach beendeter Mahlzeit zu gehen.

Karaoke

> „Der letzte Akt folgt nach dem Dessert und ist der wichtigste. Die Serviertochter öffnet das Schrankbuffet, legt eine Videokassette ein und reicht uns das Mikrophon. Jetzt wissen wir, wozu der mächtige Video-Apparat und die Lautsprecher da sind: *Karaoke*. Heute dauert das Wettsingen, das nach einer Reihe von Cognacs durchaus befreiend wirkt, kaum eine Stunde, denn der Präsident zeigt plötzlich Mattigkeit und will nach Hause. Oft aber zieht sich das *Karaoke*-Gelage nach chinesischen Banketten bis in den Morgen hinein“ (Caspar, 1996, 3).

Karaokes kommen ursprünglich aus Japan. Inzwischen sind sie bei den Chinesen sehr beliebt und in allen größeren chinesischen Städten auf dem Festland wie auf Taiwan zu finden. Zu volkstümlicher Schlagermusik singen Gäste einzeln ins Mikrofon in einigen Etablissements mit Live-Übertragungen auf einen Bildschirm wie in einer richtigen Fernsehshow. Für einmal können die Menschen der Alltagswelt entfliehen und sich als echte Schlagerstars fühlen.

15.4 Geschenke

Bedeutung von Geschenken

Im kaiserlichen China hatten Geschenke die Bedeutung eines Tributs, wenn man zu Fremden ging. Gastgeschenke sollten Goodwill schaffen, wenn ich als Fremder etwas Falsches tue, weil ich mich in den Landessitten nicht auskenne. Dieses kulturelle Hintergrundswissen erklärt, weshalb ein chinesischer Wissenschaftler am ersten Arbeitstag allen seinen deutschen Kollegen ein Geschenk mitbringt oder warum chinesische Delegationsmitglieder ihren europäischen Geschäftspartnern ein Andenken aus ihrer Heimat überreichen. Sie beabsichtigen damit, eine wohlwollende, warmherzige Atmosphäre für die Zusammenarbeit zu schaffen. Wenn die Chinesen jedoch trotz des Geschenks von ihren ausländischen Kollegen strikt objektiv sachlich behandelt werden, ist das für sie enttäuschend, wenn nicht schockierend (Jin 1994, 189).

Für uns ist es ungewohnt, ohne einen besonderen Anlass ein Geschenk zu bekommen. Das chinesische Verhalten erscheint uns deshalb rätselhaft.

> „Herr Liu äußerte sein Anliegen erst, nachdem er verschiedene Geschenke (Familienfotos und Kalligraphie) angeboten hatte. Ich wurde immer ungeduldiger, da mir vollkommen unklar war, was er eigentlich wollte. Die Anspielung auf das ‚Jahr des Autos' war mir ebenso unverständlich, wie die Geste, mir Familienphotos zu schenken. Nachdem er mich jedoch so vehement beschenken wollte, wurde mir klar, dass er ein Anliegen hatte, das ich erfüllen sollte" (Günthner 1993, 81).

Jemandem etwas zu schenken, gilt als typisch chinesische Verhaltensweise, um Wünsche auszudrücken, d.h. den andern zu verpflichten, diese Wünsche zu erfüllen. Wer etwas geschenkt bekommt, ist von diesem Moment an in der Schuld des Gebers. Es kann auch sein, dass der Schenkende aus irgend einem Grund die für ihn wichtige Bedeutung seiner Beziehung zu dem Beschenkten hervorheben oder ihn um einen Gefallen bitten möchte.

Die meisten Chinesen erwarten und akzeptieren nicht teure Geschenke, weil diese immer mit einer Absicht verbunden sind und zu einer Gegenleistung verpflichten. Mit einem teuren Geschenk wird der Empfänger verpflichtet, zu einem späteren Zeitpunkt ein ebenso teures zurückzugeben. Kostspielige Geschenke werden deshalb mit großem Misstrauen betrachtet.

> Eine Chinesin bekam von ihrer in Deutschland lebenden Freundin ein Flugticket zugeschickt, damit sie in Deutschland Urlaub machen könne. Sie zögerte jedoch, das Geschenk anzunehmen aus Angst, dass ihre Freundin später einmal etwas ganz Großes von ihr verlangen könnte, da ein Flugticket ja ein Vermögen wert ist (Wallner 1995).

Ein Geschenk zurückzuweisen ist in jeder Kultur, besonders jedoch in der gesichtsschonenden chinesischen Kultur, ein schwieriges Unterfangen. Dennoch müssen teure Geschenke zurückgewiesen werden, um nicht später in noch größere Schwierigkeiten zu kommen. Es gibt keine spezielle Höflichkeitsformel für die definitive Zurückweisung eines Geschenkes. Es kann jedoch eine Formulierung gewählt werden wie:

> *„Sie sind überaus gütig, aber unser Unternehmen, unsere Schule etc. erlaubt uns nicht, ein so kostbares Geschenk anzunehmen."*

Ein liebenswürdiges Beispiel der Zurückweisung eines kostspieligen Geschenkes beschreibt der Amerikaner Marc Salzmann, der als Englischlehrer für einige Zeit in China weilte. Er hatte schon bei einer früheren Gelegenheit die große Gastfreundschaft chinesischer Fischer erfahren und wurde auch diesmal, als er in ihrer Dschunke zu Besuch weilte, mit vielen Leckereien überhäuft. Nach dem Essen riss Salzmann eine Zeichnung, welche er vorher von der Dschunke gemacht hatte und alle so entzückte, aus dem Zeichnungsblock und überreichte sie dem ältesten Familienmitglied, einem etwa sechzigjährigen Mann. Dieser wies jedoch das Geschenk energisch zurück:

> *„‚Wie kann ich das annehmen? Es ist ein Kunstwerk: was könnte ich dafür geben?'*
> Ich lachte und meinte, es sei doch nur eine Zeichnung, und ich würde mich freuen, wenn er sie einfach so nehmen würde. Aber er meinte es ernst. Als er sie endlich angenommen und sie behutsam auf die Bettstelle gelegt hatte, begann er mit Old Ding über ein angemessenes Geschenk für mich zu verhandeln. Nach fünfzehn Minuten heftigen Palavers, natürlich in ihrem Dialekt, waren sie zu einer Entscheidung gelangt: Sie wollten mir eines der Ruderboote schenken. Ich sah Old Ding an und erwiderte, dass das absolut lächerlich sei und dass ich für eine Kohlezeichnung keinesfalls ein Boot von einer armen Fischerfamilie nehmen würde.
>
> *‚Oh, das ist gar kein Problem! Wir können ein neues besorgen!"*
> Ich merkte, dass die Lage ernst war, denn wenn ich das Geschenk zurückwies und mich verabschiedete, würden sie das Ruderboot garantiert zu meiner Unterkunft schleppen und es auf der Veranda abstellen. Ich wandte mich also an den alten Mann. *‚Das ist ein sehr schönes Geschenk, es ist Tausende solcher Zeichnungen wert, aber wir Amerikaner haben eine Angewohnheit, und die besteht darin, dass wir offen reden. Wenn wir etwas möchten, sagen wir es.' …‚Das Boot ist sehr schön, aber es gibt etwas, das ich mir mehr wünsche'* Alle lächelten und nickten und sagten, ich würde natürlich bekommen, was immer ich mir wünschte, aber ich sah deutlich, dass sie zutiefst beunruhigt waren. Ich glaube, sie erwarteten, dass ich um die Dschunke bitten würde. *‚In meinem Land gibt es einen Aberglauben. Wenn jemand ein Kunstwerk schenkt, etwa ein Bild oder ein Gedicht, dann muss man ihm dafür ebenfalls ein Kunstwerk geben, sonst verdirbt man alles. Wenn ich das Boot annähme, würde mich das traurig machen. Mir*

wäre lieber, ein Mitglied eurer Familie würde ein Volkslied aus eurer Heimat für mich singen.' Die Familie, die vor Erleichterung fast die Fassung verlor, begrüßte meine Entscheidung und meinte, sie zeuge von edler Gesinnung, und dann sang mir jeder etwas vor" (Salzmann 1990, 183ff).

Gastgeschenke

Bei einem offiziellen Besuch überreicht man ein kleines Geschenk dem Höchststehenden der Institution. Dabei ist zu beachten, dass Geschenke nach chinesischer Sitte immer mit beiden Händen überreicht werden. Freude bereiten vor allem ausländische Artikel aus Ihrer Heimat. Chinesische Verhandlungspartner nehmen gerne ausländischen Whisky, Cognac, Schreibgeräte angesehener Marken allgemein Dinge, welche Prestige verkörpern entgegen. Da sie unterwegs öfters von Menschen, mit denen Sie bekannt werden, kleine Geschenke als Andenken erhalten, ist es gut, wenn auch Sie immer eine Kleinigkeit bei sich haben, um sich zu revanchieren, z.B. Schokolade mit Bildern europäischer Alpenlandschaften, Schlüsselanhänger oder Untersätze mit folkloristischen Motiven etc. Als Geschenke tabu sind Messer, Schere und andere Gegenstände, welche etwas trennen können. Deshalb verschenken die Chinesen auch keine Fächer, weil das Wort Fächer im Chinesischen gleich ausgesprochen wird wie das Wort für „Auseinandergehen". Ketten und Armbänder bedeuten hingegen, dass man die Beschenkten „festbinden" möchte. Taschentücher werden nicht verschenkt, weil „Taschentücher austauschen" als Symbol für eine intime Freundschaft gilt. Zu beachten ist, dass „Wanduhr" und „Ende" die gleiche Aussprache haben und eine solche Uhr als Geschenk deshalb fehlinterpretiert werden könnte.

Bei Einladungen durch nahe Bekannte ist es nicht nötig, ein Geschenk mitzubringen. Wenn Sie den Gastgeber jedoch nicht gut kennen, ist es passend, ihm ein kleines Geschenk zu überreichen. Chinesen bringen meist Esswaren mit, vor allem alkoholische Getränke oder teures Obst (Äpfel oder Birnen) in kostbarer Geschenkpackung. Bei Krankenbesuchen werden Esswaren oder Getränke bevorzugt, denen eine stärkende und gesundheitsfördernde Wirkung nachgesagt wird. Wenn Sie eine Familie besuchen, sollten Sie ein kleines Geschenk für die Kinder bereit halten, z.B. Süßigkeiten.

Eine Chinesin, welche mich besuchte, brachte einen Strauß roter Nelken und eine Packung Kekse mit. Vor ihrer Reise hatte sie sich erkundigt, was man in Europa als Gastgeschenk mitbringe. *„Für die*

> *Frau Blumen und der Familie etwas Süßes"*, wurde sie belehrt. So bemühte sie sich, am Bahnhof das Gewünschte zu ergattern, was nicht so einfach war, wie sie mir erzählte, da ich in der Provinz wohnte.

Bei chinesischen Festen, vor allem beim chinesischen Neujahr, stecken die Erwachsenen den Kindern (in ihrer Familie und Verwandtschaft) Geld in roten Briefumschlägen (*hong-bao*) verpackt zu. Auch beim Hochzeitsbankett gibt man traditionellerweise Geld im roten Umschlag. Man überreicht das Geld nicht direkt dem Brautpaar, sondern der für den Empfang zuständigen Übermittlungsperson aus der Familie oder dem näheren Freundeskreis.

Wenn Sie einem Chinesen ein Geschenk machen, bedenken Sie, dass jede Gabe eine Gegengabe erfordert, d.h. Verpflichtungen entstehen. Dies kann den Empfänger in arge Bedrängnis bringen, wie dies die Reflexionen eines Chinesen verdeutlichen, der bei einem Besuch in der Schweiz zum Abschied von einer Bekannten seines Freundes eine multifunktionale Digitaluhr erhielt.

> „Ich nehme nicht ohne weiteres Geschenke an, es sei denn auf der Grundlage gegenseitiger Erkenntlichkeit. Schließlich hatte ich für Susi und ihre Familie keine Geschenke mitgebracht. Es war mir klar, dass eine Digitaluhr kein Vermögen kostete. Doch hatte ich seit jeher eine Abneigung gegen jene so überaus dankerfüllte Art, mit der gewisse Chinesen kleine Geschenke wie Feuerzeuge oder Rasierapparate von Ausländern empfangen. Ich halte die eigene Ehre für das höchste Gut. Doch Susis Augen sagten mir, dass ich nicht ablehnen durfte. Sie wollte nur aus Freundschaft schenken, es ging ihr nicht um eine spätere Gegenleistung. (...). Also blieb mir nichts anderes übrig, als das Geschenk schlechten Gewissens anzunehmen. Natürlich werde ich es ihr mit derselben aufrichtigen Freundschaft vergelten" (Wang 2000, 166f).

Chinesen wollen nicht das Gefühl haben, etwas geschenkt zu bekommen, wofür sie sich bedanken und revanchieren müssen. Ein Geschenk zu machen fordert deshalb Geschicklichkeit und Feingefühl. Ein Chinese gibt dazu folgende Tipps:

> „Der Geber kann erzählen, dass die Frau des ältesten Bruders aus der Provinz kommt und von dort immer Spezialitäten mitbringt. Er habe sehr viel davon, und es würde ihm eine Freude machen, wenn er davon etwas abgenommen bekäme. Als Gegenleistung kann der Empfänger darauf hinweisen, dass er Zugang zu Eintrittskarten für ein begehrtes Konzert oder eine Sportveranstaltung hat und solche Karten verschaffen könnte. Damit ist das Tauschgeschäft schon klar" (Hieber 1984, 27).

Die chinesische Sitte, Geschenke entgegen zu nehmen

Anfangs des letzten Jahrhunderts haben chinesische Westreisende, nach ihrer Rückkehr nach China, das unhöfliche Verhalten der Europäer dokumentiert:

> „Sie geben die Gegenstände unhöflicherweise nur mit einer Hand weiter, öffnen die Geschenke vor den Schenkenden und sagen schamlos immer wieder *‚Danke schön'*, um sich ihrer Verpflichtungen zu entledigen" (Böckelmann 1998, 196).

Seit ihrer Kindheit wird den Chinesen beigebracht, Bescheidenheit zu zeigen und jede Art von persönlicher Gier zu vermeiden. Auch ein Geschenk sollte vorerst dreimal abgelehnt werden. Oft entsteht eine kleine Schlacht, wenn das Geschenk offeriert wird, dann vom Beschenkten zurückgewiesen, dann wieder offeriert und zurückgewiesen wird etc., bis es schlussendlich mit dem Ausdruck größter Wertschätzung akzeptiert wird. Fährt der Empfänger fort, das Geschenk zurückweisen, kann es einfach auf dem Tisch liegengelassen werden. Das Geschenk wird vom Empfänger in jedem Fall erst geöffnet, nachdem sich die Gäste verabschiedet haben.

Die chinesische Sitte, das Geschenk nicht vor den Augen des Schenkenden zu öffnen, gehört wiederum zu den gesichtsschonenden Strategien höflichen Verhaltens. Weil das Geschenk nicht vor den Augen des Gebers von den andern evaluiert werden kann, bleibt diesem ein (eventuell peinlicher) Vergleich erspart.

Wenn Sie - da Sie die chinesischen Sitten kennen - ein Geschenke nicht auspacken, sondern es ungeöffnet mit nach Hause nehmen, kann es sein, dass der Geber sehr wohl weiß, dass Europäer Geschenke öffnen. Er denkt vielleicht nun, dass Sie das Geschenk nicht zu würdigen wissen. Zur Klärung solcher Situationen ist es oft besser, die unterschiedlichen Sitten, wenn Sie Ihnen bekannt sind, anzusprechen und dann das zu tun, was Ihnen in dieser Situation passend erscheint.

Der chinesischen Sitte, unauffällig Geschenke zu überreichen und entgegenzunehmen, muss vor allem auch im offiziellen Kontext Rechnung getragen werden.

> Beim Besuch eines hohen chinesischen Würdenträgers in einem schweizerischen Industrieunternehmen war im Protokoll vorgesehen, dem Staatsmann im Beisein der Journalisten und unter den Blitzlichtern der Fotografen ein wertvolles Geschenk zu überreichen. Ein chinesischer Berater, der kurz davor über das Vorhaben in Kenntnis gesetzt wurde, konnte im letzen Augenblick noch intervenieren. Als die Fotografen bereits zu dem - dem Gastgeber Publicity bringenden

- Foto ansetzten, stoppte dieser die Aktion im letzten Moment mit dem Ausruf *„no picture!“* Diese Geste wurde vom chinesischen Gast dankbar mit der Bemerkung quittiert, dass diese Leute hier wenigstens die chinesischen Sitten achten würden (nachdem vorher schon vieles schief gelaufen und in verschiedene Fettnäpfchen getreten worden war).

16. Geschäftsverhandlungen

Grund des Scheiterns im China-Geschäft ist oftmals, dass westliche Investoren erwarten, dass sich die Chinesen so verhalten, wie Ausländer meinen, dass sie sich verhalten müssten. Der Ethnologe Clifford Geertz weist auf Grund seiner Studien in Südostasien darauf hin, dass die westliche Personenvorstellung nur eine unter vielen ist:

> „Die abendländische Vorstellung von der Person als einem fest umrissenen, einzigartigen, mehr oder weniger integrierten motivationalen und kognitivem Universum, einem dynamischen Zentrum des Bewusstseins, Fühlens, Urteilens und Handelns, das als unterscheidbares Ganzes organisiert ist und sich sowohl von anderen Ganzheiten als auch von einem sozialen und natürlichen Hintergrund abhebt, erweist sich, wie richtig sie uns auch scheinen mag, im Kontext der anderen Weltkulturen als eine recht sonderbare Idee" (Geertz 1987, 294).

Westliche Unternehmer müssen lernen, dass es auch andere Möglichkeiten gibt, bestimmte Situationen wahrzunehmen und darauf zu reagieren:

> „Das, was heute westliche Geschäftsleute auf den ersten Blick als Verwestlichung der chinesischen Geschäftswelt beobachten und kaum mehr unterschiedlich von unserem Gepflogenheiten wahrnehmen, ist nur eine sehr dünne oberflächliche Schicht. Darunter liegen 5000 Jahre chinesische Kulturgeschichte" (Wirtschaftsattaché der Schweizer Botschaft in einem persönlichen Gespräch).

Die anfängliche Begeisterung westlicher Geschäftsleute über die Erschließung eines riesigen neuen Marktes verfliegt schnell, sobald die ersten Verhandlungsgespräche mit chinesischen Geschäftspartnern stattgefunden haben. Unterschiedliches Gesprächsverhalten sowie verschiedenartige Verhandlungsstrategien führen zu Kommunikationsabbrüchen. Wohl sind dank der Öffnung Chinas ausländische Einflüsse ins Land gedrungen und haben zu Änderungen geführt. Man darf aber nicht vergessen, dass die chinesische Wirtschaft mitten in einem gewaltigen Umbruch steht.

Man getraut sich nicht zu sagen: *„So ist es." Nichts ist „so"*, alles ist anders. Und wenn man glaubt, begriffen zu haben, wie es läuft, ist es bereits wieder anders. Alles ist im Fluss. So kann sich plötzlich fast alles über Nacht ändern: Politik, Gesetzgebung und nicht zuletzt auch Einstellungen und Verhaltensweisen. Es ist zudem zu beachten, dass jeder chinesische Partner eingebunden ist in ein Netz von Beziehungen. Über die Bedeutung von *guan-xi* wurde bereits in Kap. 5.3 geschrieben. *Guan-xi*, im gesamten zwischenmenschlichen Bereich von großer Wichtigkeit, ist im geschäftlichen Kontext jedoch von existentieller Bedeutung.

16.1 *Guan-xi* (Beziehungspflege)

Persönliche Beziehungen

Guan-xi basiert auf gegenseitigem Kennen und Vertrauen und klaren sozialen Verpflichtungsmustern sowie ethischen und soziookonomsichen Wertvorstellungen. Geschäftsentscheide werden in China nicht aufgrund von Preis-Leistungskriterien, sondern aufgrund von Vertrauen oder persönlicher Beziehung zum Kunden gefällt. Geschäfte kann man deshalb mit Chinesen nur machen, wenn man ihr Vertrauen hat. Immer noch gilt, dass man vor allem den eigenen Familiemitgliedern oder den nächsten Freunden (Innenbeziehungen) vertrauen kann.

> *„Wie kommen Sie denn dazu, diese Firma im Ausland zu vertreten, da Sie weder zur Familie des Firmengründers gehören, noch mit der Firmenleitung befreundet sind"*, erkundigte sich ein taiwanischer Geschäftspartner misstrauisch.

Paternalistische Firmenstrukturen, Familiengeist, Vetternwirtschaft und flexible Netzwerke kennzeichnen nach Ansicht westlicher Geschäftsleute die chinesischen Unternehmen. Mächtige, von Chinesen errichtete Firmen in Hongkong und Übersee sind bis heute Familienunternehmen geblieben, deren Zweige von Söhnen, Brüdern, Schwiegersöhnen und Enkeln geleitet werden.

> Der Hongkonger Geschäftsmann Li Ka-shing, einer der reichsten Männer der Welt, verneigt sich jeden Morgen und jeden Abend vor den Porträts seiner Ahnen, die wie ein Schrein in einer Ecke seines Hauses aufgebaut sind. Sein älterer Sohn hat bereits Teile des Familienimperiums übernommen. Der jüngere Sohn geht nicht in den Fußstapfen des Vaters, sondern tätigt eigene Investitionen. Dennoch rechnet der chinesische Markt damit, dass der Vater im Falle eines Falles nach alter Chinesensitte einspringt - das Netz ausspannt, wenn der große Sprung des Sohnes daneben geht - um die Ehre der Familie zu retten (Follath 32/2000, 74ff).

So spielen „menschliche Gefühle“ noch immer eine wichtigere Rolle als rationale Gründe. Sie tragen wesentlich zur Sicherung des guten Funktionierens eines Unternehmens bei. *Guan-xi* im Geschäftsalltag ist ein wichtiges Element in der Risikobeschränkung. *Guan-xi* ist ein essentielles Frühwarnsystem, welches Informationen unter der Hand weitergibt, bevor diese ihre positive oder negative Wirkung entfalten können. *Guan-xi* ist auch Absicherung gegenüber Schwachstellen sowie soziales Auffangnetz für die Gescheiterten und/oder ihre Unternehmen. Die Betonung von persönlichen Beziehungen schließt die Anerkennung abstrakter Grundsätze in den Geschäftsbeziehungen in und mit China nicht aus, gibt diesen aber sekundäre Bedeutung. Im Mittelpunkt steht immer der Mensch. Deshalb ist es notwendig, bei allen Arten von längerfristigen Geschäftsbeziehungen ein umfassendes Beziehungsnetz aufzubauen und zu pflegen. Wem es gelingt, ins Beziehungsnetz eines Partners aufgenommen zu werden, kann in der Regel auf angemessene Gegenleistungen zählen. Dies fällt einem jedoch nicht so einfach in den Schoss, sondern muss hart erarbeitet werden. Das Fernbleiben an einem gesellschaftlichen Anlass kann aufgrund des Netzes an einer völlig andern unvermuteten Stelle zu negativen Auswirkungen führen. Chinesen investieren mehr Mühe und Zeit in Aufbau und Pflege solcher Beziehungen als an ihrem Arbeitsplatz.

> „Jiang Zemins Rede im Hilton genügte dem Protokoll, und seine Botschaft wurde zur Kenntnis genommen. Viel wichtiger als die Rede an sich war das anschließende Mittagessen im zweiten Untergeschoss des Hilton. Hier wurden nun mit Vertretern der chinesischen Polit- und Wirtschaftsdelegation die Visitenkarten ausgetauscht. Und es wurden Sätze gewechselt wie etwa: ‚*Wenn wir uns in Beijing wiedersehen, dann werden wir gemeinsam zu Abend essen.*‘ Das mag wohl unspetakulär, wenn nicht sogar banal tönen, ist im Wirtschaftsleben offensichtlich aber eminent wichtig. Man muss sein Vis-à-vis kennen lernen, Vertrauen schaffen als Basis für zukünftige Geschäfte“ (Viret 1999).

Da „gute Beziehungen“ personen- und nicht sachbezogen sind, werden sie von westlichen Geschäftsleuten in ihrer Bedeutung oft zu wenig ernst genommen. Es kommt immer wieder zu Missverständnissen und gegenseitiger Verstimmung in deutsch-chinesischen Geschäftsbeziehungen, weil Sachorientierung und die Beziehungsorientierung in den beiden Unternehmenskulturen eine unterschiedliche Rangfolge haben. Für die Deutschen erfolgt aus der Sachorientierung das zwischenmenschliche Beziehungsgefüge, während für die Chinesen aus der Gestaltung der zwischenmenschlichen Beziehung die Regelung der

Sachaufgaben erfolgt. Chinesische Manager empfinden ihre sachorientierten deutschen Geschäftspartner als unsensibel und ohne Anstand.

> Nach acht Jahren beruflicher Tätigkeit in Deutschland zieht ein Chinese Bilanz: *„Die Deutschen sind weder kalt noch distanziert noch isoliert. Sie haben einfach andere Werte. Ich als Asiate werde Europa nie ganz begreifen. Und ebenso wenig wird ein Europäer jemals China ganz begreifen"* (Böckelmann 1998, 152).

Auch nach den Erfahrungen des Asien-Korrespondenten Peter Achten geht ohne Beziehungen nichts:

> „In China ist die Bürokratie seit je allmächtig, und (noch) ist nicht das oberste Gesetz Gebot. Das Zentrum in Peking mag mächtig sein, oft aber ist auf Provinz-, Präfektur- oder Kreisebene alles anders" (Achten 2004).

Informationsgewinnung

Viel Diplomatie und Geduld erfordert vor allem der Umgang mit den Behörden. Es ist nicht immer klar, welche Behörde wofür zuständig ist. Wenn der zuständige Beamte endlich gefunden ist, hat, was gestern vereinbart wurde, heute seine Gültigkeit verloren und muss von neuem diskutiert werden Es ist deshalb wichtig, auf ein Beziehungsnetz zurückgreifen zu können, um an nicht frei verfügbare Informationen innerhalb nützlicher Frist heranzukommen.

> „Der richtige Weg war es, mich dem chinesischen Bekannten eines Bekannten vorstellen zu lassen und ihn um eine Vermittlung zu bitten. So gelangte ich an zwei Kontaktketten von einer Empfehlung zur anderen" (Böckelmann 1998, 137).

Der Weg, an die gewünschten Informationen zu gelangen, geht oft nur über *guan-xi*, d.h. über jemanden, mit dem man gute Beziehungen hat und der seine guten Beziehungen zu einer Person bei der avisierten Stelle ausspielt. Dieselbe Schule besucht, an der gleichen Universität studiert, oder früher bei der gleichen Firma gearbeitet zu haben (vgl. Innenbeziehungen), verpflichtet zu gegenseitiger Loyalität und den damit verbundenen Hilfeleistungen.

> Als der Chef der Verkaufsabteilung einer großen taiwanischen Fabrik herausgefunden hatte, dass ein Verkaufsvertreter im europäischen Außendienst die gleiche Internatsschule besucht hatte - wohl einige Jahre früher als er selbst -, galt die bürokratische Ordnung nicht mehr. Wenn er irgend ein Problem habe, so solle er sich nur direkt an ihn wenden, ließ der Chef seinen Untergebenen wissen.

Mit *guan-xi* können auch Stufen in der Hierarchieleiter übersprungen werden. Wer über *guan-xi* verfügt, wird von neuen Weisungen, Reglementen oder sonst welchen Änderungen nicht erst aus der Zeitung erfahren. Ebenso kann der Weg zu einer notwendigen Bewilligung dank Kontaktpersonen erheblich verkürzt werden.

Wie ein Taiwan-Chinese über seine Erfahrungen als geschäftsführender Direktor eines international renommierten Unternehmens auf dem Festland berichtet, sind dort die persönlichen Beziehungen noch wichtiger als auf Taiwan:

> „Man muss die Beziehungen mit den Behörden jeden Tag aufs Neue pflegen, selbst wenn gar keine Probleme vorliegen. Das kostet Zeit, lohnt sich aber. Warten Sie bloß nicht, bis es Probleme gibt und sie nach Hilfe schreien müssen. Das läuft nicht."

Es ist wichtig, zuerst das Vertrauen der Leute zu gewinnen und ihnen zu zeigen, dass man sich an die Spielregeln hält. Für seine ausgezeichneten Geschäftsergebnisse nennt der Taiwaner sein Erfolgsrezept:

> „Ungefähr einmal im Monat habe ich den Bürgermeister oder seinen Stellvertreter, örtliche Handels- und Wirtschaftsfunktionäre oder Zollfritzen zum Essen eingeladen. Bei solchen Gelegenheiten sprach ich immer über unsere Probleme und bekam dann auch jedes Mal eine zufriedenstellende Lösung präsentiert. Ich denke, dieser direkte Kontakt war unheimlich wichtig" (Du 2000, 39).

Wer *guan-xi* hat, dem ist nichts unmöglich. Was immer auf offiziellen Wegen nicht erreichbar ist, entlang den verborgenen und schier unüberschaubaren Pfaden von *guan-xi* kann man durch Hintertüren in China zu nahezu jedem Ziel gelangen. In einer Mangelwirtschaft waren gute Beziehungen oft der einzige Weg für ein Unternehmen, um zu den nötigen Rohstoffen, Transportkapazitäten, Krediten etc. zu gelangen. So ist es nicht erstaunlich, dass dieses kulturelle Phänomen im kommunistischen China nicht nur überlebte, sondern sich weiter ausbreitete, obwohl solches Sozialverhalten den neuen politischen Ideologien diametral entgegengesetzt verläuft.

Chinesisches Rechtsverständnis

Rechtssicherheit und Vertragstreue ist bei bilateralen Gesprächen zwischen europäischen und chinesischen Regierungsvertretern oder in gemischten Wirtschaftskommissionen immer wieder ein Thema.

Das Bonmot, dass die Deutschen nur das machen würden, was im Gesetz steht, die Chinesen hingegen gerade das, was *nicht* im Gesetz steht, macht die kulturellen Unterschiede im Rechtsverständnis deutlich. Zur Beschreibung solcher kulturellen Differenzen, wird die Unterscheidung gemacht in *universalistische* und *partikularistische* Kulturen.

Universalistische Kulturen zu denen die deutschsprachigen Länder gehören neigen zur Abstraktion und Prinzipientreue. Sie gründen auf der Gleichheit und fordern gleiche Rechte für alle. Ihre Gesetzessysteme gründen auf Regeln, die möglichst keine Ausnahme zulassen. Vertragliche Bedingungen werden in allen Details festgelegt.

Partikularistische Kulturen, wie z.B. China hingegen, berücksichtigen eher den situativen Kontext und die konkreten Beziehungen in diesem Kontext. Dieses chinesische Rechtsverständnis wird in den „Gesprächen" des Konfuzius veranschaulicht:

> „Der Präfekt von She unterhielt sich mit Konfuzius. Dabei sagte er: ‚*Hier sind die Menschen wahrhaftig aufrichtig. Der eigene Sohn bringt es zur Anzeige, wenn sein Vater ein Schaf gestohlen hat.*' Dazu bemerkte der Meister: ‚*Bei uns ist das anders. Bei uns deckt der Vater den Sohn, und der Sohn deckt den Vater. Darin liegt Aufrichtigkeit*'" (Moritz 1982, 103).

Es gibt in diesem Rechtsverständnis keine abstrakte prinzipielle Gerechtigkeit, sondern eine kontextuelle, die den besonderen Beziehungen gerecht werden will.

Ein junger Amerikaner erhielt von seinem Lehrer, einem berühmten chinesischen Kampfkünstler, als Abschiedsgeschenk ein Langschwert. Bei seiner Ausreise wurde er am Bahnhof Kanton aufgehalten, obwohl er alle nötigen Papiere für die Ausfuhr des Geschenks bei sich hatte. Die chinesischen Beamten benutzten die günstige Gelegenheit, für ihr Lieblingsspiel „*Vorschriften erfinden*": Einmal war die Tasche zu lang, dann wieder waren Waffen chinesische Kultgegenstände, welche nicht ausgeführt werden durften, und schlussendlich hätten Waffen möglicherweise China verlassen dürfen, allerdings mit einer Sondergenehmigung einer ganz bestimmten Behörde. Die zu erhalten wäre jedoch vor Abflug des Flugzeuges in zwei Tagen kaum mehr möglich gewesen:

> „Während ich ein paar Runden um den Bahnhof drehte und über eine neue Strategie nachdachte, lief mir zufällig ein kantonesischer Polizist über den Weg, den ich vor einem Jahr kennengelernt hatte. Als ich ihm mein Problem schilderte, nahm er mich am Arm und begleitete mich wieder in den Bahnhof, wo er sich für mich ins Zeug legte. Über eine Stunde plauderte er mit den zuständigen Herren über dies und das, berührte gelegentlich auch die Frage meiner Tasche und ihres

> Inhaltes und kam dann geschickt wieder auf andere Themen zu sprechen. Schließlich schlug er vor, ich solle doch an Ort und Stelle eine kleine Kostprobe meiner Kampfkunst geben." Die begeisterte Menge bestürmte nun die Beamten, den jungen Amerikaner unverzüglich durchzulassen (Salzmann 1990, 11ff).

Das Wort *quan*, mit dem im modernen China das Recht ausgedrückt wird, bedeutete im klassischen China die „Balance", die „Macht" und die „Situation". Das hat nichts mit Recht zu tun. „Menschenrecht" (*renquan*) bedeutet wörtlich „die Macht der Menschen", kein Wunder, dass sich die chinesische Führung mit diesem Ausdruck schwer tut.

Rechtssicherheit in China wird aus kulturellen Gründen nie gleich aussehen wie in westlichen Ländern. In China gibt es das Denken des Prozesses, das *tao*. Wenn alles im Fluss ist, wird Planung im Sinne einer westlichen Risikobeschränkung fast unmöglich. Wahrheiten und Werte verlieren ihre endgültige Sicherheit und Allgemeingültigkeit. Es geht hier nicht um eine westliche Sicht der Wahrheit, sondern um eine Sicht der Gangbarkeit (Jullien & Herzog 2004, 91).

Chinesische Gesetze geben nur den Rahmen vor. Die Einzelheiten müssen erst ausgehandelt und vertraglich geregelt werden. Chinesische Verträge sind jedoch nur als Absichtserklärungen zu verstehen im Sinne einer Diskussionsgrundlage und nicht als rechtlich verbindlich. Sie können immer wieder verändert werden. Deshalb beginnen die Probleme oft erst nach Vertragsabschluss. Ein Vertrag ist in China keine bindende Angelegenheit, sondern lediglich eine „Momentaufnahme". Ein Vertrag widerspiegelt nur die Bedingungen einer bestimmten Geschäftsphase. Diese müssen jedoch zu einem späteren Zeitpunkt nicht mehr eingehalten werden, wenn sich der Kontext verändert hat. Steigen z.B. die Rohstoffpreise, ist klar, dass man nicht mehr zu den gleichen Bedingungen liefern kann:

> „Diese Erfahrung machte neulich wieder ein mittelständisches deutsches Maschinenbauunternehmen mit einer Filiale in Shanghai. Mit einem regionalen Zulieferer hatte man einen Vertrag über Preise und die zu liefernde Stückzahl abgeschlossen. Dann stieg der Stahlpreis, und der chinesische Partner weigerte sich plötzlich, zum vereinbarten Tarif zu liefern. *‚Die Rahmenbedingungen haben sich geändert'*, erklärten die chinesischen Manager treuherzig" (Hein 2004, 41).

Veränderte Rahmenbedingungen können für Chinesen genau so wichtig sein wie der vorher ausgehandelte Vertrag. Der vermeintliche Vertragsbruch der Chinesen ist Folge einer unterschiedlichen Art der Wahrnehmung zwischen Asiaten und Menschen aus dem Westen. Psychologische Experimente haben verschiedentlich aufgezeigt, dass sich Westler und Asiaten in der Wahrnehmung der Informationen unterscheiden. Die Probanden aus Asien beziehen den gesamten Kontext in ihre Wahrnehmung ein, während Westeuropäer und US-Amerikaner ihre Wahrnehmung vermehrt auf das vermeintlich Wesentliche konzentrieren. Es zeigt sich immer wieder, dass westliche Menschen den Kontext nicht ausreichend berücksichtigen, wenn es um Erklärungen menschlicher Verhaltensweisen geht (Hein 2004).

> Oft hören die Deutschen die Zwischentöne nicht, sagt Xian Lu, der eine deutsche Unternehmensgruppe in Shanghai vertritt. „Spätestens wenn ein leitender Mitarbeiter einer chinesischen Firma sagt, *‚alles kein Problem, ich muss nur noch meinen Chef fragen'*, soll man die Ohren spitzen" (Hein 2004).

Vieles lässt sich besser informell regeln. Geschriebene Gesetze und unterzeichnete Verträge gelten weniger als das Vertrauen in feste zwischenmenschliche Beziehungen. Dies gilt auch für den bereits erwähnten Hongkonger Geschäftsmanns Li Ka-shing.

> „Li aber forcierte sein Grundstückgeschäft. Hatte er einen Deal mit Gewinn abgeschlossen, erwarb er Land oder Apartments in besserer Lage - alles per Handschlag. Was so gentlemenlike aussah, war knallhart gerechnet: Lis ‚Leutnants' überprüften im Geheimen, wie kreditwürdig die Käufer waren" (Follath 2000, 77).

Rechtssicherheit bedeutet hier, die richtigen Beziehungen zu haben. Dazu müssen Sie sich ein entsprechendes Personennetz aufbauen, am besten bis in die höchsten Regierungskreise. Solche Beziehungen aufzubauen und sie regelmäßig und intensiv zu pflegen, erlaubt in den meisten Fällen, ungünstige Entwicklungen in den Geschäftsbeziehungen früh zu erkennen. Wenn Probleme bereits entstanden sind, dann lassen sich diese, wenn gute Beziehungen bestehen, meist in informellem Rahmen lösen, d.h. ohne dass der langwierige Rechtsweg zu beschreiten ist. Wohl ist das zivilrechtliche Prozessieren - um sein Recht zu bekommen - nicht mehr gänzlich unbekannt, jedoch verpönt. Man regelt Streitfragen nicht vor Gericht, sondern sucht einen Kompromiss. Die außergerichtliche Schlichtung ist bei Streitfragen die beliebtere Lösung. Die Erfahrung zeigt, dass man in China oft durch Erbittung einer Gunst mehr und rascher etwas erlangt, als durch das Pochen auf einen Rechtsanspruch, auch wenn dieser durchaus besteht. Eine persönliche Geschäftsfreundschaft ist verlässlicher, da sich der einzelne Mensch andern Menschen gegenüber mehr verpflichtet fühlt als abstrakten Regeln.

Es ist oft eine Gratwanderung zwischen Erkenntlichkeit, gegenseitiger Verpflichtung, Höflichkeit und Korruption. China hat das Problem erkannt und der grassierenden Korruption den Kampf angesagt. In einer Rede vor dem Parteiapparat nannte der chinesische Staatschef die Korruption einen „Tumor im Körper der Partei“ und kündigte harte Strafen gegen korrupte Funktionäre an. Seither sickerte durch, dass die Behörden schon seit Monaten im bisher größten Korruptionsskandal des kommunistischen China gegen rund 200 Funktionäre ermitteln (Mann 2000).

> Eine Zeitungsnotiz berichtete darüber, dass im Süden Chinas 200 Kaderleute wegen Verdacht auf Korruption von den Untersuchungsbehörden hermetisch von der Außenwelt abgeschlossen wurden. Da sie nicht einmal telefonieren durften, war ihnen der Zugang zu *guanxi* - den so wichtigen Beziehungen nach oben, über die sich auch die schwierigsten Probleme am Gesetz vorbei regeln lassen – versperrt.

Rechtsberatungen über den Schutz der *„Intelectual Property“* sind momentan besonders gefragt (siehe Regnet 2005). Nur zu oft wird das Know-how ausländischer Unternehmen in kürzester Zeit von kopiertüchtigen Chinesen geplündert. Produktpiraterie ist verbreitet in China, das Patentrecht wird notorisch missachtet. Im Süden Chinas ist eine gigantische Uhrenindustrie herangewachsen (Neidhart 2005):

> Auch dem Schweizer Wirtschaftsminister Deiss wurde in den Straßen Chinas eine gefälschte Schweizer Luxusuhr angeboten. Der auf diese Episode angesprochene chinesische Handelsminister Bo Xilai bediente sich der chinesischen Kunst in jedem Augenblick - auch in kritischen Situationen -, das Gesicht des andern zu erhöhen. So meinte er mit einem feinen Lächeln, er habe geglaubt, dass Schweizer Uhren so hoch entwickelt wären, dass man sie gar nicht fälschen könne (Achten 2005).

Nachbildungen haben in China Tradition, wenn große Meister nachgeahmt werden, gilt das als Ehrerbietung.

16.2 Verhandlungsgespräche

All das was bis jetzt in diesem Buch allgemein über das chinesische Kommunikationsverhalten gesagt wurde, gilt es bei Verhandlungsgesprächen zu berücksichtigen. So gilt auch bei geschäftlichen Verhandlungen Harmonie als oberstes Gebot, ein Gespräch soll immer harmonisch verlaufen und nicht auf Konfrontation ausgehen.

Langsames Zur-Sache-kommen

Deutliche Unterschiede zwischen westlichen und chinesischen Verhandlungspartner zeigen sich in der direkten Vorgehensweise der westlichen Verhandlungspartner. Wie wir bereits unter *„Informationsstrukturierung“* (Kap. 11.3) beschrieben, gehen die Chinesen niemals direkt auf ein Problem zu, sondern kreisen es zuerst ein. Von Entlegenem meist auch Persönlichem ausgehend, nähern sie sich langsam den Kernfragen, indem sie Schritt für Schritt mögliche konsensfähige Bereiche abstecken. Das „langsame Zur-Sache-kommen“ ist für Chinesen eine wichtige Strategie zur Konfrontationsvermeidung (siehe Kap. 7.1). Westler, die darauf trainiert sind, möglichst schnell zur Sache zu kommen, sind in der Regel ungeduldig gegenüber weitschweifenden Erklärungen ihrer Gesprächspartner.

> *„‚Leute, ich bin hier nicht auf einem Basar!‘*, donnerte ein Deutscher, als dessen chinesische Geschäftspartner sich über einige Vertragsklauseln in einer Ausführlichkeit ergingen, die man hierzulande als ‚endloses Palaver‘ bezeichnet. Bezeichnenderweise endete das Gespräch ergebnislos“ (Chen 1999, 126).

Westliche Manager verzichten in Verhandlungen meist auf vertrauensbildende Umschweife, sondern ziehen es vor, gleich zur Sache zu kommen. Sie geben klare eindeutige Stellungnahmen ab und erwarten auch solche von ihren Verhandlungspartnern. Nüchterne Sachlichkeit, Gradlinigkeit und Eindeutigkeit sind Kennzeichen des westlichen Verhandlungsstil. Unterschiedliche Meinungen und Konflikte werden direkt angesprochen. Die bei uns im Westen geltende Devise „Zeit ist Geld“ muss auf jeden Fall über Bord geworfen werden. Ein vorgängig ausgiebig besprochenes Thema - welches die westlichen Geschäftsleute für erledigt halten, weil es von ihren Partnern nicht mehr weiter verfolgt wird - kann Stunden später von den Chinesen plötzlich wieder neu aufgerollt werden, als hätte man nie darüber gesprochen. Dies kann westliche Verhandlungspartner zur Verzweiflung bringen.

> Der Manager eines deutschen Unternehmens reiste innerhalb kurzer Zeit zum vierten Mal für Verhandlungen nach China. Die Gespräche fanden in einer sehr angenehmen Atmosphäre statt, und die Chinesen zeigten großes Interesse an den Vorschlägen des deutschen Managers. Da es bei den Verhandlungen jedoch nicht vorwärts ging, vermutete der Manager, dass die Chinesen ihn nur hinhalten wollten, um ihn dann gegen seine Konkurrenz auszuspielen. Er war verärgert und schrie seine Verhandlungspartner unvermittelt an, er sei nicht mehr bereit, sich weiter hinhalten zu lassen. Das *„um den heißen Brei herumreden“* müsse aufhören. Er wolle endlich Klarheit und Ver-

bindlichkeit. - Die Verhandlungen kamen zu keinem Abschluss. Nach der Rückkehr in seine Heimat erfuhr der Manager von seinen Vorgesetzten, dass dies seine letzte Chinareise gewesen sei. Die Chinesen hätten zwar weiterhin ihr Interesse an dem geplanten Joint-Venture bekundet, die Verhandlungen müssten jedoch wohl wieder von vorne beginnen - mit einem anderen Firmenvertreter (Harnisch 1996, 126).

So ist der direkteste Weg nicht immer der kürzeste. Die Erfahrung zeigt, dass bei Verhandlungen viel Ausdauer, Beharrlichkeit (nicht zu verwechseln mit Sturheit) und Geduld ratsam sind.

„Asiaten beziehen ein breites Spektrum an Informationen mit ein, das bewusst oder unbewusst zur Entscheidungsfällung beiträgt. Auch wenn es für die westlichen Verhandlungspartner den Anschein macht, dass ein Vertrag noch so sehr bis ins letzte Detail durchdiskutiert und ausgehandelt sei, wenn jedoch für den chinesischen Gesprächspartner gefühlsmäßig *‚etwas nicht stimmt'*, kommt eben ein Deal nicht zustande. Da nutzt es nichts mit westlich-analytischem Denken nach dem *‚Warum?'* zu fragen"(Roth 2003, 29).

Geduld ist eine von den Chinesen sehr geschätzte Tugend. *„Der Fehler liegt in der Eile"*, sagt ein chinesisches Sprichwort.

„Wer sich mit China näher befasst, muss sich Zeit dafür nehmen", meint Chinas stellvertretende Erziehungsministerin. *„Natürlich läuft heute vieles über Englisch. Aber wir erwarten schon auch eine stärkere Auseinandersetzung mit der chinesischen Sprache und Kultur"* (David 2004,19).

Gesichtswahrung

Worum die Verhandlungen auch gehen und welchen Lauf sie nehmen, auch hier gilt das chinesische Höflichkeitsprinzip, dass niemand dabei das Gesicht verlieren soll.

Ein deutscher Kaufmann prahlte damit, dass er bei seinen Verhandlungen mit den chinesischen Gesprächspartnern, als er über ihre Hartnäckigkeit erbost war, mit der Faust auf den Tisch schlug, so dass die Teetassen hochsprangen. Durch dieses Verhalten gab er sich nach chinesischer Ansicht eine Blöße und machte deutlich, dass er schwache Nerven hat. Die Chinesen verhandelten ruhig weiter. Ihnen wurde durch das Verhalten des Kaufmanns nur bestätigt, dass die Ausländer unhöfliche Barbaren sind. Sie behandelten den Kaufmann weiterhin ebenso höflich. Ihre Unverschämtheiten waren viel zu fein gesponnen, als dass der Kaufmann sie bemerken konnte. So entging ihm auch, dass er zu ungünstigeren Bedingungen seine Geschäfte abschließen musste (Wickert 1984, 285).

Das chinesische Konzept von „Gesicht" wird in Zentraleuropa oft nicht verstanden. Westliche Gesprächspartner wünschen Erklärungen für etwas, das nicht geht oder möchten von ihren chinesischen Partnern den Grund erfahren, warum eine Abmachung nicht eingehalten werden konnte.

> Ein deutscher Abgeordneter wünschte irgend eine Provinzstadt, die mehr als 1000 km von Peking entfernt lag, zu besuchen und dort mittelgroße Betriebe zu besichtigen, da er sich von dort ein objektiveres Bild von der Entwicklung des Landes versprach als er in der Hauptstadt erhalten würde. Er hatte den Chinesen seinen Wunsch schon gleich nach der Ankunft mitgeteilt, aber sie hatten ihm keine verbindliche Zusage gegeben. Er beschloss, auf seinem Wunsch zu beharren und schlug den Ratschlag des Botschafters in den Wind, den Chinesen für seinen Wunsch einen Grund zu nennen. Bei einem Bankett, welches zu seinen Ehren gegeben wurde, versuchte er zuerst mit Scherzen (auf Kosten seiner Gastgeber) die Atmosphäre etwa zu lockern. In seiner Tischrede insistierte er dann auf seiner Reise in die Provinzstadt. Die chinesischen Gastgeber zeigten sich darüber nicht verstimmt, sondern waren von nun an sehr höflich. Sie behandelten den deutschen Politiker mit ausgesuchter Höflichkeit, - bis er das Land verließ. Allerdings musste er auf den Besuch der Provinzstadt verzichten (Wickert 1984, 216f).

Es ist in China zwecklos, zu insistieren. Man muss argumentieren und immer neue Gründe vorbringen. Durch andere Formulierung oder Nennung von Alternativen soll man dem Partner Gelegenheit geben, ohne Gesichtsverlust zuzustimmen. Es ist deshalb ratsam, Angebote zu machen, bei denen Änderungen ohne Verlust möglich sind. Auf keinen Fall sollte man versuchen, mit dem Kopf durch die Wand zu gehen. Das ist der sicherste Weg zum Misserfolg.

> Beim Auszug der ausländischen Mieter beanstandete der chinesische Vermieter einen beschädigten Lampenschirm - genauer gesagt, es handelte sich um eine fehlende Schraube - , für die der Vermieter ungefähr 100 Mark in Rechnung stellte, mehr als die Lampe je gekostet hatte. Die Ausländer lehnten diese Forderung glattweg ab. Die Fronten verhärteten sich und eine Einigung war nicht mehr in Sicht: Da griff der chinesische Freund der Mieter ein: „Er redete eine Viertelstunde lang, als führe er das netteste Gespräch der Welt. Er zeigte großes Verständnis für den Vermieter, stimmte ihm aus vollem Herzen zu. Bloß wegen der Kaution, einer Kleinigkeit, nicht wahr?, müsse man sich noch ein bisschen einiger werden. Wo das Problem sei? Schließlich seien doch alle gute Freunde, und unter guten Freunden wolle man sich doch wegen einer Schraube, die da locker gewesen und schließlich heruntergefallen sei, nicht böse sein...." Schlussendlich konnte der Vermieter nicht mehr anders und willigte in einen Kompromiss ein (Chen 1999, 128ff).

Die Vorliebe der Chinesen, Kompromisse zu finden, muss bei den Verhandlungstaktiken mitberücksichtigt werden.

> „Wenn du mit Chinesen Verhandlungen darüber führst, dass du das Fenster im Dachzimmer ein wenig vergrößern lassen willst, dann musst du zuerst fordern, dass der gesamte Dachstock abgerissen wird. Die Kompromisslösung wird dann auf die gewünschte Vergrößerung des Fensters hinauslaufen", rät der Schriftsteller Lu Xun (zit. in Schienle 1992, 29).

Chinesische Verhandlungspraktiken

Die straffe hierarchische Strukturierung der chinesischen Gesellschaft beherrscht auch die Geschäftsszene.

> „Bevor er einen Gesprächstermin vereinbarte, informierte er sich eingehend über meinen beruflichen Hintergrund und Werdegang" (Böckelmann 1998, 138).

Die von Chinesen am Anfang einer Kontaktaufnahme gestellten - von uns als penetrant empfundenen - Fragen nach Alter, Zivilstand, Ausbildung, Stellung und Einkommen dienen dazu, die gruppeninterne Hierarchie der Verhandlungspartner auszumachen. Die Verwendung der hierarchisch korrekten Anredetitel ist von großer Wichtigkeit:

> *dong-shi-zhang* (Verwaltungsratspräsident) oder das moderne CEO *(zhi-xing-zhang* oder *shou-xi zhi-xing-guan).*
> *chang-zhang* (Direktor in der Aufgabe als Fabrikleiter, Produktionsleiter)
> *zong-jing-li* (Generalmanager)
> *jing-li* (Manager)

Die chinesische Sitte, dauernd Visitenkarten auszutauschen, ist vor diesem Hintergrund zu sehen. Sie geben bei der ersten Begegnung über die Stellung der Geschäftsleute in der Hierarchieleiter des Unternehmens einen Anhaltspunkt. Man tut deshalb gut daran, auch selbst immer einen ausreichenden Vorrat bei sich zu tragen. Achten Sie darauf, dass Ihre Visitenkarten auf der Rückseite chinesisch bedruckt sind mit klarer Angabe Ihrer beruflichen Position.

Aufgrund des chinesischen Hierarchieprinzips führt auf chinesischer Seite der Ranghöchste das Gespräch. Die andern Anwesenden sprechen nicht dazwischen, sondern bitten den Sprecher um das Wort, wenn sie etwas hinzufügen möchten.

Die Gegenseite wird während des Sprechens nicht unterbrochen, sondern man lässt sie zuerst alle Punkte vortragen, die sie vortragen möchte. Erst dann geht man von chinesischer Seite auf die einzelnen angesprochenen Punkte oder Fragen ein. Dabei werden nicht alle Punkte sofort beantwortet. In einem Statement weben die Chinesen dann die Antworten auf diejenigen Fragen ein, bei denen es ihnen wichtig ist, ihre Sichtweise zu vermitteln, während sie die Fragen, auf die sie lieber nicht eingehen möchten, nur knapp streifen. Im Allgemeinen sind Fragen, die man von chinesischer Seite nicht beantwortet bekommt, den Chinesen unangenehm oder es handelt sich um Probleme, die der Angesprochene selbst nicht lösen kann oder will. Es empfiehlt sich, zu einem späteren Zeitpunkt oder auf höherer Ebene auf derartige Fragen zurückzukommen.

Wenn es um eine direkte Aufforderung geht, ziehen die Chinesen die indirekte Ausdrucksweise vor. So kann das Ausgesprochene nicht wörtlich genommen werden. Wenn Dinge nicht ausgesprochen sind, bleibt Raum frei, um weiter voranzugehen oder sich ohne Begründung zurückzuziehen. *„Vermeide, eine feste Zusicherung zu machen"*, ist bei den Chinesen die weit verbreitete Diskursregel.

Es ist in den Augen der Chinesen unhöflich, eine direkte Absage zu erteilen. Deutsche Verhandlungspartner müssen darüber aufgeklärt werden, dass chinesische Floskeln wie: *„Wir müssen es uns noch einmal überlegen"*, eine eindeutige Absage bedeuten.

> Zwei westliche Geschäftsleute hatten telefonisch mit einem Chinesen ein Geschäft abgesprochen. Sie meinten, dass schon alles klar war und reisten zum Vertragsabschluss nach China. Dort stellte sich dann jedoch heraus, dass ihr Vertragspartner an diesem Geschäft gar nicht interessiert war (Chen 1999, 94).

Wichtig ist die Interpretation von Zusagen und Absagen oder des gängigen chinesischen *mei pan-fa* (das ist unmöglich, nichts zu machen). Im Westen bedeutet ein „Ja" in der Regel tatsächlich ja und ein „Nein" tatsächlich nein. In China muss eine solche Formulierung zunächst einmal als eine ziemlich vorläufige Verhandlungsstrategie aufgefasst werden. Das heißt, die Spielräume können oft erheblich größer sein, als sie für westliche Menschen erscheinen mögen.

Das chinesische Harmoniestreben ist das Gegenstück zur westlichen Sicht, sich durchsetzen zu müssen. Das zeigt sich auch in den Verhandlungspraktiken. Der Engländer Robert Haut, der in China für sein Heimatland tätig war, beschreibt diese Mentalitätsunterschiede:

> „In meinem Vaterland heißt es gewöhnlich: Lass dich nicht biegen und wenn es dabei zum Bruch kommt. In China dagegen gerade umgekehrt: Lass dich biegen, aber lass es nicht zum Bruch kommen" (Thomas 1996, 17).

Es ist zu beachten, dass die chinesische Tradition über einen reichen Schatz an strategischen Taktiken verfügt. Gerade der erfahrenste chinesische Verhandler mag als schwerfällig, unerfahren und stur erscheinen und wird darum von den westlichen Partnern sehr zu unrecht oft unterschätzt.

16. 3 Chinesische Taktiken

In den letzten Jahren zeigt sich allgemein eine Wiederbesinnung auf chinesische Traditionen. Der trendbewusste Hongkonger Manager hat auf seinem Schreibtisch die Kriegsstrategien chinesischer Klassiker liegen und nicht mehr die neuesten Erkenntnisse aus Harvard. Es dürfte von Nutzen sein, sich vor einer nächsten Verhandlungssequenz auch mit solchen chinesischen Taktiken zu befassen.

Dreizehn Gebote der Kriegskunst

Sun-zi lebte als Zeitgenosse Konfuzius' und gilt als Urheber der „Dreizehn Gebote der Kriegskunst". Ob er die ihm zugeschriebenen Grundsätze der mentalen Kriegsführung selbst verfasste, ist nicht nachgewiesen. Es ist eher anzunehmen, dass dieses Werk eine Sammlung von Texten verschiedener Militärexperten aus der Periode der „Kämpfenden Staaten" ist. Mit Sun-zis Leitsätzen gelangte Feldherr Cao Cao zu weitverbreitetem Ruhm. Seine durchschlagenden Erfolge weckten großes Interesse für das Regelwerk militärischer Unternehmungen. Im Laufe der Zeit haben zahlreiche Staatmänner und Unternehmer Sun-zis Gebote gewinnbringend angewendet, da sie sich auf viele Situationen des politischen Lebens und des Geschäftsalltags übertragen lassen:

> „Die Kunst der Täuschung ist das Wesen des Kriegs:
> Darum täusche der Starke Schwäche vor;
> der zur Tat Schreitende, Tatlosigkeit;
> der dem Feind noch Ferne, Nahsein, der ihm schon Nahe, Fernsein;
> ködere den Feind mit Vorteilen;
> gerät er in Verwirrung, schlag zu;
> ist der Feind mächtig, rüste gegen ihn;
> ist er stark, weich ihm aus;
> reiz ihn zur Wut und bring ihn zur Kopflosigkeit;
> täusche ihn durch Unterwürfigkeit, auf dass er übermütig werde;
> wo er sich sicher fühlt, stör seine Sicherheit;
> wo Eintracht herrscht, säe Zwietracht;
> greif an, wo er unvorbreitet ist;
> führ den Stoß, wenn er nicht gefasst ist."
> (Sun Dse = Sun-zi; Schwarz 1999, 82)

Der amerikanische Management- und Businessberater Donald G. Krause hat nun Sun-Tzus (= Sun-zi) jahrtausendealten Lehren der „Kunst der Krieges“ für die heutige westliche Geschäftswelt aufgearbeitet. Chinesische Verhandlungsstrategien werden verständlicher, wenn man etwas über die Kunst der mentalen Kriegsführung Bescheid weiß. Es ist ratsam, sich die folgenden Grundsätze Sun-Tzus in Verhandlungsgesprächen mit chinesischen Partnern zu Herzen zu nehmen:

„Handle umsichtig!“
„Halte dich an die Tatsachen!“
„Sei auf das Schlimmste vorbereitet!“
„Handle rasch und unkompliziert!“
„Sei innovativ!“
„Sei kooperativ!“
„Lass dir nicht in die Karten sehen!“ (Krause 1996, 11)

Weiqi (Umzingelungsspiel)

Chinesen vermeiden den offenen direkten Schlagabtausch. Das chinesische *Weiqi*-Spiel (heute in Europa vor allem unter dem japanischen Namen *Go* bekannt) veranschaulicht die Vorliebe der Chinesen für diplomatisches und taktisches Verhalten. Wörtlich übersetzt heißt *Weiqi* „Umzingelungsspiel“. Es geht hier nicht - wie im Schachspiel - darum, Figuren anzugreifen und zu erobern. Die Aufgabe der Gegner ist, die feindlichen Steine einzukreisen, zu isolieren, eigenes Territorium abzustecken und feindliches Gebiet zu unterwandern. Sieger ist, wer sich den größeren Einflussbereich abgesteckt hat. In enger Verwandtschaft mit diesem Strategiespiel stehen die „36 Strategeme“, ursprünglich ein Katalog von Kriegslisten, heute vorwiegend als Redensart oder als Verhaltensmaxime verwendet (Hieber 1984, 28).

Katalog der 36 Strategeme

Die Chinesen haben aus vielen konkreten Beispielen einige wenige stets gleichbleibende Grundmuster der List herauskristallisiert. Im Katalog der 36 Strategeme ist ein Teil dieser jahrtausendealten Erfahrung zur Bewältigung von misslichen Situationen zusammengefasst. Der Katalog entstand vor etwa 500 Jahren, am Ende der Ming-Zeit. Dem Juristen und Sinologen Harro von Senger ist es zu verdanken, dass diese Strategeme auch bei uns bekannt wurden. In zwei Bänden hat er die chinesischen Strategeme analysiert. Sein Buch mit dem Titel *„Strategeme“* ist das erste westliche Buch über den Katalog der 36 Strategeme. Der erste Band wurde zum Bestseller. Er ist in zehn Sprachen übersetzt. Im Jahre 2000 ist nun Band 2 erschienen (von Senger 2000).

Strategeme sind alternative Regulierungsmechanismen in allen möglichen zwischenmenschlichen Beziehungen. Ihnen liegt das Prinzip zugrunde, sich mit bestimmten Listen und Tricks Vorteile zu verschaffen. Der Katalog der Strategeme umfasst 36 (oft nach Geschichten benannten) Listen (siehe unter *„Cheng-yu"* Kap. 8), mit denen ein angestrebtes Ziel erreicht werden soll. Es handelt sich dabei um strategische (auf Langzeitwirkung ausgerichtete) bzw. taktische (auf kurzfristige Wirkung zielende) listorientierte Handlungsanleitungen. Je nach der dahinter steckenden Absicht unterteilt von Senger die Strategeme in sechs Grundkategorien der List:

1. Simulations-, 2. Dissimulations-, 3. Informations-, 4. Ausmünzungs-, 5. Flucht- und 6. Hybride Strategeme. Diese sechs Grundkategorien werden im Folgenden mit je einem Beispiel erläutert.

1. Simulationsstrategeme:
Eine nicht vorhandene Wirklichkeit wird vorgespielt.
Strategem Nr. 29: *„Dürre Bäume mit künstlichen Blumen schmücken."*

2. Dissimulationsstrategeme:
Eine vorhandene Wirklichkeit wird dem Blick entzogen oder verborgen.
Strategem Nr.10: *„Hinter dem Lächeln den Dolch verbergen."*

3. Informationsstrategeme:
Eine unbekannte Wirklichkeit wird vermittelt.
Strategem Nr. 13: *„Auf das Gras schlagen, um die Schlange aufzuscheuchen"* (und dadurch in Erfahrung zu bringen, ob und wo im Gras Schlangen lauern/um die Schlangen zu verjagen). Dieses Strategem ist in Kap. 7 als Vorgehen der indirekten Zurechtweisung mit der dazugehörigen Geschichte aufgeführt.

4. Ausmünzungsstrategeme:
Eine aktiv herbeigeführte oder sich ohne Zutun vorübergehend ergebende günstige Konstellation wird geistesgegenwärtig ausgenutzt.
Strategem Nr. 4: *„Ausgeruht auf den erschöpften Feind warten."*

5. Fluchtstrategeme: .
Man entzieht sich einer prekären Wirklichkeit.
Strategem Nr. 21: *„Die Zikade entschlüpft ihrer goldglänzenden Hülle."*

6. Hybride Strategeme:
Ein und dieselbe Handlung lässt sich Strategemen unterschiedlicher Grundkategorien zuordnen. So geht jede Dissimulation mit einer Simulation einher etc.

Nur die Strategeme der Kategorien 1 und 2 beruhen auf Täuschung (Täuschungsstrategeme). Strategeme der Kategorien 3, 4, und 5, deren Hauptererfordernisse Geschicklichkeit, Geistesgegenwart, Kombinationsgabe, geistige Beweglichkeit etc. sind, verzichten auf aktive Täuschung. Sie mögen zwar mit verdeckten Karten spielen, beruhen aber auf der als beeinfluss- bzw. wandelbar aufgefasste Wirklichkeit (Präsenzstrategeme).

Die Strategeme sind im Alltag der Chinesen vielfältig präsent. Mit Strategem Nr. 35 (Strategem der Verkettung) z.B. brachte Chinas Ministerpräsident Li Peng den Umweltminister Klaus Töpfer bei seinem Besuch in Peking im April 1992 zum Verstummen.

> Als der deutsche Minister mahnte, auch im Reich der Mitte müssten die Menschenrechte eingehalten werden, entgegnete Li Peng: *„Diese Rechte könne man seinem Volk schon gewähren, aber ob Deutschland auch bereit wäre 10 bis 15 Millionen Chinesen jährlich aufzunehmen und für sie zu sorgen?“* (von Senger 2000, 105).

Durch die Verkettung der Menschenrechtsfrage mit dem Recht auf globalen freien Personenverkehr und weltweite Domizilfreiheit jenem Menschenrecht, das dem westlichen Dialogpartner das größte Kopfzerbrechen bereitet setzte der chinesische Ministerpräsident den deutschen Umweltminister schachmatt.

Chinesen benutzen den Katalog der 36 Strategeme entweder als Leitfaden für eigenes listiges Verhalten oder als Analyseinstrument zum Durchschauen von fremdem listigen Tun. Wer sie kennt, kann politische und wirtschaftliche Vorgänge analysieren und sich überlegen, was das Gegenüber im Schild führt. Wer mit chinesischen Geschäftspartnern zusammenkommt, denen die Strategeme vertraut sind, sollte auf der Hut sein. Zunächst geht es darum abzuklären, ob es um ein Täuschungsstrategem (Simulations-, Dissimulationsstrategem) oder ein Präsenzstrategem (Informations-, Ausmünzungs-, Fluchtstrategem) handelt, oder um eine Mischung oder Verkettung der Strategem-Arten. So ist es durchaus möglich, anhand bestimmter Kriterien mutmaßliche List nicht nur instinktiv, sondern methodisch-rational rechtzeitig zu erkennen und sie auch zu benennen (siehe von Senger, 2000).

Beachten Sie in Verhandlungen vor allem auch das Strategem Nr. 36: „(Rechtzeitiges) *Weglaufen ist* (bei völliger Aussichtslosigkeit) *das beste.“* Sehen Sie sich vor! *„Von allen sechsundreissig Strategemen ist das Davonlaufen das beste“*, gehört zu den chinesischen Leitsprüchen.

Diesen Leitspruch machte sich auch Chinas stellvertretende Ministerpräsidentin Wu Yi zu eigen, als sie im Mai 2005 in letzter Minute das Treffen mit Japans Regierungschef Junichiro Koizumi platzen ließ und *„wegen dringenden Verpflichtungen"* nach Peking zurückflog. Japans Regierungschef erfuhr erst von der Absage, als die chinesische Regierungsvertreterin bereits im Flugzeug saß. Wu Yi hatte das Treffen ausdrücklich gewünscht und war eigentlich zu einer „Offensive des Charmes und der Diplomatie" nach Japan gereist. Die japanischen Medien spekulierten, ob China wegen einer Bemerkung Koizumis betreffend Chinas Vergangenheit das Gesicht verloren oder ob Wu Yi von der wachsenden antichinesischen Stimmung Japans überrascht war (Köhler 2005, 10).

17. Lehren und Lernen in China

Wenn Sie als Fremdsprachenlehrer oder als Student nach China oder Taiwan reisen, sollten Sie etwas über die spezielle Rolle des chinesischen Lehrers wissen. Vermutlich werden Sie auch die chinesischen Unterrichtsmethoden zuerst fremd anmuten.

17.1 Die spezielle Rolle des chinesischen Lehrers

Die Lehrer-Schüler-Beziehung hat seit Konfuzius einen besonderen Stellenwert. Das chinesische Wort für Lehrer *lao-shi* steht nicht für Rang oder Funktion einer Lehrperson, sondern bezeugt allgemeinen Respekt vor der Person, welche in irgend einer Form erzieht und Wissen vermittelt. Dieser traditionelle Respekt gründet auf der konfuzianischen Tugend der „kindlichen Pietät" (siehe Kap. 4.2). Sie beinhaltet Respekt und Gehorsam gegenüber der älteren Generation, seien es die Eltern, ältere Verwandte oder Lehrer. Ehrfurcht vor dem Lehrer ist nach Konfuzius Vorbedingung für alles Lernen.

> „Bei dem Weg alles Lernens ist die Schwierigkeit, dass der Lehrer gefürchtet wird. Wird der Lehrer gefürchtet, so wird der Weg geehrt. Steht der Weg in Ehren, dann weiß das Volk die Wissenschaft zu ehren" (Wilhelm 1997, 172).

„Immer war der Respekt vor dem Lehrer und Älteren zu spüren, aber auch das Zutrauen in seine Kompetenz und Zuwendung", erzählte ein deutscher Professor, welcher vorübergehend an einer chinesischen Universität unterrichtete.

Wenn Sie als Lehrer an einer Hochschule in China unterrichten und nicht auf den traditionellen Respekt vor dem Lehrer achten, kann es sein, dass Sie in Schwierigkeiten mit dem chinesischen Lehrkörper kommen. Diese Erfahrung machte ein junger amerikanischer Englischlehrer, der mit seinen Studenten einen etwas lockereren Umgang pflegte.

> *„So kann man nicht mit einem Lehrer reden!"* Der amerikanische Lehrer versuchte die entsetzte Lehrerin Wu davon zu überzeugen, dass die Schülerantwort und das Gelächter der andern Studenten kein Zeichen für Respektlosigkeit waren, sondern von einer schnelle Auffassungsgabe zeugte. Die chinesischen Studenten hatten in kurzer Zeit

> begriffen, dass amerikanische Lehrer andere Erwartungen haben als chinesische Lehrer. Lehrerin Wu ließ sich nicht beirren: *„Das ist entsetzlich. Kannst du dir vorstellen, was mit uns allen geschehen würde, falls sie je so mit einem chinesischen Lehrer reden würden? Sie müssen verwarnt werden - wir sind hier in China, und sie sind chinesische Studenten“* (Salzmann 1990, 254f).

Die konfuzianischen Regeln, wie sich der Schüler dem Lehrer gegenüber zu verhalten hat, sind im *Li-ji* genau aufgeführt (Wilhelm 1997, 312f).

> „Beim Sitzen verhält man sich ruhig. Halte deine Mienen gesammelt.“
> „Wenn der Ältere nicht auf ein neues Thema übergeht, so rede nicht voreilig von etwas anderem.“
> „Ordne dein Benehmen, höre ehrerbietig zu.“
> „Wenn du bei deinem Lehrer sitzest und er fragt dich etwas, so lasse ihn zuerst ausreden, ehe du erwiderst.“
> „Wenn du um deine Aufgaben (zum Einüben) bittest, so steh auf; wenn du um weitere Erklärungen bittest, so stehe auf.“

Der traditionelle chinesische Lehrer gilt als eine Person von moralischer Integrität.

> „Der Edle, der weiß, welche Schüler schwer und welche leicht zur Bildung kommen, und ihre Vorzüge und Fehler kennt, der vermag vielseitig aufzuklären. Und nur wer vielseitig aufzuklären vermag, der kann Lehrer sein. Wer Lehrer zu sein vermag, der kann Führer sein“ (Wilhelm 1997, 172).

Der größte Unterschied zwischen einem westlichen und chinesischen Lehrer ist die Qualität der Lehrer-Schüler-Beziehung. Es ist nicht nur eine formale Beziehung zwischen Lehrendem und Lernenden. Als Charakterbildner und Wissensvermittler gleichermaßen angesehen, ist der Lehrer eine Führerfigur. Dass die Lehrperson ihren Schülern gegenüber eine Art Elternrolle einnimmt, und Strenge gleichzeitig auch Güte beinhaltet, dies erlebte der junge amerikanische Lehrer nun selbst in der Schülerrolle im Chinesischunterricht bei Lehrerin Wei. Ihr ging der Ruf voraus, die strengste Lehrerin der ganzen Hochschule zu sein.

> „In der Zwischenzeit bestanden meine Stunden mit der Lehrerin Wei nicht mehr ausschließlich aus Lesen und Schreiben. Sie war ein Lehrer im traditionellen Sinn und fühlte sich daher nicht nur für den Fortschritt meiner Studien, sondern für meine ganze Entwicklung verantwortlich. Sie gab mir Ratschläge in bezug auf meine Familie und meine Freunde, auf Essen und Kleidung, Arbeitsmethoden, Trainingsgewohnheiten und überhaupt meine ganze Einstellung zum Leben.“

Als dem jungen Amerikaner diese Bevormundung doch allmählich zuviel wurde, und er seiner Lehrerin erklärte, dass in Amerika Studenten in diesem Alter erwachsen sind und ihre Entscheidungen selber treffen, war sie entsetzt: *„Kümmern sich eure Eltern und Lehrer denn nicht um euch?“* Die Chinesischlehrerin wies ihren Schüler auf die enge Beziehung zwischen Lehrer und Schüler in China hin, die seit der Zeit von Konfuzius existiere. Außerdem - hier machte sie das chinesische Superioritätprinzip geltend - sei sie älter und habe mehr Erfahrung. Dem konnte der junge ausländische Student nichts mehr entgegensetzen.

> „Zudem schien es ihr ausgesprochen Spaß zu machen, mich genau kennenzulernen und mich dann zurechtzubiegen, so dass ich meinen Widerstand schließlich aufgab und mich von ihr erziehen ließ“ (Salzmann 1990, 60f.).

Wie groß die gegenseitige Verantwortung zwischen Lehrer und Schüler für das Vorankommen des Schülers ist, erfuhr der junge Amerikaner auch von seinem Kampfsportlehrer. Durch die geringen Fortschritte entmutigt, fragte er seinen Lehrer, ob er nicht besser aufgeben würde. Darauf entgegnete dieser:

> *„‚Ich sagte, dass ich in der Zeit, die uns zur Verfügung steht, dein wushu mehr verbessern werde, als du dir vorstellen kannst, und genau das werde ich tun. Deine einzige Verpflichtung mir gegenüber besteht darin, zu üben und zu lernen. Meine Verpflichtung dir gegenüber ist sehr viel größer! Jedes Mal, wenn dir eine Aufgabe schwierig vorkommt, bedenke, um wie viel schwieriger die meine ist. Wenn du versagst‘*- hier machte er eine Pause, um sicher zugehen, dass ich ihn verstand - *‚verliere ich das Gesicht‘“* (Salzmann 1990, 132).

Westlichen Dozenten fällt die viel menschlichere, herzlichere Atmosphäre und ein engerer Kontakt zwischen Studenten und Dozierenden an den chinesischen Universitäten auf im Vergleich zu den deutschen. In China wird Dozenten für die Vorlesung schon einmal ein Becher grüner Tee aufs Pult gestellt. In Taiwan ist es üblich, zu Konfuzius' Geburtstag am 28. September - dem „Lehrertag“ - den Lehrern Dankeskarten zu senden. Es ist gebräuchlich, dass die Lehrer bei festlichen Veranstaltungen der Studenten und Klassentreffen dabei sind. Die Studenten können sich andrerseits darauf verlassen, dass ihnen der *lao-shi* in studentischen Belangen wohlwollend gegenübersteht und selbst bei privaten Problemen ein offenes Ohr hat.

17.2 Lernen in der chinesischen Kultur

Für Jahrhunderte hatte die Erziehung in der chinesischen Kultur einen beinahe heiligen Status inne. Erziehung wird bei den Chinesen meist gleichgesetzt mit schulischer Erziehung. Belehrung erfolgt durch Beeinflussung. Konfuzius stellt im *Li-ji* die Methoden zur „rechtzeitigen Beeinflussung der Schüler" vor:

> „Man verhindere die Fehler, ehe sie sich zeigen: das ist vorbedacht. Man handelt, wenn es so richtig ist: das ist Zeitgemäßheit. Man verletzt nicht den Takt beim Handeln: das ist Anpassung. Man lässt die Schüler aufeinander schauen und bessert sie dadurch: das ist gegenseitiges Abschleifen. Diese vier Dinge sind es, durch die das Lehren erfolgreich ist" (Wilhelm 1997, 170).

Diese Regeln des Lehrens wirken sich heute noch auf das chinesische Lehrverhalten aus. Der Lehrer - in der Rolle des Erziehers und weisen Führers - weist seinen Schülern den Weg und bewahrt sie vor Irrtum. Nicht selbständiges Tun der Schüler ist gefragt; im Zentrum steht die Belehrung durch den Lehrer und die Vorbilder der Umgebung. Konfuzius hob die wichtige Bedeutung des Modell-Lernens hervor:

> „Der Meister sagte: Gehen wir zu dritt, so wandeln gewiss meine Lehrmeister mit mir. Ich suche mir aus, was gut an ihnen ist, und folge ihrem Beispiel; und was ich schlecht an ihnen finde, das bessere ich an mir selbst" (Schwarz 1999, 65).

Bekannt ist, dass die Mutter von Menzius (Schüler von Konfuzius) mit ihrem Sohn dreimal umzog, bis er ihrer Ansicht nach in einer für seine Entwicklung förderlichen Umgebung aufwachsen konnte. Lernen vom Modell ist auch heute noch von großer Bedeutung. Es gehört zu den chinesischen Erziehungsmethoden, den Schülern ein Vorbild vorzugeben mit der Aufforderung, diesem Modell nachzueifern. Auf dem chinesischen Festland kennt jedes Schulkind die Geschichte vom jungen Soldaten Lei Feng, der als Beispiel von Fleiß Loyalität, Zuvorkommenheit und Rücksichtnahmen hingestellt wird, dem die Kinder nacheifern sollen. Auch die taiwanischen Schulbücher sind voll von solchen moralischen Vorbildern.

Die Chinesen gelten allgemein als sehr fleißig und lernwillig. Es ist immer wieder eindrücklich zu erleben, mit welcher Ausdauer Chinesen lernen und um eines späteren Erfolges willen große Entbehrungen auf sich nehmen.

> „An Ehrgeiz hat es Hong Zhang noch nie gefehlt. Als sie 13 Jahre alt wurde, habe sie beschlossen, später einmal im Ausland zu studieren,

erzählt sie: *‚Danach lernte ich pro Tag mindestens zwölf Stunden, fünf Stunden Schlaf reichten*'" (Löpfe & Vontobel 2005, 16).

Die schulische Tradition wird bei den Chinesen hochgehalten, da auch nach heutiger Ansicht Schulerfolg mit späterem Berufs- und Lebenserfolg verknüpft ist. Einen gelehrten Sohn zu haben war schon seit jeher der Stolz jeder Familie. Die chinesische Begeisterung für Schule und Bildung hat historische Gründe. In der Sui-Dynastie (587 n. Chr.) wurde in China ein öffentliches staatliches Prüfungssystem geschaffen, welches bis zur Einführung des modernen Schulsystems in China in der Qing-Dynastie (1905) seine Gültigkeit hatte. Der Zugang zu diesen staatlichen Prüfungen stand allen Bevölkerungsschichten offen. Dadurch wurde der gesamten männlichen Bevölkerung unabhängig von ihrer Herkunft der soziale Aufstieg in die höchsten Ämter ermöglicht. So war schulische Bildung in China mit sozialem Aufstieg und gesellschaftlichem Erfolg verknüpft.

Die chinesische Bildung war einseitig auf die Kenntnisse der konfuzianischen Literatur ausgerichtet. Der typisch chinesische Gelehrte war ein gebildeter Mann, und vom tiefen Glauben an das geschriebene Wort durchdrungen. Bis heute haben die Chinesen Vertrauen in das Geschriebene. Sie beharren darauf, dass ein Argument schon allein deshalb richtig sein müsse, weil es doch so geschrieben steht.

Der Schulunterricht in der traditionellen chinesischen Schule begann damit, dass die Schüler einen literarischen Text nach dem andern auswendig lernen mussten, wobei sie gleichzeitig mit den Schriftzeichen vertraut wurden. In Chin Shengt'ans (Jin Sheng-tan) Aufzählung der glücklichen Momente im Menschenleben - Augenblicke in denen der Geist mit den Sinnen verbunden ist - steht:

> „Wenn man Schulkinder so geläufig die Klassiker rezitieren hört, dass es klingt wie das Plätschern von Wasser, das aus einem Gefäß tröpfelt. Ist das vielleicht nicht Glück" (Lin 1937, 157).

Zur Zeit erlebt die Lektüre chinesischer Klassiker eine Renaissance. Viele Eltern sind überzeugt, dass das Auswendiglernen der Klassiker ihren Kindern Vorteile verschafft. Es verbessert ihr Textverständnis und erhöht ihre Schreibfähigkeiten.

> „Warum sollte man also diese einzigartige Gelegenheit der Lektüre chinesischer Klassiker, die ein unverwechselbarer Bestandteil unserer Kultur sind, ungenutzt lassen? Es könnte im Wettbewerb mit dem Westen unsere größte Hoffung sein", meint eine Mutter (Yun 1996, 64).

17.3 Chinesische Lernmethoden

In China steht nicht das aktive, selbständige Lernen im Vordergrund, sondern ein zuhörendes, nachahmendes, reproduzierendes. Originalität und Kreativität sind weniger wichtig als die perfekte Beherrschung des Gelehrten. *„Es macht Freude, das Gelernte immer wieder zu üben"*, dieser Satz am Anfang der „Gespräche" (Lun-yu) gilt als Grundlage allen Lernens. Durch stetes geduldiges Üben gelangt man zur Meisterschaft. Deshalb wird als herausstechendes Element des chinesischen Unterrichts auch heute noch das viele Auswendiglernen vermerkt. „Entenstopfen" (*tian-ya*) heißt im Volksmund das schulische Auswendiglernen und Büffeln von Texten und Zahlen. Neben mechanischem Memorieren gehören Chorrepetitionen und Geschwindigkeitsdrill zum täglichen Unterricht. Chinesische Kinder lernen viele Slogans, Gedichte und Geschichten auswendig und rezitieren sie dann unisono, wenn sie dazu aufgefordert werden. In der Lesestunde liest die Lehrperson einen Satz vor, den die ganze Klasse „nachsingt". Dann liest der Lehrer den nächsten Satz vor, der wiederum von der ganzen Klasse im Chor wiederholt wird. Gruppenrezitationen, Kollektivantworten, konventionelle oder geprobte Schülerantworten sind üblich. Diese traditionelle Lernmethode gilt noch immer als effektive Methode im Sprachunterricht, um den Besonderheiten der chinesischen Sprache (siehe Kap. 19) gerecht zu werden. Günthner (1993, 187) berichtet von ihren Erfahrungen als Deutschlehrerin in China:

> „Nahezu jeder von mir geäußerte Satz wurde umgehend im Chor von der ganzen Klasse wiederholt. Führte ich im Deutschunterricht einen neuen Begriff ein, so kam unmittelbar das Klassenecho des Begriffs zurück."

Trotz vermehrter Kritik durch Pädagogen und Reformbestrebungen sind mechanisiertes Auswendiglernen und Drill immer noch die bevorzugten Lernmethoden in allen chinesischen Schulen. Es bleibt kein Raum für Improvisationen. Der Unterricht an den chinesischen Hochschulen ist sehr verschult, mit festen Klassenverbänden, vorgeschriebenen Unterrichtsfächern und regelmäßigen Semesterprüfungen.

Eigenartig mag uns das in Reih und Glied Stehen der erstsemestrigen Studenten an der Universität anmuten. Dieser kollektive Drill ist ebenso im Dienstleistungssektor üblich. So muss auch das Servierpersonal der Restaurants zu Beginn seiner Arbeitsschicht stramm stehen. Es ist ein farbiges Bild in Chinas Städten, wenn am frühen Abend vor jedem Esslokal die Serviertruppe - in entsprechender Uniform - in militärischer Haltung vom Chef die letzten Anweisungen entgegennimmt.

Strammstehen beim Morgenappell in einer High-School in Taipei (Foto W. Lin).

Das Lernen einer Fremdsprache besteht im Wesentlichen im Aufsagen grammatischer Regeln und im Nachschlagen unbekannter Vokabeln. Bei grammatikalischen Besonderheiten stürzen sich die Studenten bei jeder Unklarheit bevor sie selbst überlegen auf ihr Lexikon. Als Extrembeispiel kann wohl der Student gelten, der sich bei seinem Lehrer erkundigte, welches denn das beste Lexikon sei, um das deutsche Vokabular von A bis Z zu erlernen (Plank 1992, 27).

Wenn Sie als Sprachlehrer im chinesischen Raum tätig sind, werden Sie die chinesischen Studenten, im Vergleich zu deutschen, als unselbständig erleben. Die an lehrerzentrierten Unterricht gewohnten chinesische Studenten werden von westlichen Lehrern als überaus passiv und angepasst erlebt. Dass sie den Unterricht aktiv mitgestalten können und sollen, ist für die Studenten eine ganz neue Erfahrung, die sie vor große Probleme stellt. Die Angst, ihre Meinung zu äußern, erschwert den kommunikativen Unterricht.

> *„Eure Aufgabe ist zu lernen, nicht aber zu reden oder Fragen zu stellen“,* zitiert eine Studentin im sechsten Semester ihre Lehrer (Plank 1992, 27).

Die meisten Studenten haben große Schwierigkeiten, ihre anerzogene Zurückhaltung abzulegen, auf Fragen zu antworten und selbst welche zu stellen, da sie dies nicht gewöhnt sind.

Chinesische Schüler und Studenten fallen in amerikanischen (und west-europäischen) Ausbildungsstätten vor allem durch ihre verbale Zurückhaltung auf. Sie bekunden Mühe, Fragen zu stellen, vor der Klasse zu sprechen oder sich an Diskussionen zu beteiligen.

> Eine taiwanische Logopädin, die ihr Postgradual-Studium in Amerika absolvierte, erzählte mir, wie schwierig es für sie war, an Kolloquien teilzunehmen. Nicht gewohnt, wie ihre amerikanischen Kommilitoninnen ständig Fragen zu stellen, schwieg sie meistens. Auch hielt sie sich mit Diskussionsbeiträgen zurück, da sie dachte, dass ihre Kommentare wohl nicht wichtig genug seien. Aus ihrem Schweigen schloss der Professor, dass sie den Stoff wohl nicht verstanden habe, was ihr wiederum sehr peinlich war.

Chinesische Studenten halten sich oft auch mit ihren Fragen und Äußerungen zurück aus Angst, sich zu blamieren und so das Gesicht zu verlieren. Zudem könnte der Eindruck entstehen, man habe den Stoff aufgrund der mangelnden Lehrerqualität nicht verstanden, was indirekt eine ungebührliche Kritik des Lehrers bedeuten würde. In Kap. 7.1 dieses Buches steht ein Paradebeispiel dafür, wie gesichtsschonend chinesische Studenten einem ausländischen Sprachlehrer ihre Unterrichtskritik anbringen.

18. Unterwegs als Tourist

China ist zu einem populären Reiseland geworden. Heute ist es möglich, das Land auf eigene Faust zu bereisen. Die meisten ausländischen Besucher ziehen es jedoch vor, in einer organisierten Gruppe unter Obhut eines Reiseleiters und Dolmetschers zu reisen - in sicheren, komfortablen Bussen, auf erprobten Reiserouten mit vorgebuchten Hotels.

> „Der Fremde reist in der Gruppe, ordnet seinen Tritt nach dem schnellen Schritt des Dolmetschers. Er überquert den belagerten Vorplatz, durchschreitet die abgelegene Sperre, durchpflügt das Menschenmeer, eilt an Kauernden, Hockenden vorbei, verschwindet unter den Augen der Wartenden wie Spuk. Sein Gepäck wird selbstverständlich nachgereicht. Da es vice versa nicht anders zugeht, glaubt das wartende Volk schon bald, dass Ausländer Götter aus einer anderen Welt sein müssen“ (Franz 1998, 181).

Wer China auf eigene Faust durchreist, lernt das China der Chinesen kennen. Dies vielleicht gründlicher, als ihm lieb ist, schreibt Chen in *„KulturSchock China“* (1999, 234). China aus eigener Perspektive kennen zu lernen, ist sicher lehr- und erlebnisreich, kann aber überaus frustrierend sein. Für Einzeltouristen stellt die Aufschrift *I survived China* (Ich habe China überlebt) auf den T-Shirts, welche in den Straßenmärkten Hongkongs angeboten werden, eine ganz persönliche Realität dar. Die impliziten Regeln und Normen, die für die ausländischen Reisenden oft nicht rational nachvollziehbar sind, werden von ihnen häufig als Verschwörung oder als böswilliger Affront interpretiert. Mangelnde Sprachkenntnisse auf beiden Seiten führen zu Missverständnissen.

8.1 Westliche Touristen in China

Der Ausländer hat viele Namen

Die Europäer werden in der chinesischen Umgangssprache mit verschiedenen Namen bedacht, die nicht alle sehr schmeichlerisch klingen.

Yang-ren

In China unterscheidet man westliche Ausländer nicht nach ihrer Nationalitätenzughörigkeit in Amerikaner, Engländer, Franzosen, Italiener, Deutsche, Russen etc., sondern fremdaussehende Reisende werden als die Ausländer in Gestalt von Touristen, Spezialisten, Studenten, Politikern und Geschäftsleuten wahrgenommen. *Yang-ren* (Mensch aus dem Westen, aus Übersee) ist die umgangssprachliche neutrale Bezeichnung für westliche, hellhäutige Ausländer, während die Bezeichnung *wai-guo-ren* alle Ausländer meint, welche nicht Chinesen sind, also auch Afrikaner und Japaner.

Yang-gui-zi

Yang-gui-zi bedeutet „westlicher Teufel". *Gui-zi* lässt sich auch mit „Gespenst", „Geist", „Monster" oder „hässliches Ungeheuer" übersetzen. Der Ausdruck *yang-gui-zi* ist heute soweit trivialisiert, dass er ohne ehrabschneiderische Absicht Verwendung findet.

> „Geschäftsleute hofieren den westlichen Kunden wie einen Vorgesetzten und bezeichnen ihn später, nachdem er gegangen ist, ganz sachlich als haarigen Teufel, um eine Verwechslung mit andern Kunden zu vermeiden" (Böckelmann 1998, 147).

Chinesische Kleider für „yang-gui-zi"
(Foto M. Lin)

Da bi-zi

Da bi-zi (Großnase) oder seltener *gao bi-zi* (Hochnase) ist ein weiterer chinesische Name für westliche Ausländer. Dies ist nicht abschätzig gemeint. Eine große oder hohe Nase gilt bei den Chinesen als Schönheitsideal.

> *„Allein schon deine große Nase wird dir alle Türen öffnen. Du hast blondes Haar, blaue Augen und bist sehr kräftig - ein Paradebeispiel für einen Ausländer“* (Lehrerin Wei zu ihrem jüngeren amerikanischen Lehrerkollegen; Salzmann 1990, 52).

Lao-wei

Lao-wei („alter Ausländer“ oder „Väterchen Ausländer“) nennen die Chinesen eher wohlwollend – mit kumpelhaftem Unterton, gemischt mit etwas Überheblichkeit und Schadenfreude - vor allem diejenigen Geschöpfe mit großem Rucksack und Schlapphut, die als Weltenbummler unterwegs sind. Eine Chinesin erinnert sich an das Eintreffen eines solchen Fremden in der Provinzhauptstadt:

> „Er war mit Kameras, Koch- und Essgeräten, Tropenkleidung und allerlei Schnickschnack ausgerüstet, um auf jede Bedarfslage vorbereitet zu sein. Eifrig, durch nichts abzulenken, gab er sich dem Essen, Besichtigen und Verständigen hin. Das war sehr komisch“ (Böckelmann 1998, 146).

Das Wort *lao-wei* wird unter Chinesen auch als Zurechtweisung für ungebührliches Verhalten verwendet:

> *„Du benimmst dich wie ein ‚lao-wei‘* (Ausländer)“, schimpft eine ältere Dame einen jungen Chinesen wegen seines rüpelhaften Benehmens.

Ausländische Touristen aus der Sicht der Chinesen

In den Städten sind die Chinesen westliche Gesichter zunehmend gewohnt. Anders ist es auf dem Lande. Hier werden Ausländer wie Wesen von einem anderen Stern betrachtet. Dies erlebte ein junger Amerikaner, als ihm unterwegs die Fahrradkette riss und er einen Fahrradreparaturstand am Straßenrand aufsuchte.

> „Kaum hatte der Mann den Schock meines Anblickes überwunden, da schrillte eine Glocke, die das Ende des Nachmittagsunterrichtes in der gegenüberliegenden Volksschule verkündete. Ein riesiges Eisentor tat sich auf und spukte einen Schwall Kinder aus, die mich, sobald sie mich entdeckt hatten, wie ein riesiges Lebewesen umringten“ (Salzmann 1990, 225f).

Ähnliche Erfahrungen machte ein junger Chinese, während seines Studienaufenthaltes in der Schweiz in den zwanziger Jahren:

> Bei seinen Spaziergängen über Land zeigten die Kinder mit Händen und Füßen auf ihn und riefen: *„Kommt schnell her, ein Chinese!"* Bei diesen Ereignissen erinnerte sich der Chinese, wie er mit seinem ungarischen Freund in China unterwegs war und sie dabei auf eine Meute Landkinder trafen, die laut schrie: *„Kommt schnell her und schaut euch die ausländischen Teufel an!"* (Song 2000, 39 ff).

Bei der einfachen chinesischen Bevölkerung erschöpft sich die erhöhte Aufmerksamkeit Fremden gegenüber in einem stillen Anstarren oder Angaffen, vor allem bei jüngeren Mädchen in endlosem Kichern. Die Kinder auf der Strasse zeigen lachend auf die großen Nasen der westlichen Ausländer. Es gibt auch Einheimische, die im Gedränge versuchen, die fremde Haut zu berühren oder sie zupfen an den Körperhaaren. Mit ihrem fremdartigen Äußeren, ihrer von der Sonne geröteten, behaarten Haut und der speziellen Ausrüstung, stechen die westlichen Weltenbummler optisch aus dem Straßenbild heraus. Wenn sie auf der Strasse ihre Nudelsuppe schlürfen, bildet sich ein Ring gebannter Beobachter.

> „Sie kommen, um zu sehen, wie ich sitze, wie ich einen Apfel esse, meine Zähne putze. Ich fühle mich wie ein Affe im Zoo", berichtet ein Chinareisender seine Erlebnisse (Böckelmann 1998, 205).

Umgekehrt schrieb ein Chinese über seine Erlebnisse im Westen nach dem ersten Weltkrieg.

> „Sobald in einem europäischen Land die Ausländer einen von uns sehen, behandeln sie uns wie die Raubtiere in einem Zoo oder südafrikanische Zebras" (Song 2000, 39).

Zehn Angehörigen der chinesischen Kultur (fünf Frauen und fünf Männer) wurden nach den haftenden Eindrücken befragt, wenn ihnen in Peking, Shanghai oder einer anderen Stadt ein westlicher Ausländer begegnet (Böckelmann 1998, 142ff). Den Interviewten fällt insbesondere die unterschiedliche Körpersprache der westlichen Menschen auf:

> *„Sie sprechen viel mit den Händen und bewegen ihre Schultern, als seien sie sehr aufgeregt."*
> *„Auffällig ist ihre Ruhelosigkeit. Sie sind fast ständig in Bewegung."*
> *„Der westliche Körper kann nicht anders. Selbst im Ruhezustand signalisiert er Zügellosigkeit."*
> *„Ihre Gefühlsbetontheit und überschwängliches Verhalten zeigen sie auch beim Sprechen."*

„Wie sie sich bewegen und wie sie sprechen - wie Kinder.“

Die unbefangene, direkte, ichbezogene Art der Menschen aus dem Westen empfinden die Chinesen als kindhaft naiv und noch unreif.

> „Bedrohlich ist sein unbefangenes, überschwängliches Verhalten nicht. Eher komisch, selbst dann, wenn der Betreffende grimmig wird und droht. Als sei er noch unreif, nicht ganz ausgeformt. Wie ein Kind. Er wird wohlwollend betrachtet, hat Ausländerbonus. Vieles sieht man ihm nach. Seine Offenheit hat etwas Rührendes“ (Böckelmann 1998, 203).

Ausländer gelten normalerweise als freundlich und offen und höflich. Man bemerkt, dass sie ständig bitte und danke sagen für alltägliche Höflichkeiten, wie das Essen reichen oder die Türe öffnen in Situationen in denen im Chinesischen keine Höflichkeitsformel erwartet wird. Ausländer gelten als zuverlässig: Wenn du mit ihnen eine Verabredung hast, werden sie rechtzeitig da sein; wenn sie etwas versprechen, dann halten sie Wort.

Ihre Unkenntnis gegenüber den kulturellen Eigenarten Chinas lässt die Ausländer jedoch unbeholfen wirken. Sie bestellen im Restaurant mit dem Zeigefinger. Ohne Schrift und Sprache sind sie verloren. Der siegesgewohnte lautstarke Eroberer aus dem Westen wirkt plötzlich - losgelöst von seinem Umfeld - hilflos. Dies wird von den Chinesen mit Belustigung und auch etwas Schadenfreude registriert.

> „In der Ignoranz der Fremden gegenüber chinesischen Sitten liegt ein weiterer Grund für das Überlegenheitsgefühl der Chinesen“ (Smith 1894, 101)

Chinesen sind stolz auf ihre Hochkultur und ihre hochkomplexe Sprache. Das chinesische Selbstverständnis „anders“ zu sein als die Andern die Völker aus dem Westen ist die Bestätigung dafür, „chinesisch“ zu sein. Ausländische Touristen sollten sich auf jeden Fall ein bescheidenes Auftreten angewöhnen. Mit rüdem Befehlston kommen sie nicht sehr weit.

> Ich weiß nicht, ob jener Amerikaner, den ich in Taipei in einer Buchhandlung traf, wirklich das bekam, wonach er suchte. Er stellte sich breitbeinig vor die zierliche Verkäuferin hin, welche er mit seinen Körpermassen (in Höhe und Breite) beinahe um das Doppelte überragte und fragte mit dröhnender Stimme: *„Where is the boss?“*

18.2 *Mei-you* (nicht vorhanden)

Der erste chinesische Ausdruck, der von Ausländern gelernt wird, ist *mei-you* (wörtlich, „nicht vorhanden"). Es ist die wichtigste Sprachformel in China und wird für Chinareisende nicht selten zu einem geradezu traumatischen China-Erlebnis. Bereits werden in einigen Städten Chinas T-Shirts verkauft mit der Aufschrift *Bu shuo mei-you!* (Sage bitte nicht *mei-you!*). *Mei-you* ist eine Antwortformel, die Verschiedenes bedeuten kann:

„Nein, gibt es nicht." - „Nein, haben wir nicht."
„Keine Lust" – „Mag mich nicht darum kümmern."
„Weiß ich doch nicht." – „Das muss der Chef entscheiden."
„Ich bin außer Dienst." – „Ich habe gerade Mittagspause."

Mei-you ist die übliche chinesische Antwort auf eine direkt gestellte Frage, die ein Begehren ausdrückt. Es ist wichtig zu wissen: *mei-you* muss nicht unbedingt das letzte Wort sein, sondern lässt oft einen Verhandlungsspielraum offen. Wenn Sie geschickt, beharrlich und geduldig sind, dann haben sie gute Chance, dass sich *mei-you* nach einer gewissen Verhandlungszeit in eine positive Antwort umwandeln kann (siehe Holthoff 1989).

Es gibt unzählige Geschichten welche in mehreren Abwandlungen immer wieder erzählt werden von Reisenden, die ein Zimmer buchen wollten, an der Hotelrezeption jedoch abgewiesen wurden, obwohl klar ersichtlich war, dass es noch freie Zimmer gab. Bei einem nochmaligen Nachfragen nach einer Viertelstunde erhielten sie dann unverhofft ein Zimmer zugeteilt. Ähnliche Anekdoten werden über den Erwerb von Fahrkarten erzählt.

> Um ein Bahnbillett zu kaufen brauchte eine niederländische Touristin eine Woche. Jeden Morgen stand sie nachdem sie mit Mühe den richtigen unter 20 Schaltern eruiert hatte Schlange, verteidigte ihr Revier gegen die drängelnde, rempelnde Masse und wartete, bis sie an der Reihe war. Endlich am Ziel angelangt, wurde sie jedes Mal mit einem Kopfschütteln auf *Tomorrow* vertröstet. Schlussendlich verlor die Frau die Geduld und schrie in ihrer Muttersprache, dass sie nicht von der Stelle weichen würde, bis sie die Fahrkarte hätte. Es entstand ein allgemeiner Tumult. Ein Polizist organisierte per Megaphon einen Englisch sprechenden Chinesen, und die Touristin konnte mit einem Male die Fahrkarte kaufen (Dschen, o. J.).

Aus westlicher Sicht zahlt es sich aus, bei besonders störrischen Schalterbeamten oder Hotelangestellten einen Wutanfall zu bekommen. Erfahrungen zeigen, dass man manchmal damit tatsächlich das Ziel erreicht. Aus der Sicht der Chinesen wirkt ein solches Verhalten jedoch hochgradig lächerlich oder kindisch, allenfalls beunruhigend. Die Vorurteile lassen sich dadurch nur bestätigen, dass die westlichen Ausländer schnell die Nerven verlieren und letztlich eben doch Barbaren sind (vgl. „*Verhandlungsgespräche*“ Kap. 16. 2).

Besonders in staatlichen Betrieben versucht oft desinteressiertes Personal mit abweisenden Gesichtsausdruck und Verhalten die Kunden abzuwimmeln. Geben Sie nicht auf, auch wenn Ihre Versuche nicht immer auf ersten Anhieb zu Erfolg führen.

> „Der Gedanke an einen Kaffee begeisterte mich so sehr, dass ich hineinstürzte und dabei die junge *fu-wu-yen* - ein Serviermädchen - aufschreckte, die unmittelbar hinter der Tür an einem Tresen saß und in einem Comic-Heft las.
> Ich lächelte sie an. ‚*Gibt es hier wirklich Kaffee?*‘
> Sie warf den Kopf in den Nacken und entgegnete: ‚*Da steht doch Café oder etwa nicht?*‘
> Ich war nicht bereit, mir von ihr die Laune verderben zu lassen: wortlos ging ich an ihr vorbei ins Café.
> ‚*Halt*‘ schrie sie mir nach. Ich drehte mich um.
> Ohne von ihrem Comic-Heft aufzublicken, sagte sie: ‚*Fünf Dollar Eintritt*‘
> ‚*Fünf Dollar?*‘ Sie zeigte auf ein Schild am Tresen, das verkündete: TANZPARTY UM 9 UHR. EINTRITT: 5 YUAN IN AUSLÄNDISCHER WÄHRUNG.
> ‚*Aber ich bin nicht wegen der Tanzparty hier. Ich möchte nur eine Tasse Kaffee trinken, dann gehe ich sofort wieder.*‘
> ‚*Spielt keine Rolle. Fünf Dollar.*‘
> ‚*Aber es ist erst ein Viertel nach sieben, der Tanz hat noch nicht angefangen....*‘
> Diesmal antwortete sie nicht, sondern streckte nur die Hand aus und tappte ungeduldig mit dem Fuß. Ich spürte, dass mich langsam die Wut packte, zwang mich aber mit ruhiger Stimme zu sagen: ‚*Na gut, wenn das die Vorschrift ist, werde ich sie nicht verletzen. Kann ich dann eine Tasse Kaffee zum Mitnehmen bekommen?*‘
> ‚*Nein. Die Tassen dürfen das Restaurant nicht verlassen*‘“ (Salzmann 1990, 281ff).

Nach langem Hin und Her und verschiedenen Winkelzügen erhielt schlussendlich der amerikanische Tourist seinen langersehnten Kaffee zwei Schlücke, da die Kellnerin die Hälfte wieder ausleerte, in der mitgebrachten Blechtasse zu dem auf der Karte vermerkten Preis von einem Dollar.

18.3 Persönliche Begegnungen

Obwohl die Probleme allgemein kleiner geworden sind, berichten Einzelreisende noch immer über frustrierende Reiseerlebnisse im chinesischen Raum. Diese Negativerlebnisse beziehen sich vor allem auf den Dienstleistungssektor (vgl. *„Aussenkommunikation“* Kap. 12.2). Ausländische Touristen empfinden das chinesische Kommunikationsverhalten in der Außenkommunikation als besonders unhöflich und grob, da sie nicht mehr überall eine Vorzugsstellung genießen. Zwischenmenschliche Begegnungen außerhalb des Dienstleistungsbetriebs sind jedoch durchaus angenehmer Art. Hier erleben Sie „traditionelle chinesische Höflichkeit“ und oft überraschende Hilfsbereitschaft und Gastfreundschaft gegenüber Fremden. In China sind durch die Kulturrevolution die Umgangsformen im öffentlichen Leben allgemein roher geworden (vgl. Außenmenschen). Noch in den achtziger Jahre stellte eine Vorschrift alle nicht-offiziellen Beziehungen zwischen Chinesen und Ausländern unter Strafe. Darum sind die Menschen Ausländern gegenüber etwas zurückhaltender als auf Taiwan.

> In einem alten Stadtteil von Peking sprach uns ein junges Mädchen in Englisch an. Sie erklärte scheu, ihr Vater habe sie geschickt, damit sie mit uns ihr Englisch üben könne. In einiger Entfernung wartete der Vater mit einem Kollegen und überwachte die Situation.

Die junge Generation zeigt eine große Weltoffenheit und greift nach jeder Gelegenheit, um ihr Schulenglisch ausprobieren: *„Where do you come from? How long will you stay here? Do you like the Chinese?”*

Sie wissen nun um den Stolz der Chinesen auf ihre Kultur und werden mit Ihrem reichlich gespendeten Lob viel Beifall ernten. Sie müssen jedoch auch auf sehr persönliche Frage und direkte Kommentare über Ihr Äußeres gefasst sein (siehe *„Gesprächsthemen“* Kap. 9.2). Oft werden auf solchen Reisen Freundschaften geschlossen, die man nie mehr vergisst. Aus persönlichen Begegnungen können sich jahrelange Brieffreundschaften ergeben oder auch filmreife Geschichten, wie die der Schweizerin Esperanza Friedli und des chinesischen Kunstturners Li Donghua. Die Chinareise der Schweizerin endete mit einem Happyend und brachte der Schweiz Olympiagold:

> Mit dem chaotischen Stadtplan von Peking in den Händen stand die Schweizerin hilflos auf dem Tian-an-men-Platz, als sie ein Chinese, Mitglied des Turn-Nationalkaders, ansprach und der jungen Ausländerin seine Hilfe anbot. Sechs Monate später heirateten die beiden und 1996 erturnte der Chinese - inzwischen der Schweiz beliebtester Kunstturner - in Atlanta eine Schweizer Goldmedaille.

Mittlerweile ist in China Lis Biographie erschienen mit dem mehrdeutigen Titel „Die Grenzen überschreiten".

18.4 10 Gebote für China-Reisende

Reisen in eine andere Kultur sind immer ein echtes Abenteuer. In der Auseinandersetzung mit dem Fremden braucht es Neugier, um hinter den Schleier der Wirklichkeit zu schauen, aber auch Achtung und Respekt vor den anderen Menschen. Robert Girtler, Professor für Soziologie an der Universität Wien - berühmt für seine Feldforschungen - stellte eine Liste von Empfehlungen zusammen, um menschliches und kulturelles Leben zu ergründen. Daraus entstanden die „10 Gebote der Feldforschung". Von Verantwortlichen der österreichischen Tourismusbranche wurde erkannt, dass diese Gebote auch für den Tourismus von Bedeutung sind. So hat Girtler seine Empfehlungen in die „10 Gebote des Tourismus" umgeschrieben (Girtler 2001, 110/111). Girtlers Anregungen können für westliche Touristen, welche in China mit der Absicht unterwegs sind, wirklich etwas über Land und Leute zu erfahren, sehr bedeutsam sein. Ich habe mir deshalb erlaubt, Girtlers Tourismus-Gebote leicht abzuändern und sie speziell für China-Reisende zu adaptieren.

1. Du sollst einigermaßen nach jenen Sitten und Regeln leben, die für die Menschen, die du besuchst, wichtig sind. Dies bedeutet die Achtung ihrer Rituale, sowohl in der Kleidung als auch beim Essen und Trinken.
2. Du sollst zur Großzügigkeit und Unvoreingenommenheit fähig sein, um Werte zu erkennen und nach Grundsätzen zu urteilen, die nicht die eigenen sind.
3. Du sollst niemals abfällig urteilen über Orte, Menschen, Sitten und Gebräuche, welche du auf deiner Reise kennen lernen darfst.
4. Du sollst dir ein solides Wissen über Geschichte, Kultur und die sozialen Verhältnisse der von dir besuchten Orte aneignen.
5. Du sollst dir ein Bild der Plätze machen, auf und in denen sich das Leben abspielt, das du verstehen lernen willst. Liebe die Natur und damit auch die menschliche Natur - beides kann ungemein reizvoll sein.
6. Du sollst, um dich von den üblichen Reisenden zu unterscheiden, das Erlebte mit dir forttragen und darüber möglichst ohne

Vorurteile berichten. Daher ist es wichtig, Aufzeichnungen zu führen, in die du dir jeden Tag deine Gedanken, Probleme und Freuden der Reise, aber auch den Ärger einträgst. Dies regt zu ehrlichem Nachdenken über dich selbst und deine Erfahrungen an und somit zur Selbstkritik.

7. Du sollst die Muße zum freien Gespräch aufbringen. Das heißt, mit den Menschen so zu sprechen, dass sie sich geachtet fühlen. Man muss sich selbst als Mensch einbringen und darf sich nicht aufzwingen.
8. Du sollst dich nicht als Lehrer oder Besserwisser aufdrängen. Es steht dir nicht zu, „erzieherisch" auf die vermeintlich „Rückständigen" einzuwirken. Du bist kein Richter, sondern lediglich Zeuge.
9. Du musst physische und psychische Stabilität haben, um dich auf staubigen Landstraßen, inmitten des chaotischen Großstadtverkehrs, in stickigen Essbuden, noblen Restaurants, in einfachen Herbergen oder Luxussuiten, an heiligen Stätten, in Tempeln oder Klöstern und auch sonst wo wohl zu fühlen. Dazu gehört die Fähigkeit, zu ungewohnten Zeiten Ungewohntes zu essen und zu trinken und jederzeit in ungewohnten Situationen zu schlafen.
10. Was du derart erfahren durftest, hat dich reifer, weiser und toleranter gemacht. Du lerntest, Menschen in fremden Lebenswelten mit Hochachtung und Respekt zu begegnen, und solltest in Zukunft auch auf alle deine Freunde und Bekannte in diesem Sinne einwirken (vgl. Girtler 2001; 110/111).

柒

Charakteristiken der chinesischen Sprache

19. Die chinesische Sprache

19.1 Allgemeine Bemerkungen

Die Bezeichnung Chinesisch bezieht sich auf die gesprochene und geschriebene Sprache der Volksgruppe der Han-Chinesen, benannt nach der Han-Dynastie (206-220 n. Chr.). Die Sprache gehört zu der sino-tibetischen Sprachfamilie. Sie wird heute von mehr als einer Milliarde Menschen gesprochen - auf dem Festland von ungefähr 950 Mio., auf Taiwan von 21 Mio. und weltweit von mehr als 35 Mio. „Auslandchinesen". Chinesisch ist somit die am weitesten verbreitete Sprache der Welt.

Chinesisch stellt jedoch keinen einheitlichen Sprachkomplex dar. Chinesisch dient als Oberbegriff für teilweise sehr stark voneinander abweichende Dialekte. Insgesamt unterscheidet man acht Dialektfamilien. Die verschiedenen chinesischen Dialekte weichen ebenso stark voneinander ab wie europäische Sprachen, obwohl alle aus der gleichen Grundsprache hervorgegangen sind. *Xian-dai han-yü* (moderne chinesische Sprache) auch *pu-tong-hua* (Umgangssprache) genannt, - im Westen unter der Bezeichnung Mandarin bekannt - wird heute von über 700 Mio. Menschen gesprochen. Mandarin ist auf dem Festland wie in Taiwan die offizielle Sprache. Viele Eltern sprechen heute mit ihren Kindern diese Sprache, da Mandarin die Schulsprache ist. Kantonesisch, der dritthäufigste Dialekt, wird in Südchina und von 90% der Auslandchinesen in Amerika - insgesamt von 50 Mio. Menschen - gesprochen.

Die chinesischen Dialekte sind so unterschiedlich wie die verschiedenen europäischen Sprachen. Mandarin oder Kantonesisch sprechende Chinesen können sich nicht in gesprochener Sprache unterhalten. Eine Verständigung ist nur über die Schriftzeichen möglich, da diese von der Aussprache unabhängig sind. Durch diese Schriftzeichen verfügen Chinesen über eine gemeinsame kulturelle Verständigungsmöglichkeit. Sie können alle dieselben Bücher und Zeitungen lesen. Damit chinesische Filme von allen Chinesen verstanden werden, sind sie mit Untertiteln versehen.

19.2 Die gesprochene Sprache

Wortbildung

Das Chinesische gilt als monosyllabische Sprache, d.h. sie beruht auf der Einsilbigkeit der Grundwörter. Die Eigentümlichkeit, dass die chinesischen Wörter zum größeren Teil aus einer Silbe bestehen, verleiht der chinesischen Sprache eine bestimmte Charakteristik. Die Zahl der aussprechbaren Silben ist nicht unbegrenzt. Das Mandarin z. B. verfügt über 411 Silben. Dies führt zu einer großen Anzahl gleichklingenden Wörter (Homophone) mit unterschiedlichen Bedeutungen. Es stellt sich zu recht die Frage, wie eine Sprache mit so vielen Homophonen überhaupt zu verstehen ist.

Aufgrund seiner monosyllabischen Struktur entwickelt sich das Chinesische zu einer Tonsprache. Das heutige Mandarin unterscheidet vier Tonhöhen (z.B. ma): 1) gleichbleibend 妈 (媽), 2) steigend (麻), 3) zunächst fallend, dann ansteigend 马 (馬) oder 4) abfallend 骂 (罵). Je nach Betonung verändert sich die Bedeutung eines Wortes.

1) *mā* 妈（媽）(Mutter) im ersten Ton wird relativ hoch und schwebend gesprochen
2) *má* 麻 (Hanf) hat einen steigenden (fragenden) Tonfall
3) *mǎ* 马（馬）(Pferd) im dritten Ton hat eine zunächst fallende und dann wieder steigende Tonhöhe.
4) *mà* 骂（罵）(schimpfen) im vierten Ton klingt wie ein Befehl.

Die vier verschiedenen *ma* werden in vier verschiedenen Schriftzeichen geschrieben. Die hier aufgeführten Beispiele sind eine Auswahl von über hundert Bedeutungen der Silbe *ma*. Chinesisch Lernenden wird zur Illustration oft der Satz vorgesagt:

Mā mà mǎ (Mutter schimpft das Pferd).

Obschon durch die Tonunterschiede die Anzahl echter Homophone beträchtlich herabgesetzt wird, gibt es immer noch viele gleichklingende Wörter mit unterschiedlichen Bedeutungen. Das Chinesische verfügt heute über verschiedene Strategien, um die Wörter trotz Lautgleichheit zu unterscheiden.

Um ev. Missverständnisse zu umgehen werden in der Umgangssprache oft einsilbige Wörter gleicher oder ähnlicher Bedeutung miteinander verbunden. Auf diese Weise erklärt der Sprecher ein Wort durch ein anderes:

kan-jian (schauen-sehen)
yi-fu (Kleid-Kleidung)

Eine weitere klärende Strategie ist, dem Verb in seiner ursprünglichen Form ein logisch anhaftendes Objekt hinzuzufügen:

chi-fan (Reis essen; essen)
shuo-hua (Wort sprechen; sprechen)

Eine Besonderheit des Chinesischen ist der synthetische Aufbau des Wortschatzes:

fu-mu (Vater-Mutter; Eltern)
du-shu-ren (lesen-Buch-Mensch; Gelehrter)
lai-lai qu-qu (kommen-kommen-gehen-gehen; hin und her)

Vor allem neu geschaffene Wörter bestehen aus solchen Synthesen:

dian-hua (elektrisches Gespräch; Telefon)
dian-shi (elektrisches Sehen; Fernseher)
dian-nao (elektrisches Gehirn, Computer).

Aus der früheren einsilbigen Sprache hat sich in den letzten Jahrhunderten eine überwiegend mehrsilbige Sprache entwickelt. In der modernen chinesischen Hochsprache bilden solche Zusammensetzungen inzwischen den Großteil der Wörter. Darüber hinaus gibt es eine Reihe von sogenannten „Klassifikatoren" und „Zähleinheitswörter".

Sachbezeichnende Zähleinheitswörter haben im Chinesischen grundsätzlich die gleiche Funktion wie in den indoeuropäischen Sprachen. Wenn nicht die Gesamtheit der Substanz, sondern ein bestimmter Teil davon gemeint ist, muss ein Zähleinheitswort gebraucht werden z.B. *yi bei shui* (ein Glas Wasser).

Unterschiede zwischen dem Chinesischen und den indogermanischen Sprachen bestehen bei den Klassifikatoren, welche die Gattung eines Objektes bezeichnen. Solche Klalssifikatoren existieren z.B. im Deutschen nicht.

zang (Klassifikator für Körperorgan):
gang-zang (Leber-Organ)
xin-zang (Herz-Organ)
shen-zang (Nieren-Organ)

liang (Klassifikator für Fahrzeuge):
yi-liang zi-xing-che (Fahrrad)
yi-liang mo-tuo-che (Motorrad)
yi-liang qi-che (Auto)

Für Chinesen ist es immer Anlass zu großer Belustigung, wenn Ausländer diese Klassifikatoren und Zähleinheitswörter falsch verwenden.

Wortverdoppelungen

Eine weitere Eigenart der chinesischen Sprache ist die häufig auftretende Verdoppelung von Substantiven, Adjektiven, Verben und Zähleinheitswörter. Je nach Kategorie des verdoppelten Wortes werden dadurch jeweils verschiedene Inhalte ausgedrückt. Oft wird die Strategie der Wortverdoppelung auch angewendet, um einer Aussage Nachdruck zu verleihen. Diese haben vor allem eine animierende Funktion und werden häufig Kindern gegenüber verwendet:

> *xi-kan* (genau hinschauen), *xi xi-kan* (ganz genau hinschauen)

Durch eine Wortverdoppelung kann ein Wort auch abgeschwächt werden:

> *e* (hungrig), *e-e* (ein wenig hungrig)

Lautmalereien

Viele chinesische Wörter sind Lautmalereien (Onomatopöien):

> *la-ba* (Trompete), *zheng* (Zither), *ding-dong* (klopfen), *di* (Wassertropfen), *mao* (Katze)

Die chinesische Sprache ist besonders reich an solchen lautmalerischen Wörtern.

Wortspielereien

In der gesprochenen Sprache haben sich für viele Wörter im Laufe der Zeit eine große Anzahl von Bedeutungsvarianten ergeben. In verschiedenen Zusammenhängen kann das gleiche Wort in einer unterschiedlichen Bedeutung auftreten. Viele der gebräuchlichsten Wörter sind so vieldeutig, dass die beabsichtigte Aussage nur mit Hilfe des Satzes erraten werden kann. Die Chinesen lieben Wortspiele mit gleichlautenden Wörtern vor allem in Witzen oder in der Werbung. So wird z.B. in Reklamen *qian-tu* 前途 (vorne-Weg; Zukunft) mit *qian-tu* 钱（錢）途 (Geld-Weg) in Verbindung gebracht. Das Adjektiv *xiao-zi* (für „kindliche Pietät“ gegenüber den Eltern“) wird als Verb verwendet in der Bedeutung von „vergöttern“ mit umgekehrten Rollen: Die Eltern sind „pietätvoll“ gegenüber ihrem Kind.

Wortendungen

Phonetik und Schrift sind im Chinesischen völlig anders als in den indogermanischen Sprachen und deshalb verhältnismäßig schwierig. Der grammatische Bau der chinesischen Sprache ist dagegen viel unkomplizierter als in den Sprachen westlicher Länder. Es gibt kein Geschlecht, keine Mehrzahlendungen und keine Flexionen, d.h. ein Wort wird innerhalb eines Satzes nicht verändert.

Wortarten

Ein und dasselbe Wort kann in vielen Funktionen Verwendung finden. Es kann als Nomen, Adjektiv, Verb oder Adverb benützt werden. Nur die Stellung des Wortes im Satz entscheidet darüber, ob dieses Wort ein Ding, eine Eigenschaft eine Tätigkeit oder eine Richtung bezeichnet. Das ist für uns sehr ungewohnt. Weil das chinesische Verb keine Zeitformen kennt, übernehmen zeitbezeichnende Substantive und Adverbien die Funktion einer konkreten Zeitaussage.

Wortstellung

Durch das Fehlen der Flexionen ist die Wortstellung das einzige syntaktische Mittel, welches im Chinesischen zur Interpretation eines Satzes zur Verfügung steht. Ein chinesischer Satz kann nach den beiden Grundmustern Subjekt-Verb-Objekt (SVO) oder Subjekt-Objekt-Verb (SOV) gebildet werden.

> *wo* (S) *mai dao* (V) *le shu* (O).
> Ich habe verkauft (meine) Bücher.
> *wo* (S) *de shu* (O) *mai dao le* (V).
> Ich (meine) Bücher verkauft habe .

Während die Grundstruktur fest bleibt, variiert die Stellung der adverbialen Bestimmung innerhalb des Satzes. Das zeitbezeichnende Adverb „heute“ (*jin-tian*) kann am Anfang oder innerhalb eines Satzes stehen.

> *jin-tian wo mai dao le shu.*
> Heute ich habe (meine) Bücher verkauft.
> *wo de shu jin-tian mai dao le.*
> Ich (meine) Bücher heute verkauft habe.

Die stetige Wiederholung derselben Grundmuster erweckt einen Eindruck von Gleichförmigkeit der chinesischen Sprache.
Eine weitere Besonderheit im Chinesischen ist, dass in einem Satz zuerst das semantische Thema und nicht das syntaktische Subjekt (Kommentar) genannt werden kann (*topic-comment*-Struktur).

shu, wo mai dao le
Bücher, ich habe (sie) verkauft.
(Was die Bücher betrifft, ich habe sie verkauft.)

Satzend-Partikel

Satzend-Partikel sind sehr wichtig im Chinesischen. Sie kommen vor allem in der gesprochenen Sprache vor und sind eher bei informellen Gesprächen als in formalen Konversationen zu beobachten. Die Partikel unterstreichen die Bedeutung des Satzes. Sie können mit der Betonung oder Intonation in anderen Sprachen verglichen werden. Ihre Funktion ist es, die Haltung des Sprechers zu markieren und eine Reaktion hervorzurufen. Die Satzend-Partikel signalisieren Stufen von Ungeduld, freundliche Warnung, Verneinung, Fragen, Direktheit/Indirektheit etc. (siehe Sprechersignale). Sie geben der Aussage des Satzes eine bestimmte Färbung.

ma tritt in Entscheidungsfragen auf und verlangt eine direkte bejahende oder verneinende Antwort. *ni qu ma?* Gehst du?

ne tritt in Fragesätzen der Wahlform auf und bringt eine vorwurfsvolle Vermutung zum Ausdruck: *ni qu ne?* Gehst du (wirklich)?

ya am Ende eines Aussagesatzes verstärkt die Aussage:*ni qu ya?* Gehst du? (Feststellung mit Staunen)

ba am Ende eines Aussagesatzes drückt teils sichere Annahme, teils Vermutung aus. Manchmal steht *ba* auch für einen Vorschlag, eine Bitte, Mahnung, Missbilligung oder ein Drängen: *ni qu ba?* Du gehst (doch)?

Tonalität

Im Chinesischen unterscheidet man Wortton und Satzmelodie. Der Wortton ist mitbestimmend für die Bedeutung des Wortes. Die Satzmelodie hingegen hat eine syntaktische Funktion und drückt bestimmte Empfindungen aus.

Ellipsen

Während in den europäischen Sprachen kein grundlegender Satzteil weggelassen werden darf, wird im Chinesischen all das weggelassen, was aus dem Zusammenhang erschlossen werden kann. Statt der deutschen Satzform „Ich will das nicht kaufen", genügt es im Chinesischen zu sagen: *bu mai* (nicht kaufen). Der chinesische Satzbau erinnert an den Telegrammstil. Vom Hörer wird großes Einfühlvermögen verlangt, damit er den Inhalt richtig entschlüsseln kann.

19.3 Die chinesische Schrift

Die chinesische Schrift ist eine Zeichenschrift. Sie ist die einzige auf Bildzeichen basierende Schrift der Welt, die heute noch im alltäglichen Gebrauch ist. Die chinesische Schriftzeichen stützen sich auf einen festen Bestand symbolischer Bilder. Diese Bilder verbinden Bedeutung und Klang im sichtbaren Bild zu einem Ganzen. Sie eignen sich deshalb viel besser zur Beeinflussung des Handelns als zum präzisen und trennscharfen Ausdruck von Begriffen (siehe Kap. 20.).

Einige Zeichen basieren auf zusammengesetzte Bedeutungen, z.B. das Zeichen „Sonne“ 日 (*ri*) hinter dem „Baum“ 木 (*mu*) steht für „Osten“ 东（東）(*dong*). Durch die Schriftreform in der Volksrepublik sind viele solche anschauliche Inhalte verloren gegangen.

In der traditionellen Etymologie werden die Schriftzeichen in sechs verschiedene Methoden der Zeichenzusammensetzung und des Gebrauchs eingeteilt.

1) Bildzeichen
Bildzeichen sind vereinfachte Linienzeichnungen von konkreten Gegenständen
Beispiel: 木 *mu* (Baum oder Holz). Das Zeichen bedeutet ursprünglich eine Pflanze mit einem Stamm. In diesem Zeichen 木 (Baum), lassen sich noch Stamm und Äste erkennen.
Wörter, in denen das Zeichen 木 *mu* enthalten ist, sind:

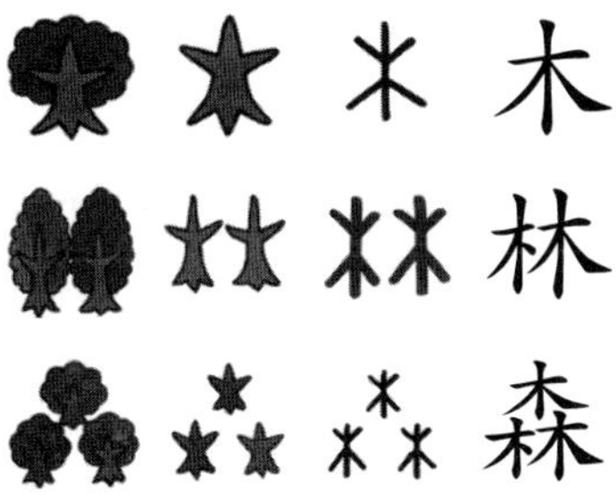

mu (Baum oder Holz)

lin (kleiner Wald, Hain; dieses Zeichen steht auch für den Familiennamen *Lin*)

sen (drei Bäume symbolisieren einen Wald)

2) Symbole
Symbole sind graphische Darstellungen abstrakter Begriffe. z.B.:

上 *shang* (auf, über)
下 *xia* (unterhalb, unter)

3) Symbolische Zusammensetzungen
Das sind Piktogramme mit symbolischen Begriffszeichen von abstrakten Gedanken. Sie verbinden zwei oder mehrere Zeichenelemente zu einem neuen zusammengesetzten Zeichen.
Wenn ein Mensch 人 *ren* müde ist, sucht er einen Baum 木 *mu*, wo er eine Pause machen kann. Die beiden Teile 人 *ren* und 木 *mu* verbinden sich zu dem Zeichen 休 *xiu*, welches „ausruhen" bedeutet.

4) Laut- und Sinnkombinationen
Zeichen dieser Kategorie sind eine Verbindung des Sinn- und Lautbestandteils. Diese Zeichen werden nur zu phonetischen Zwecken für gleich- oder fast gleichlautende Worte benutzt.
Beispiel: 睡 *shui* (schlafen). Der Lautbestandteil in 睡 *shui* ist 垂 *chui* (herunterhängen) und der Sinnbestandteil 目 *mu* (Auge). Wenn die Augen einer Person „herunterhängen", dann schläft sie.

5) Zeichen, die nur zu phonetischen Zwecken für gleich- oder fast gleichlautende Worte benutzt werden.
Diesen Zeichen wurde eine neue Schreibweise zugeordnet, um die geänderte Aussprache wiederzugeben.
Beispiel: Das Zeichen 开 (開) *kai* (öffnen) wurde als Antwort auf die neue Aussprache des ursprünglichen Zeichens 啟 *qi* (aufmachen) geschaffen.

6) Zeichen, um ein gleichlautendes oder fast gleichlautendes Wort darzustellen, das in der Bedeutung keine Verbindung zu dem Wort hat.
Beispiel: Das Zeichen 北 *bei* bezeichnet „zwei Menschen, Rücken an Rücken", die ursprüngliche Bedeutung war „Rücken". Später wurde dieses Zeichen auch übernommen, um den Laut 北 *bei* (Norden) darzustellen. Um die Verwirrung zu lösen, dass ein Zeichen für zwei verschiedene Worte benutzt wird, wurde unter das Zeichen 北 *bei* ein Element 月 *rou* (Fleisch) hinzugefügt. Daraus entstand das Zeichen 背 *bei,* um die ursprüngliche Bedeutung „Rücken" auszudrücken.

Ein bemerkenswertes Element der chinesischen Schriftzeichen ist der „Stamm", in der Fachsprache mit Radikal bezeichnet. Die Gesamtzahl der Stammzeichen beläuft sich auf nur 214.

Die Zeichen 语 (語) *yu* (Sprache), 说 (說) *shuo* (Unterhaltung), 讲 (講) *jiang* (sprechen), 讼 (訟) *song* (Klage erheben), 议 (議) *yi* (diskutieren, Meinung) und 论 (論) *lun* (diskutieren), alle haben den gemeinsamen Stamm 言 *yen*, was „Sprache" bedeutet und dem Leser einen Hinweis auf das Zeichen als Ganzes gibt.

Wenn man den Radikal eines Zeichens kennt, hat man gewöhnlich eine allgemeine Idee, worauf sich das Zeichen bezieht. Das größte Lexikon enthält 50000 Schriftzeichen, für die bei der lautlichen Umsetzung höchstens 1644 Möglichkeiten zur Verfügung stehen. Obwohl es 50000 geschriebene Schriftzeichen gibt, werden nur ungefähr 5000 häufig benutzt. Es gibt etwa 50 Schriftzeichen, die gleich ausgesprochen werden (z.B. *shu*), jedoch eine völlig unterschiedliche Bedeutung haben.

> „*,Kannst du mir das erklären?*' fragte ein Taxifahrer, *,Chinesisch hat Tausende von Zeichen. Ich habe gehört, Englisch hat nur 26. Ist das wahr?*'
> Ich bestätige.
> *,Ich kann mir einfach nicht vorstellen*', fuhr er fort, *,wie 26 Zeichen ausreichen, um sich verständlich zu machen!*'" (Chen 1999, 83).

Umschrift

Die chinesischen Wörter in diesem Buch sind in *Pin-yin* transkribiert. Diese lateinische Umschrift für chinesische Schriftzeichen, die heutzutage am gebräuchlichsten ist, wurde nach der Gründung der Volksrepublik im Jahre 1949 eingeführt und gilt seither in China als die offizielle Umschrift. Diese Umschrift soll helfen, die chinesischen Wörter auszusprechen. Die Europäer müssen sich jedoch zuerst an die ungewohnte Aussprache bestimmter Laute gewöhnen. (*H* wird wie *ch* in „Buch" ausgesprochen, *q* wie *ch* in „Chili", *x* wie *ch* in „ich", *z* wie *ds* in „Landsmann" etc.). Die Ausspracheregeln bieten aber keine Hilfestellung, um den richtigen Tonfall eines Wortes zu treffen. Die Unterscheidung der verschiedenen Tonhöhen bereitet Personen nicht chinesischer Muttersprache große Schwierigkeiten.

Doch längst nicht alle Autoren außerhalb der Volksrepublik verwenden die *Pin-yin*-Umschrift. In Taiwan oder den USA sind andere Umschriften üblich (z.B. *Wade-Giles*). Weil in Taiwan kein Diktat besteht, eine bestimmte Umschrift zu verwenden, werden z.B. Straßenschilder in allen möglichen Schreibweisen angeschrieben. Als Beispiel einer solchen „Sprachverwirrung" ist die Beschilderung der verschiedenen Straßenabschnitte einer langen Straße in der Hauptstadt zu nennen. Zusätzlich zu den chinesischen Schriftzeichen 木柵 ist die Straße in den verschiedenen Abschnitten - je nach verwendeter Umschrift - mit *Muzha (Pin-yin)*, *Muchu*, *Muja* und *Muzhe* beschriftet. Wie soll sich hier ein der chinesischen Schrift unkundiger Ausländer orientieren können? Dasselbe gilt auch für den Namen der Hauptstadt, der als *Taipei*, *Taibei*, in den westlichen Zeitungen meistens als *Taipeh* geschrieben wird. Der gleiche Familienname kann mit *Li* oder *Le* transkribiert werden, oder er wird in Anlehnung an einen bereits existierenden englischen

Familiennamen als *Lee* geschrieben. Da gleichlautenden chinesischen Familiennamen unterschiedliche Zeichen zugrunde liegen können, ist es schwierig, einen Chinesen nach seinem transkribierten Namen zu identifizieren. Wenn Sie in China oder Taiwan nach einer Person mit einem chinesischen Namen fragen, wird man Sie sofort zurückfragen, wie man diesen Namen auf Chinesisch schreibt, um die Person identifizieren zu können. Zur Vermeidung von Missverständnissen legen sich die Chinesen in der Geschäftswelt meist englische Namen zu. Auch das Wiederfinden von Namen in chinesischen Übersetzungen gestaltet sich oft schwierig. So wird der im Westen unter dem latinisierten Namen „Konfuzius“ bekannte chinesische Philosoph in deutschen Übersetzungen unterschiedlich mit *Kong-fu-zi*, *Kung-fu-tze*, *Kungfutse*, *Kung-Tse* etc. transkribiert.

20. Chinesischer Pragmatismus

Chinesisch ist eine sehr konkrete und pragmatische Sprache. Während die verbale Kommunikation nach westlicher Auffassung in erster Linie der Übermittlung persönlicher Gedanken dient, ist der Zweck der chinesischen Sprache, eine Handlung auszulösen. Es kommt vor allem auf die Beeinflussung des Tuns an.

> „..Um auf das Verhalten eines Freundes oder eines Klienten einzuwirken, genügt es, durch die Anhäufung von Formeln in sein Denken ein Wort einzupflanzen, das dann von diesem voll Besitz ergreift" (Granet 1980, 22 ff).

Chinesen holen ihre westlichen Gesprächspartner mit konkreten Fragen immer wieder in die Realität zurück, wenn diese in einen abstrakten Diskurs abdriften.

> Ich konnte zuhören wie ein chinesischer Junge, der es liebte, spielerisch hypothetische Gedankengebäude aufzustellen, von seinem Vater unterbrochen wurde; er solle sich doch nicht immer damit befassen, *„was wäre wenn....“*, sondern sich an reale Möglichkeiten halten.

„Mein Fehler war die Abstraktion“, stellte ein Interviewer fest, nachdem er im Rahmen eines Forschungsprojektes Chinesinnen und Chinesen, über ihr Leben im Ausland befragte. Es entspann sich folgender Dialog zwischen ihm und seinen Interviewpartnern:

> *„Stellen Sie sich vor, Sie besuchen Ihre Familie, und ihr Bruder will wissen, wie die Menschen in Deutschland leben.“*
> *„Mein Bruder würde nie eine solche Frage stellen. Sie ist viel zu abstrakt.“*
> *„Welche Fragen hat er dann gestellt?“*
> *„Er wollte wissen, ob die Leute in München auch unter einem Moskitonetz schlafen. Was sie morgens trinken. Wie viele Leute in meinem Haus leben. Wie viel sie verdienen. Was das Hemd gekostet hat, das ich trage.“* (Böckelmann 1998, 139f).

Der irreale Konditionalsatz verlangt im Englischen wie im Deutschen den Konjunktiv, eine grammatische Form, die es als solche im Chinesischen nicht gibt. Der amerikanische Sprachwissenschafter Bloom wollte nun herausfinden, wie Chinesen solche spekulativen Situationen ausdrücken, obwohl sie in ihrer Sprache kein grammatisches Mittel besitzen, um irreale Bedingungen zu kennzeichnen. Es zeigte sich, dass Chinesen bei nicht eingetretenen Ereignissen den Sachverhalt direkt, dafür umgekehrt ausdrücken. Anstelle der Konjunktivform „Wenn John das Zimmer nicht reserviert hätte, würde er jetzt auf der Straße schlafen“ sagen sie:

> *„Glücklicherweise hat John das Zimmer reserviert, wenn nicht, schläft John jetzt auf der Straße.“*

Interessant ist, dass sich auch in Blooms Untersuchung die Chinesen nicht auf Spekulationen einlassen wollten.

> Auf die Frage *„Was wäre, wenn die Regierung das und das Gesetz erlassen würde,?“* entgegneten die Befragten: *„Aber so ein Gesetz erlässt die Regierung doch gar nicht.“* Wenn der Interviewer insistierte, wurde häufig ärgerlich geantwortet: *„Warum sollen wir über so etwas reden? Das ist unnatürlich, das ist eure westliche Art, nicht unsere chinesische“* (Bloom 1981).

Was hier wie Gedankenspielereien aussieht, kann im Alltag jedoch zu großer Konfusion führen. Dies illustriert folgende Episode:

> Eine Chinesischlehrerin wurde zum Übersetzen an das Gericht des Staates New York gerufen. Vor dem Richter stand ein Taiwaner, dessen Visum abgelaufen war, der jedoch im Begriff war, am nächsten Tag das Land zu verlassen. Der Richter bat die Dolmetscherin, dem Mann auf Chinesisch zu übersetzen: *„Wenn Sie morgen nicht abreisen würden, würden Sie ausgewiesen.“* Die Dolmetscherin übersetzte ins Chinesische: *„Ich weiß, Sie werden morgen abreisen, aber wenn sie nicht abreisen, werden Sie ausgewiesen“* Der Taiwaner antwortete in Chinesisch: *„Aber was soll das? Ich werde morgen wegreisen. Seien Sie unbesorgt. Ich werde wegreisen.“* Er begann nochmals seine Situation klarzulegen, die Dolmetscherin wiederholte die Verwarnung des Richters. So ging es mehrere Male hin und her. Als der Richter dann noch nachhakte: *„Wenn Sie ausgewiesen werden müssten, wohin wünschten Sie zu gehen?“* war die Verwirrung des Taiwaners komplett. Der Mann verließ die Staaten - wie geplant - am nächsten Tag. Er hatte jedoch nicht begriffen, dass der Richter nicht an seiner ehrlichen Absicht, das Land zu verlassen zweifelte, sondern ihm nur die Folgen klar machen wollte, die sich ergeben würden, falls er seinen Plan rückgängig machen würde (Bloom 1981, 18).

捌

Kulturelle Missverständnisse

21. Unterschiedliche Entschlüsselungsmechanismen

Interkulturelle Missverständnisse entstehen, wenn die Angehörigen zweier verschiedener Kulturen die Siuationen, in denen sie einander begegnen, unterschiedlich ev. sogar gegensätzlich interpretieren und dementsprechend handeln. Menschen, die aus zwei einander fremden Erfahrungs- und Lebenswelten stammen, operieren mit unterschiedlichen Entschlüsselungsmechanismen. Giordano (1994) vergleicht - in Anlehnung an den Kulturanthropologen Lévi-Strauss - Kommunikationspartner aus unterschiedlichen Kulturen mit den Musikern eines Orchesters, die sich nach zwei stark voneinander abweichenden Partituren richten. Diese unterschiedlichen Partituren gründen auf der unterschiedlichen, kulturspezifischen Sozialisation der einzelnen Gesprächspartner. Dabei entstehen merkwürdige und unerwartete Dissonanzen.

In all den bis anhin in diesem Buch besprochenen Bereichen können Dissonanzen entstehen, wenn einer der Partner in der interkulturellen Kommunikation die entsprechende Regel - nach Auffassung seines Gesprächspartners - verletzt.

Es soll im Folgenden auf spezielle Bereiche eingegangen werden, welche zwar nicht direkt den sprachlichen Ausdruck betreffen, die jedoch aufgrund der unterschiedlichen Entschlüsselungsmechanismen zu kulturellen Missverständnissen führen. Solche Missverständnisse können den Verlauf einer Kommunikation empfindlich stören, wenn nicht sogar den Abbruch zur Folge haben.

21.1 Körpersprache

In einer Kommunikation fließen neben verbalen auch nonverbale Elemente ein. Diesen non-verbalen Elementen wird allgemein jedoch zu wenig Beachtung geschenkt, obwohl sie einen weitaus größeren Raum einnehmen als die verbalen. Sie sind es, welche die Interaktion regulieren, Vertrautheit ausdrücken oder soziale Kontrolle ausüben. Die non-verbalen Elemente der Kommunikation, welche vor allem visuell sichtbar sind (Gestik, Mimik, Körperhaltung und -bewegungen, Blickkontakt), werden oft auch unter dem Sammelbegriff „Körpersprache“ zusammengefasst.

Es gibt erhebliche soziokulturelle Unterschiede in der Körpersprache. Diese zeigen sich insbesondere zwischen Gesprächspartnern, die in unterschiedlichen Sprachen und Kulturen mit dazugehörigen nonverbalen Systemen aufgewachsen sind, also kulturell unterschiedlich sozialisiert worden sind.

> Nonverbales Kommunikationsverhalten sei nicht von der Sprache, jedoch von der kulturspezifischen Sozialisation abhängig, das bestätigte mir ein in England aufgewachsener, in seinem Leben weitgereister und inzwischen in den USA lebender Hotelmanager. In Amerika wird er heute noch aufgrund seiner Körpersprache sogleich als Engländer identifiziert.

Missverständnisse treten dann auf, wenn der Adressat die nonverbalen Äußerungen des Sprechers anders versteht, als sie gemeint waren. Wie unterschiedlich in der chinesischen oder in der westlichen Gesellschaft sozialisierte Menschen nonverbale Signale aufnehmen und interpretieren, zeigen folgende Aussagen in *„Chinesen sehen Europäer“* (Böckelmann 1998, 145 ff).

Aufdringliche Körpersprache

Chinesen empfinden die Körpersprache westlicher Menschen als zu aufdringlich:

> *„Wie aufdringlich die Ausländer mit dem Körper sprechen.“*
> *„Gesicht und Gliedmaßen des Europäers gebärden sich ständig im Dienst eines heftigen Ausdrucksverlangens.“*

„Es stimmt also doch“, mit diesen Worten wurde in der Zeitschrift *„Psychologie Heute“* (Dezember 2000,18) folgender Bericht eingeleitet:

> „Mit einem festen Händedruck bei der Begrüßung, verbunden mit einem offen-jovialen Blickkontakt, schindet man Eindruck bei seinem Gegenüber. Diese Binsenweisheit ungezählter Managementseminare ist von Psychologen der Universität von Alabama erstmals experimentell bestätigt worden.“

Leider unterliessen die Autoren den Hinweis, dass diese amerikanischen Forschungsergebnisse für den Westen - vor allem für Amerikaner - zutreffen, und es sich dabei nicht um allgemeingültige Verhaltensweisen handelt, sondern dass diese westliche Grußform von Asiaten als äußerst unangenehm empfunden wird (siehe Kap. 9.1 *„Nonverbale Formen gegenseitigen Respekts“*). Der direkte Blickkontakt der Westler, im Westen ein Zeichen von Offenheit und Aufrichtigkeit, gilt in China als schlechte Manier, wenn nicht sogar als aggressives Verhalten:

„Ihr ausdrucksstarkes Gesicht, ihren direkten Blickkontakt, mit dem sie das Gegenüber fixieren oder mit ihrem Blick durchbohren, ohne mit ihm näher bekannt zu sein." - „Manche benutzen ihr offenes Gesicht und ihre direkte Art als Tarnung."

Wann und in welchem Ausmaß Emotionen ausgedrückt werden, ist je nach kulturellem Hintergrund verschieden:

„Europäer tragen ihre Empfindungen zur Schau, ohne dass für diese Verausgabung ein Nutzen erkennbar wäre."

Die Aufdringlichkeit, mit der Ausländer ihre Gefühle zeigen, wirkt auf die Chinesen naiv:

„Rücksichtslos Gefühle zeigen, nicht warten können, aufdringlich mit dem Körper sprechen, den Blick in Gesichter bohren, zielstrebig die Umwelt ausblenden, das ist Kinderart."

Aus westlicher Sicht ist es extrem schwierig, aus chinesischen Gesichtern zu lesen. Chinesen wirken auf uns so fremd, weil sie (nach westlicher Wahrnehmung) oft keine Gefühle zeigen.

„Und wenn uns Chinesen das Herz auch bricht, wen geht das was an, wir zeigen es nicht" ist das westliche Klischee eines Chinesen aus Lehars Operette *„Land des Lächelns"*.

Warum wir nicht aus chinesischen Gesichtern lesen können, erklärt ein Chinese seinem deutschen Gesprächspartner:

„An dem, was einer tut, wie er sich bewegt, mit welchen Augen er uns anschaut, lernen wir ihn über einen längeren Zeitraum des Zusammenseins kennen. Das dauert lange. Bei euch Europäern ist das anders. Ihr schätzt es sehr, wenn man die momentane augenblickliche Stimmung eines anderen an seinen Bewegungen und an seinem Gesichtsausdruck ablesen kann. Ihr wollt offen und spontan sein. Freilich betrifft das nur den Augenblick. Sehr schnell könnt ihr von Freundlichkeit zu Wut, von Liebe zu Hass und von Hilfsbereitschaft zu Egoismus umschwenken. Es macht euch nichts aus, plötzlich mal loszuschimpfen in einer Art, die auf uns Chinesen sehr befremdend wirkt" (Hieber 1984, 29/30).

Gesten

Gesten, die eine sprachgebundene Funktion und Bedeutung haben, können je nach kulturellem Kontext - ebenso wie die Sprache - verschieden sein. In China werden z.B. die Zahlen von 1 bis 9 nur mit einer Hand ausgedrückt. Für die Zahl 6 werden der kleine Finger und der Daumen hochgehalten, eine Geste, die bei Ausländern zu Missverständnissen führen kann, da sie z.B. in Italien etwas ganz anderes bedeutet. 8 wird durch ausgestreckten Daumen und erhobenen Zeigfinger dargestellt. Dies kann wiederum zu Verwechslungen führen, da diese Geste bei uns für 2 gilt. Bei der Zahl 10 bilden die Zeigefinger der rechten und linken Hand ein Kreuz.

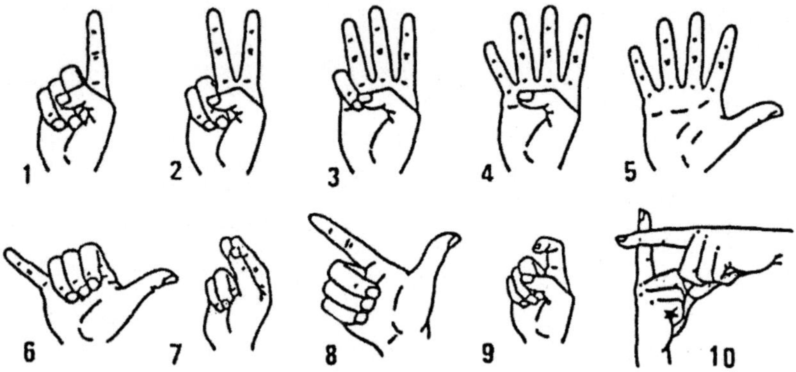

Die chinesischen Handzeichen für Zahlen führen bei Ausländern zu Missverständnissen.
(Abbildung aus Bellassen 1989, 38)

Bestimmte nonverbale Verhaltensmuster, welche in einer Kultur üblich sind, führen bei Mitgliedern einer andern Kultur zu Missverständnissen. Wenn chinesische Studenten mit ihrem Kopfnicken Aufmerksamkeit signalisieren, kann dieses Nicken von einem westlichen Dozenten als Verstehenssignal oder Zeichen der Übereinstimmung interpretiert werden. Verschiedene Episoden über angeblich geplatze China-Geschäfte weisen auf ähnliche Fehldeutungen des chinesischen Nickens hin. Die westlichen Geschäftsleute sind oft sehr erstaunt und frustriert über die unerwartete Absage ihrer chinesischen Partner, da doch die Chinesen während der Verhandlungsgespräche ständig genickt haben.

Interpersonale Distanz

Zur nonverbalen Kommunikation gehört auch die interpersonale Distanz. Chinesische Gesprächspartner stehen im Raum zueinander auf größerer Distanz als westliche Gesprächspartner. Körperkontakte, wie z.B. das Anfassen oder joviale Schulterklopfen beim Sprechen, eine Gewohnheit, mit der gelegentlich westliche Kommunikationspartner Vertrautheit ausdrücken, empfinden Asiaten - je nach Beziehung und hierarchischer Stellung - als unangenehm, aufdringlich oder beleidigend. Die vornehme Zurückhaltung der Chinesen gilt jedoch nur in Innenbeziehungen. In Außenbeziehungen, wo Drängeln und Rempeln zu den Umgangsformen gehören, ist man ständig auf Tuchfühlung zum andern. Diese körperliche Nähe wiederum wird von Europäern schlecht vertragen.

21.2 Das chinesische Lachen

Die nonverbale Äußerung illustriert die verbale Äußerung. Eine nach Ansicht des Empfängers widersprüchliche Verwendung von nonverbalen und verbalen Elementen erschwert oder verunmöglicht eine eindeutige Intentionszuschreibung. Dazu gehört das chinesische Lächeln oder Lachen in Situationen, in denen es nach unserer Ansicht nun wirklich nichts zu lachen gibt. Eine Deutsche beschreibt ihre Irritation beim Treffen mit ihrer chinesischen Freundin nach dem großen Erdbeben auf Taiwan:

> „Ich rufe meine Freundin über ihr Handy an. Sie wartet auf den Bus. Alle Busse sind überfüllt. Sie hat Angst. Das Nachbeben im Epizentrum war schlimmer als das Beben in Kaohsiung. Endlich kommt sie doch. Sie begrüßt mich strahlend. *‚Hör endlich auf zu lächeln‘, sage ich, ‚ich kann es nicht mehr ertragen.‘* Tränen in ihren Augen, wir liegen uns weinend in den Armen“ (Sachtleben 1999, III).

Lachen oder Lächeln kann in verschiedenen Kulturen verschiedene Bedeutungen haben und wird auch unterschiedlich eingesetzt. Wer mit wem in welcher Situation wie lacht, unterliegt kulturellen Konventionen. *„Immer nur lächeln“*, das wohl bekannteste Lied aus der bereits zitierten Operette *„Land des Lächelns“* hat bei uns das Klischee des immerzu lächelnden Chinesen geprägt. Das Klischee des ewig lächelnden Chinesen mag daher rühren, dass für uns das Lachen der Chinesen nicht immer nachvollziehbar ist. Das chinesische Lachen ist vielschichtig zu deuten. Man lacht in China wie anderswo, weil man einfach fröhlich ist. Es kann aber auch sein, dass man lacht oder lächelt, wenn man in Verlegenheit gerät, weil man unsicher oder hilflos ist oder sich peinlich berührt fühlt.

„Ein in Taiwan bekannter Krebsarzt, dessen Klinik ich besuchte, berichtete mir über seine behandelten Fälle. Immer, wenn er auf den Tod eines seiner Kranken zu sprechen kam, schüttelte er sich vor unbändigem Lachen, womit er offenbar ausdrücken wollte, wie peinlich ihm das Ganze war" (Schnorrenberger 2002, 181).

Auf indiskrete Fragen von Ausländern wird meist mit einem Peinlichkeit signalisierenden Gekicher geantwortet. Dass Chinesen in Situationen kichern und lachen, die unserer Ansicht nach keinen Grund zur Fröhlichkeit bieten, wirkt oft verwirrend. Personen aus dem Westen sind schockiert darüber, wie Chinesen auf schlechte Nachrichten oder Beschimpfungen mit einem Lachen reagieren. Mit ihrem Lachen wollen sie signalisieren: *„Das ist meine persönliche Angelegenheit. Ich möchte Sie nicht mit meinen Problemen belasten."*

„Mr. Gong war ein geduldiger, großzügiger und ungeheuer höflicher Mann; ich empfand tiefe Sympathie für ihn, doch trotzdem war unsere Freundschaft sehr formell und folglich auch etwas anstrengend. Wenn wir Konversation machten, saß ich kerzengerade auf meinem Stuhl, um ja auch ganz konzentriert zu wirken, und da er immer lächelte, lächelte ich auch immer. Wenn er von seinen Erfahrungen während des zweiten Weltkrieges sprach, beugte er sich vor und bedeutete mir, dasselbe zu tun, damit er mir ins Ohr flüstern konnte. Während er diese tragischen Geschichten erzählte, lächelte er ununterbrochen und brachte mich dadurch in Verlegenheit - schließlich war es nicht leicht, einen besorgten oder mitfühlenden Gesichtsausdruck zu wahren, solange er lächelte, und über sein Unglück lächeln konnte ich schlecht" (Salzmann 1990, 71).

Es mag Leute aus dem Westen auch irritieren, wenn sie Chinesen während einer unschönen Konfrontation lächeln sehen. Unübliches Lachen kann in bestimmten Situationen sehr verunsichernd wirken.

„Ich war manchmal sauer und ärgerte mich darüber, wenn die Chinesen in einer Situation, in der es meiner Meinung nach nichts zu lachen gibt, lächeln, denn ich wusste nicht, worüber sie lächelten. Ich dachte, dass sie über mich lachten. Oder wenn ich etwas ungeschickt war und sie lächelten, dann wirkte ihr Lächeln wie Schadenfreude" (eine deutsche Lektorin; Jin 1994, 184).

Auch in der Art und Weise des Lachens gibt es kulturelle Unterschiede. Dies zeigt der gutgemeinte Ratschlag einer älteren Lehrerin einer chinesischen Universität an ihren jungen amerikanischen Kollegen:

„Mark, du lachst viel im Unterricht. Warum?"
„Weil es mir Spaß macht, Lehrerin Wei."
„Ich verstehe. Lache weniger. Es wirkt merkwürdig, wenn ein Mensch so herzhaft über seine eigenen Witze lacht. Die Leute werden dich für verrückt halten oder befürchten, dass du erstickst" (Salzmann 1990, 61ff).

21.3 Der andere Humor

Die Auffassung, was Humor ist und worüber man lacht, ist je nach kulturellem Hintergrund sehr verschieden. Missverständnisse entstehen, wenn eine humoristisch gemeinte Äußerung vom Gesprächspartner nicht als solche erkannt wird. Hanna Chen (1999, 225) weist in ihrem Reiseratgeber darauf hin, dass westliche Ironie den Chinesen fremd ist, insbesondere, da Ironie zumeist darin besteht, das Gegenteil von dem zu sagen, was man eigentlich meint.

> Auf die Nachfrage einer deutschen Leserin, diese Textstelle könne doch wohl nur ironisch gemeint sein, antwortete der chinesische Verfasser: *„Nein, sachlich."*

Weil Chinesen oft aus Höflichkeit etwas anderes sagen, als sie meinen, verstehen sie nicht, warum dies etwas mit Humor zu tun haben soll. Vermeiden Sie deshalb Ironie oder Sarkasmus in ihren Reden. Diese Art des Sprechens wird von Ihren chinesischen Partnern nicht verstanden.

> „Auf der reichhaltigen Horsd'oeuvre-Platte lagen verschiedene chinesische Pilze. Der deutsche Ehrengast fragte die chinesische Gastgeberin, wie viel Champignons im vergangenen Jahr nach Deutschland exportiert worden seien. Die Abteilungsleiterin im Außenhandelsministerium hatte die Zahl aber nicht im Kopf. Da wunderte sich unser Abgeordneter sehr und sagte, dann sei es ja erklärlich, wenn es den Chinesen nicht gelinge, die Handelsbilanz auszugleichen. Er lachte laut, denn es war ja nur ein Scherz. Die Chinesen lachten nicht. Um sie aufzulockern und sie in heitere Laune zu versetzen, erzählte er einen Witz: *‚Antwort von Radio Eriwan auf Anfragen über das kapitalistische und sozialistische System.'* Da die Gastgeber auch darüber nicht lachten, erklärte er die Pointe, hatte aber damit ebenfalls keinen Erfolg. Da gab er seine Bemühungen, die Chinesen durch Scherze zu erheitern, auf, da sie offenbar doch keinen Sinn für Humor hatten" (Wickert 1984, 216).

Interessant ist, dass umgekehrt der Chinese Lin Yutang bei dem Versuch, den Volkscharakter der verschiedenen Nationen mit einer Formel zu beschreiben, den Deutschen sehr wenig Humor zugestand. Deutsche und Chinesen haben ein unterschiedliches Humorverständnis. Dieses unterschiedliche Humorverständnis wird offensichtlich, wenn deutsche Besucher in einem chinesischen Kino einen der bei Chinesen so beliebten Charlie Chaplin-Filme ansehen:

> „Wir beiden lachten an den komischen Stellen. Es waren aber ganz andere Stellen als die, an denen die Chinesen lachten, denen wir wie

> Außerirdische vorkamen, weil wir Passagen lachenswert fanden, die sie absolut nicht für komisch hielten“ (Schnorrenberger 2002, 181).

Insbesondere in Witzen spiegelt sich der unterschiedliche Humor wider.

> „Ich verstehe die deutschen Witze nicht. Wird ein Witz im Fernsehen oder am Arbeitsplatz erzählt und alle Deutschen lachen, fällt es mir schwer. Ich finde es gar nicht so witzig. Ich finde es sogar komisch, dass die Deutschen über eine dem Sinn nach überhaupt nicht witzige Sache so lachen können. Umgekehrt verstehen sie die chinesischen Witze auch nicht und finden es vielleicht ebenso komisch, wenn Chinesen über einen chinesischen Witz lachen“ (Jin 1994, 196).

Der chinesische Humor befasst sich oft mit Wortspielereien und Situationskomik. Menschen, welche nicht in dieser Kultur aufgewachsen sind, können solche komischen Momente oft nur schwer nachvollziehen.

> Liest mir mein Mann etwas aus seiner chinesischen Zeitung vor, muss er mich immer zuerst darauf hinweisen, dass es sich um einen Witz handelt. Da ich die Pointe nicht verstehe, glaube ich ansonsten da es um ein mir fremdes Verhalten geht, dass es sich um eine wirkliche Begebenheit handelt.

Es gilt als Zeichen großer sprachlicher und kultureller Vertrautheit, wenn man über einen Witz aus einem andern Sprach- und Kulturraum von Herzen lachen kann.

> *„Die Schweizer haben in Wirklichkeit auch ihren Humor, nur drücken sie ihn diskreter aus. Das zeigt, wie kühl und schlicht die Schweizer sind...“* (Wang 2000, 165).

Mit diesen Ausführungen erläutert ein vorübergehend in der Schweiz ansässiger Chinese seinem Landsmann den Schweizer Humor und erzählt zur Veranschaulichung „als Glanzstück an Humor“ einen Schweizer-Witz:

> Eine Schweizer schimpfte in einem Artikel: *„Die Hälfte der Leute in der Regierung sind Esel!“* Er wurde wegen Beamtenbeleidung verklagt und aufgefordert, seine Aussage zu widerrufen. Darauf schrieb er in die Zeitung: *„Die Hälfte der Leute in der Regierung sind keine Esel!“*

Vielleicht hat dieser Witz dem Chinesen so gefallen, weil er dem chinesischen Humor entspricht, dem Lin Yutang die Merkmale „Einfachheit des Denkens“, „Heiterkeit des Philosophierens“ und „eine praktische, lichte Vernunft“ zuschreibt.

> „Wo eine Kultur diese Einfachheit verliert und die Menschen sich ihrer geistigen Übersteigerung nicht entledigen, hat die Kultur unter immer zahlreicheren Störungen zu leiden und verfällt. Der Mensch wird zum Sklaven der Ideen, Gedanken, Ansprüche und Gesellschaftssysteme, die er selber geschaffen. Zum Glück steckt im Menschengeist die Kraft, all diese Komplexe hinter sich zu lassen und lächelnd ad acta zu legen, und diese Kraft eben ist es, die dem Humoristen seine geistige Überlegenheit verleiht" (Lin 1937, 100).

21.4 Volksglauben

In China gibt es eine lange Tradition der Geomantie, eine Mischung aus Architektur und Geisterbeschwörung. Geomantie beinhaltet einerseits „Erdweissagung" und andrerseits das Wissen über die harmonischen Beziehungen zwischen dem Menschen, seinen Bauwerken und der umgebenden Natur. Besser im Westen bekannt ist das *Feng-shui*, wörtlich übersetzt „Wind-Wasser". Was im Westen nicht bekannt ist, ist dass *Feng-shui* seinen Ursprung in den Bestattungsriten hat. Wenn auch das *Feng-shui*-System in seiner Komplexität erst zwischen dem 10. und 13. Jahrhundert entstand, so gründet es doch auf dem Ahnenkult. Bereits bei den am frühsten entdeckten Gräbern ist die Orientierung nach den vier Himmelsrichtungen erkennbar. Der chinesische Volksglaube geht davon aus, dass Verstorbene eine Wohnstatt in der Nähe der Lebenden haben müssen, denn beide sind aufeinander angewiesen. Da Werden und Vergehen in der Welt durch die kosmische Lebenskraft, *qi* geschieht, bedeutet Geburt „Sammeln" und Tod „Zerstreuung" von *qi*. Das *qi* pulsiert durch die Welt in Form von Kälte, Hitze, Trockenheit, Feuchtigkeit, Wind und Feuer. Es atmet in der Gestalt von Hügeln, Bergen und im Verlauf der Gewässer: Alles Spitze und Gerade, die eintönige Ebene, sowie steile monotone Hänge strahlen schlechtes *qi* aus. Gewölbte Berge, Bodenwellen, gewundene Wasserwege - erst recht die Vereinigung zweier Hügel zu einem Bogen, wo sich Drache (*yang*) und Tiger (*yin*) vereinen -, zeugen von gutem *qi* (vgl. Linck 2001, 7).

Feng-shui sorgt dafür, dass unheilvolle Einflüsse auf die Wohnstätten der Menschen durch besondere bauliche Vorrichtungen abgelenkt, positive Energien jedoch nicht aufgehalten werden. Ziel des *Feng-shui* ist, einen harmonischen Energiefluss zu schaffen, damit die Lebensenergie, das *qi*, ungestört zirkulieren kann. Es gibt in Hongkong einige öffentliche Gebäude, die etwas sonderbar aussehen, weil entweder *Feng-shui*-Prinzipien bei deren Errichtung berücksichtigt wurden, oder später durch bauliche Maßnahmen versucht wurde, schlechte Einflüsse abzuwehren. *Feng-shui* wird von Chinesen auch zur Erklärung von Krankheiten, Pleiten und Unglücksfällen herangezogen.

> Der chinesische Manager eines asiatischen Elektronikunternehmens wechselte die Büroräume der Schweizer Niederlassung mehrmals, um den Geschäftsverlauf positiv zu beeinflussen. Der Manager stellte fest, dass sich gegenüber der Bürotüre der Niederlassung - am Ende des Ganges - , der Büroeingang zu einem anderen Unternehmen befand und folgerte daraus, dass alles Geld dem andern Unternehmen zufließen würde. Er suchte daraufhin eine Büro-Lage, die besser den *Feng-shui*-Prinzipien entsprach, und siehe da, das Geschäft florierte.

Eine wichtige Rolle spielen auch noch im modernen städtischen Leben die Kalenderspezialisten. Sie berechnen günstige Termine für Hochzeiten, Reiseantritte, Geschäftsabschlüsse, Geschäftseröffnungen etc. Für solche Berechnungen wird der „gelbe" Kalender konsultiert, ein spezieller Kalender, der jährlich erscheint. Für jede größere Unternehmung gibt es Tabuzeiten. Im Geistermonat (nach dem chinesischen Mondkalender kann dies je nach Jahr den Monat Juni, Juli oder August betreffen) sind sämtliche riskante Aktivitäten zu unterlassen. Im Geistermonat darf auch nicht geheiratet werden. Wahrsager berechnen nach dem Geburtshoroskop, ob Braut und Bräutigam zusammenpassen. Betriebe wählen die Stellenbewerber nach ihrem Geburtsdatum aus. Es gilt auch, dass man nicht jemanden mit gleichem Familiennamen heiratet. Da im Chinesischen nur wenig unterschiedliche Familiennamen existieren, ist es gar nicht so einfach, diese Regel einzuhalten.

Die rote Farbe bedeutet nach chinesischer Tradition „Glück" und „Reichtum". Deshalb ist Rot auch die Farbe für die Hochzeit. Früher trug die Braut ein rotes Kleid. Hochzeitsanzeigen werden in goldenen Buchstaben auf rotes Papier gedruckt. Beim Hochzeitsbanquett bringen die Gäste Geld im roten Umschlag als Hochzeitsgeschenk.

> In taiwanischen Zeitungen war kürzlich die Meldung zu lesen, dass die Geschäftsleitung eines großen Warenhauses das Verkaufspersonal aufforderte, rote Unterwäsche zu tragen, um dem rückläufigen Verkaufsumsatz entgegenzuwirken.

Im chinesischen Alltagsleben gibt es die Magie des Gleichklangs verschiedener Worte. Viele Krankenhäuser in Hongkong und auf Taiwan haben keine vierte Etage, weil „vier" in Mandarin ähnlich ausgesprochen wird wie „Tod" oder „Sterben" und man niemandem zumuten möchte, auf dem „Todesstock" zu liegen. Die Aussprache von „Fisch" klingt gleich wie „Überfluss", deshalb lieben es die Chinesen, Goldfische zu halten. Wie bereits erwähnt, ist auch bei Geschenken auf solche Doppeldeutigkeiten zu achten.

In der chinesischen Gesellschaft ist der festliche Beginn des Mondkalenders, das chinesische Neujahrsfest - auch „Frühlingsfest" genannt - die bedeutendste Zeit des ganzen Jahres. Während der Neujahrsfeiertage gilt es, viele Rituale und Tabus zu beachten. So soll man in den ersten fünf Tagen des neuen Jahres nicht den Boden fegen, weil man damit möglicherweise Wohlstand und Glück aus dem Haus fegt und auch keinen Abfall wegbringen, weil man damit den Reichtum wegträgt. Beim versehentlichen Zerschlagen von Geschirr muss man schnell *sui-sui ping-an* (Friede für das ganze Jahr) vor sich hinsagen, weil das Wort für „Scherben" gleich wie „Jahr" lautet. Manche Familien räumen alle Messer und Scheren weg, damit niemand aus Versehen den „Glücksfaden" für das kommende Jahr wegtrennt. Die Kinder erhalten von ihren Eltern, Großeltern und Verwandten rote Umschläge (*hong-bao*) mit möglichst neuen Banknoten darin, das sogenannte „Langlebigkeitsgeld".

Bilddrucke sind zum Neujahrsfest bei den Chinesen seit jeher sehr beliebt. Sie stellen entweder Türgötter dar, die das Übel abwenden und die Dämonen vertreiben sollten oder verkörpern die Götter des Reichtums und des Herdfeuers, die das Glück willkommen heißen.

Am Neujahrsvorabend versammelt man sich mit der ganzen Familie um den Tisch, um die wichtigste Mahlzeit des Jahres gemeinsam einzunehmen. Zu diesem Mal kehren auch die erwachsenen Kinder nach Hause zurück. Nach einer alten chinesischen Legende treibt das garstige Ungeheuer *nien* (Jahr) am Vorabend des Neujahrsfestes sein Unwesen. Zum Schutz vor dem Ungeheuer schließt sich die Familie im Hause ein. Im Verlaufe des Abends wird immer wieder nachgezählt, ob noch alle Familienmitglieder da sind.

Im Laufe der Zeit fanden die Menschen heraus, dass sich das Monster vor roter Farbe, Feuer und Lärm fürchtet. Am Vorabend des Neujahrsfestes bekleben die Chinesen deshalb Türen und Wände mit roten Schriftbändern und Papierquadraten mit Glück verheißenden Schriftzeichen. Oft werden die roten Papierquadrate absichtlich umgekehrt herum aufgehängt. Das chinesische Wort für 倒 *dao* (verkehrt herum) ist gleichlautend mit dem chinesischen Wort für Ankunft 到. Damit wird Wohlstand symbolisiert. Zusätzlich soll die goldene Farbe der Schriftzeichen Wohlstand und Überfluss signalisieren. Oft klebt man auch Papierquadrate mit dem Schriftzeichen 满 *man* (voll) auf Reisbehälter und Kühlschrank und drückt so den Wunsch nach einem Jahr ohne Hunger aus.

Am Neujahrsmorgen öffnen die Familien wieder Tür und Tor und zünden Feuerwerkskörper, um das Ungeheuer in die Flucht zu schlagen. Mit *gong-xi fa-cai* (Glückwünsch, viel Reichtum) beglückwünscht man sich am Neujahrsmorgen, da man das grässliche Untier weggejagt hat. Am Neujahrstag werden zuerst den Ahnen rituelle Gaben in Form von üppigen Nahrungsmitteln dargeboten. Die Familie erweist zunächst den Vorfahren und dann den Göttern ihre Ehre, anschließend bezeugt die jüngere Generation der älteren Respekt.

Seit jeher glauben die Chinesen, dass der Küchengott, der im Herzen jeden Haushalts lebt, alle die Wohl- und Missetaten registriert. Einmal im Jahr vor Neujahr (am 24. Tag des zwölften Mondkalendermonats) reist diese Gottheit in den Himmel, wo er dem Himmelskönig über seine Familie Rechenschaft abzulegen hat. Aufgrund seines Berichtes wird im Himmel das Schicksal der Familie für das kommende Jahr besiegelt. Damit der Gott vor dem himmlischen Tribunal nur süße Worte findet, streicht die Familie dem Küchengotte Honig auf die Lippen. Zur Erleichterung der langen Reise erhält er Süßigkeiten, papierenes Geistergeld und Papierpferdchen mit auf den Weg. Am Nachmittag des vierten Tages des neuen Jahres bringt man dem zurückkehrenden Küchengott zur Begrüßung Lebensmittelopfer dar und verbrennt das Geistergeld zusammen mit den Papierpferdchen.

Im Laufe der jahrtausendealten Geschichte Chinas haben sich Wissen, Brauchtümer und magisches Denken miteinander vermischt. Viele chinesische Gebräuche mögen uns „aufgeklärte" westliche Menschen eigenartig und manchmal fast etwas kindlich naiv anmuten. Sie sollten jedoch im Umgang mit Chinesen diese Regeln - vor allem die Tabus - respektieren. Obwohl viele Chinesen heute selbst nicht mehr so richtig daran glauben, halten sie sich trotzdem an diese Rituale. Eine Chinesin sagt stellvertretend für viele:

> „Ich halte mich selbst eigentlich nicht für abergläubisch, aber ich halte mich trotzdem an die Regeln. Ich halte sie lieber für richtig als für falsch, und es schadet ja ohnehin niemandem, oder? Kann sein, dass ich besser schlafen kann, wenn ich mitspiele" (Her 2000, 64).

22. Zwischen zwei Kulturen

Wenn sich Menschen aus zwei Kulturen begegnen, findet beidseitig fortwährend interkulturelles Lernen statt. Dabei entstehen Mischformen und Synthesen von westlichen und östlichen Denk- und Verhaltensweisen, die oft auch eigentümlich anmuten. Bei zwischenmenschlichen Kontakten über kulturelle Grenzen hinweg können die persönlichen kulturgeprägten Verhaltensweisen in der andern Kultur fehl am Platz sein. Auch das Bemühen, sich den Konventionen der Fremdkultur anzupassen, kann fehlschlagen.

22.1 Kulturelle Interferenzen

„Kulturelle Interferenzen" sind unbewusste Übertragungen eigener kultureller Konventionen auf einen fremdkulturellen Kontext. Wenn die gewohnten Verhaltens- und Kommunikationsmuster in diesem andern Kontext nicht den Erwartungen entsprechen, sind Missverständnisse vorprogrammiert. In all den bis anhin besprochenen Bereichen kann es zu kulturellen Interferenzen kommen. Zur Illustration werden in den folgenden Ausführungen Beispiele herausgegriffen, in denen eine solche unbewusste Übertragung eigener kultureller Konventionen in die Fremdkultur geschieht.

Unterschiedliche Auffassungen von Höflichkeit

Nach chinesischer Konvention darf ein Gast seinen Gastgeber (der Jüngere den Älteren, der Untergebene den Übergeordneten) nicht warten lassen. Es ist deshalb üblich, dass der Eingeladene immer etwas vor der vereinbarten Zeit erscheint.

> Um dem deutschen Professor seine Hochachtung zu bekräftigen, begrüßt ihn der chinesische Student bei seiner Ankunft mit den Worten: *„Herr Professor, ich bin schon seit fünf Minuten hier"* (Jin 1994, 34).

Der Professor, dem diese chinesische Konvention nicht bekannt ist, wird vermutlich die ehrerbietende Erklärung des Studenten als unverschämten Vorwurf über seine angebliche Verspätung auffassen.

Unterschiedliche Auffassungen über Komplimente können zu Verwirrungen führen.

> Auf die Bemerkung eines chinesischen Freundes, ich sei so bleich, verteidigte ich mich heftig. Ich versuchte ihn mit allen Mitteln zu überzeugen, dass ich mich im Moment bestens fühlen würde. Erst später begriff ich, dass das ein Kompliment sein sollte. Eine helle Hautfarbe gilt bei den Chinesen als vornehm und deshalb als Schönheitsideal.

Menschen, welche sich zwischen zwei Kulturen hin- und herbewegen, erleben immer wieder, dass sie durch ihr Verhalten auffallen.

> *„Kurz gesagt, ich war für die hiesigen Verhältnisse schlecht erzogen und hatte Schwierigkeiten, in jeder Lage eine gute Miene zu machen, wie es in China jedes kleine Kind gelernt hat. Im Grunde meines Herzens wollte ich das auch nicht, weil ich vorhatte, so bald wie möglich wieder nach Europa zurückzukehren, und für dortige Verhältnisse war ich in meinen Augen gut erzogen"*, erinnert sich Han Sen, welcher als Kind in Deutschland aufwuchs und später in die Schweiz lebte, bis er im Alter von 15 Jahren mit seinem Vater in die chinesische Heimat zurückkehren musste (Han 2001, 79).

Menschen, welche längere Zeit in einem andern Kulturraum gelebt haben und nun wieder in ihr Herkunftsland zurückgekehrt sind, übertragen oft unbewusst die im Ausland antrainierten Höflichkeitsroutinen auf ihre Umgangsformen in der Heimat.

Unterschiedliche Diskursorganisation

In interkulturellen Gesprächen ist zu beachten, dass die Sprecher - in ihrer Muttersprache sprachlich sozialisiert - ihr kulturspezifisches Gesprächsverhalten (unbewusst) in die Fremdsprache übertragen. Ein eindrückliches Beispiel liefert hier Young (1982). Sie analysierte Geschäftsverhandlungen zwischen Chinesen und westlichen Kommunikationspartnern. Obwohl die Gespräche in Englisch geführt wurden, übertrugen die chinesischen Verhandlungspartner die typisch chinesische Diskursorganisation (langsames Abrollen der Hintergrundinformation, Einkreisen des Themas, Zurückhaltung von pragmatisch wichtigen Informationen) auf die englischsprachigen Verhandlungen, was zu großer Konfusion bei den westlichen Partner führte (siehe Kap. 10.3).

22.2. Kulturelle Überanpassung

Während „kulturelle Interferenzen" auf nicht bewusster Übertragung der eigenen kulturellen Konventionen auf die Interaktionen in einem fremden Kontext beruhen, gründet „kulturelle Überanpassung" auf bewusster Anpassung an vermeintliche Konventionen der Fremdkultur.

Chinesisches Verständnis von westlicher Direktheit

Dies lässt sich am besten am Begriff der Direktheit veranschaulichen. Direktheit und Offenheit gelten in China als wesentliche Merkmale der Europäer. So lernen Chinesen aus den interkulturellen Kontakten als eine der wichtigsten Regeln, bei Kontakten mit Ausländern nicht in chinesischer Weise bescheiden, sondern selbstbewusst aufzutreten und ihre Absichten und Wünsche direkt zu formulieren. In früheren Kapiteln wurden ausführlich die chinesischen Höflichkeitsprinzipien, wie Bescheidenheit, Indirektheit dargestellt. Es ist daher nicht erstaunlich, dass Sie total verwirrt sind, wenn Sie sich plötzlich mit - der sprichwörtlichen Bescheidenheit widersprechenden - unverschämt wirkenden Forderungen und einer geradezu verletzenden Direktheit chinesischer Gesprächspartner konfrontiert sehen.

Günthner (1993, 84) berichtet, dass sie währed ihrer Zeit als Deutschlektorin häufig Briefe chinesischer Wissenschaftler an deutsche Professoren zur Korrektur erhielt, die nach einer einleitenden Entschuldigungsformel für die „Störung“ eine Aneinanderreihung von Forderungen enthielt, wie wir sie uns nie in dieser Art zu stellen wagten. Wenn Günthner die Briefschreiber fragte, ob sie in Chinesisch einen Brief auch in dieser Weise abfassen würden, wurde dies stets verneint. Man habe gehört, dass man im Westen viel direkter und offener miteinander umgehe. In China hingegen müsse man alles viel vorsichtiger und indirekter formulieren.

Die Chinesen versuchen sich in Kontakten mit Europäern dem westlichen Verständnis von Direktheit, wie sie es sich vorstellen, anzupassen. Wie bereits früher (Kap.7.2) vermerkt, gibt es jedoch auch in der westlichen Gesellschaft viele Situationen, in denen man nicht direkt kommuniziert, da man aus Erfahrung weiß, dass man sich sonst Schwierigkeiten einhandelt. In der interkulturellen Kommunikation mit Europäern geben die Chinesen ihre eigenen soziokulturellen Konventionen auf, um sich den vermuteten Konventionen der Europäer anzupassen, ohne jedoch damit vertraut zu sein. Sie verlassen den Boden ihrer eigenen kulturellen Normen und befinden sich zwischen den Normen zweier Kulturen oder mit den Worten von Günthner (1993, 84) im „soziokulturellen Niemandsland“.

Aneignung fremder Verhaltensweisen

Obwohl die Chinesen das intensive europäische Händeschütteln verabscheuen (siehe Kap. 9.1), sind sie in interkulturellen Kontakten darauf bedacht, dieser westlichen Sitte nachzukommen. Dabei kann es zu recht komischen Situationen kommen.

> „Auf einmal rief er mir etwas zu und streckte dabei die rechte Hand aus. Ich dachte, das sei eine Gewohnheit der Schweizer, Touristen zu begrüßen, er hätte einen Ausländer gesehen und deshalb gleich die Hand zum Gruß ausgestreckt. Daher streckte ich ihm die Hand entgegen. Wer hätte gedacht, dass er auch dann seine Hand nicht zurückzog, als ich sie geschüttelt hatte? Ich fand es ein bisschen merkwürdig, bis ich ihn sehr liebenswürdig sagen hörte; *‚le billet, Monsieur'*, und mir mit Schrecken klar wurde, dass er eigentlich der Angestellte war, der Fahrkarten kontrollierte", berichtet ein chinesischer Tourist von einem Erlebnis auf einer Schifffahrt in der Schweiz (Sun 2000, 63f).

Interkulturelle Kompetenz bedeutet nicht, dass wir uns fremdes Verhalten antrainieren sollen.
(Abbildung aus Zabo o. J.)

Auf Chinesen wirkt es gleichfalls sonderbar, wenn wir Europäer versuchen, uns den von uns vermuteten chinesischen Höflichkeitserwartungen anzupassen. So kann es eher peinlich anmuten, wenn nicht belustigend wirken, wenn sich Europäer bemühen - etwas steif und leicht verschämt – sich mit einer chinesische Verbeugung zu verabschieden.

Wenn wir in ein fernes Land reisen, ist nicht gemeint, dass wir uns wie Angehörige der andern - hier der chinesischen - Kultur zu verhalten haben und uns unvertraute, fremde Verhaltensweisen antrainieren sollen. Interkulturelle Kompetenz bedeutet, dass man für die Regeln und Erwartungen der fremden Kultur sensibilisiert und in der Lage ist, für in unseren Augen befremdliches Verhalten - je nach Bedarf - die entsprechende „Brille" zu tragen (Pohl 1998, 13). Dazu der Ratschlag von Dr. Wang Jen-huong, Präsident des chinesisch-deutschen Kultur- und Wirtschaftsverbandes an die deutschen Unternehmer:

> „Es ist falsch, Englisch zu sprechen und die Dinge auf taiwanische Art machen zu wollen. Da können Sie nie gewinnen. Es wäre besser, bei den deutschen Methoden zu bleiben."

玖

Verständigung mit Hilfe von Dolmetschern

23. Der Dolmetscher als Kulturvermittler

Wo verschiedene Lebenswelten oder Kulturen aufeinander stoßen, kommt Verständigung oft nur mit Hilfe eines Übersetzers oder Dolmetschers zustande. Das Wort „Dolmetscher" stammt ursprünglich aus dem Türkischen (*tilmac*) und bedeutet Mittelsmann. Der Dolmetscher ist der Brückenbauer, der eine Verbindung zwischen den beiden sich fremden Lebenswelten schaffen soll. Dazu ist ein hohes Maß an Kulturkompetenz erforderlich. Der Dolmetscher muss in der Lage sein, die kulturellen Wissensbestände zueinander in Beziehung zu setzen und dabei jeweils die Annahmen der einen Kultur über die andere mitzuberücksichtigen. Sprachkompetenz allein reicht nicht aus, um eine interkulturelle Verständigung zu ermöglichen. Nimmt man die Bezeichnung „Dolmetscher" in ihrer ursprünglichen Bedeutung als Mittelsperson, wird leicht ersichtlich, dass der Vorgang des Übersetzens mehr ist als nur „Transport" sprachlicher Inhalte. Der Kulturmittler kreiert Bilder, die es erlauben, im Rahmen der beiden Kulturen „Nichtsagbares" in „Sagbares" zu übersetzen und es so den Kommunikationspartnern zu ermöglichen, von einem Sprachbereich in einen andern zu gelangen. (siehe Mutter 1997 und Lin & Mutter 1998).

Die westlichen Partner verlassen sich bei Kontakten mit Chinesen oft auf ihre Englischkenntnisse (und die ihrer Partner) und finden es nicht nötig, einen Dolmetscher beizuziehen. Sie sind dann sehr erstaunt, wenn keine Verständigung (und somit kein Geschäft) zustande kommt. Ob Gespräche nun in der jeweiligen Muttersprache oder in einer Fremdsprache geführt werden, es sollte den Verhandlungspartnern stets eine Person zur Seite stehen, die nicht nur die chinesische Sprache perfekt beherrscht, sondern auch über die kulturellen Gepflogenheiten Bescheid weiß. Damit die verschiedenen Faktoren - die für das Gelingen oder Scheitern interkultureller Verhandlungen verantwortlich sind - berücksichtigt werden, sollte der Dolmetscher bereits bei der Programmplanung miteinbezogen werden. Seine Arbeit beginnt schon lange vor dem eigentlichen Dolmetschen und beschränkt sich nicht nur auf die Aneignung des Fachvokabulars. Eventuell ist es ratsam, zusätzlich zum Dolmetscher eigens einen Kulturberater beizuziehen. Dieser Berater sollte unbedingt mit den örtlichen chinesischen Verhältnissen vertraut sein. Ein Berater - wenn er sich in Peking noch so gut auskennt -, ist in der Provinz ohne Beziehungsnetz verloren (Achten 2004).

24. Zusammenarbeit mit Dolmetschern

Werden Verhandlungsgespräche zwischen chinesischen und deutschen Partnern mit Hilfe von Dolmetschern geführt, ist folgendes zu beachten:

Es sollte vorher klar abgesprochen werden, welche Seite für den Dolmetscher besorgt ist, oder ob beide Verhandlungsparteien ihren eigenen Dolmetscher mitbringen, was sicher für Verhandlungen von Vorteil ist.

Selbstverständlich müssen auch die äußeren Bedingungen (örtlicher, zeitlicher Rahmen etc.) berücksichtigt werden, welche die Kommunikation verbessern, bzw. behindern könnten. Den kulturell unterschiedlichen Vorstellungen über Zeit und Pünktlichkeit muss Rechnung getragen werden. Zu beachten ist, dass Gespräche mit Dolmetschern doppelt so lange dauern!

Der Vorgang des Übersetzens bezieht immer auch außersprachliche Elemente mit ein. Deshalb muss der Dolmetscher mit den Regeln und Normen seiner eigenen und auch derjenigen der fremden Kultur vertraut sein. Übersetzt der Dolmetscher für eine bestimmte Institution oder ein bestimmtes Fachgebiet, sind spezifisches Institutions- und Fachwissen von großem Vorteil.

Um dem Dolmetscher die Arbeit zu erleichtern, sprechen Sie in kurzen, klaren Sätzen. Machen Sie Pausen, um dem Dolmetscher Gelegenheit zum Übersetzen zu geben. Vermeiden Sie, wenn möglich, Fachjargon. Ist der Dolmetscher nicht vom Fach, müssen Tatbestand oder Argument auf verschiedene Weise dargestellt werden, so dass dem Übersetzer dadurch der Sinn klar wird.

Vor- und Nachbesprechungen bringen Klärung, denn es zeigt sich, dass der Hörer einen Gedanken nie vollkommen in der Weise versteht, wie ihn der Sprecher verstanden haben möchte.

Nicht alles, was man in der deutschen Sprache sagen kann, lässt sich auch in Chinesisch ausdrücken. Dolmetscher stehen immer wieder vor der Tatsache, dass es für bestimmte Begriffe keine Entsprechung in der Zielsprache gibt. Ein Dolmetscher, der Spanisch oder Englisch ins Deutsche übersetzt und umgekehrt, kann von einem gemeinsamen kulturellen Bedeutungshorizont der Wörter ausgehen. Ein Chinesisch-Deutsch-Dolmetscher muss mit jedem übersetzten Wort gleichzeitig einen in unserer Sprache bekannten Kulturzusammenhang kreieren.

Vermeiden Sie Metaphern. Der Hörer kann eine Metapher des Sprechers nur verstehen, wenn ein gleiches Weltbild ihn befähigt, den angeregten Vergleich ebenfalls vorzunehmen.

Für viele Konzepte gibt es kein Äquivalent in unserer westlichen Gedankenwelt. Für das chinesische Denken besteht heute die Gefahr, dass es in europäischen Begriffen beschrieben wird, dabei geht einiges verloren oder wird falsch interpretiert.

> So wird z. B. das chinesische Schriftzeichen *Shen* („Zeugnis ablegen von der Ordnung des Kosmos“) in fast allen westlichen Übersetzungen mit „Seele“ oder „Geist“ (engl. *mind, spirit*) wiedergegeben. Nach Claus Schnorrenberger (*Lifu International College of Chinese Medicine*), ist diese Übersetzung *„eine gewaltsame Projektion typisch westlicher Vorstellungen“*. Die universelle Ordnung des *Shen*, welche für die kompetente Praxis der chinesischen Heilkunde verbindliche ist, wird durch eine solche Übersetzung zerstört: *„Wenn die Ordnung des Kosmos vordergründig in Natur und Geist, Materie und Bewusstsein, Körper und Seele zerlegt wird, dann ist sie nicht mehr sichtbar und erfahrbar.“* Die unkritische Übernahme solcher falscher Übersetzungen in die Lehrpläne westlicher TCM-Ausbildungen kann fatale Auswirkungen haben (Schnorrenberger 2005,151).

Wie wir wissen, entspricht ein chinesisches Zeichen einem einsilbigen Wort, welches man im Hochchinesischen in vier verschiedenen Tonhöhen aussprechen kann. Es gibt 411 Tonsilben, in jeweils 4 Tönen auszusprechen. Das ergibt hochgerechnet 1644 - in Wirklichkeit sind es 1338 - verschiedene Wortmöglichkeiten. Die Chancen für Missverständnisse beim Dolmetschen durch die falsche Betonung eines Wortes sind groß.

> Bei einem diplomatischen Gespräch sprach der Dolmetscher das Wort *xiang* fälschlicherweise im vierten (abfallend) anstatt im ersten Ton (gleichbleibend). Das Angebot von *Bananen* wurde damit in ein Angebot zu *Geschlechtsverkehr* umgewandelt.

Der Dolmetscher sollte laufend Signale des Sprechers entschlüsseln (Akzentuierung durch Intonation, Wiederholungen, syntaktische Markierungen). Dazu sind im Chinesischen die Kenntnis und richtige Interpretation der Satzendpartikel wichtig (siehe Kap. 12. und 19.).

Der Dolmetscher muss wesentliche Beiträge in Bezug auf die Diskursorganisation leisten und die unterschiedlichen rhetorischen Traditionen berücksichtigen. Es ist zu beachten, dass die Verhandlungspartner - wenn sie miteinander in einer Fremdsprache (z.B. Englisch) diskutieren - ihre kulturtypischen Diskursmuster der Mutter- oder Erstsprache in die Fremdsprache übertragen (siehe Kap. 11.3).

Die sprachlichen Strukturen der chinesischen und der deutschen Sprache sind sehr unterschiedlich, wobei die chinesische Struktur viel flexibler ist als die deutsche. Da Wort-zu-Wort-Übertragung dieser beiden unterschiedlichen Sprachsysteme nicht möglich ist, muss man sich mit einer pragmatischen Stellungnahme begnügen. Anstatt einer wörtlichen, ist nur eine sinngemäße Übersetzung in die Zielsprache möglich.

Eine deutsche Dolmetscherin berichtet, dass sie den generell sehr harten Gesprächstil der deutschen Verhandlungspartner nicht ohne Abschwächung übermitteln könne, sonst wirke er grob und unverschämt für chinesische Ohren (Günthner 1993, 277).

> „Wenn ich einmal etwas Hartes sage, kommt dies beim Gegenüber in der Übersetzung meist ganz anders an. Ich merke das, wenn der mich anlächelt und ich dann keine Ahnung habe, weshalb...", bemerkt der Generalmanager des Sino-Swisshotel in Beijing (Jäggi 2005, 10).

Europäische Sprachen sind so konstruiert, dass sie wenigstens den Eindruck hinterlassen, sehr präzis zu sein. Die chinesische Sprache ist oft sehr vage und lässt mehr Deutungsmöglichkeiten zu als die deutsche. Vieles muss zwischen den Zeilen gelesen werden. Chinesisch dolmetschen ist oft mehr ein Interpretieren, als ein Imitieren des Gesagten. Es braucht ein ganz besonderes Einfühlungsvermögen des Übersetzers, die jeweils treffendste Entsprechung zu finden.

Chinesische Dolmetscher berichten, dass die deutschen Verhandlungspartner die Indirektheit der Chinesen nicht verstehen. Sie merken nicht, dass der chinesische Partner auf höfliche indirekte Art eine Absage erteilt, sondern meinen, er rede am Thema vorbei.

> *„Dann muss ich immer mal wieder eingreifen und die indirekte Äußerung interpretieren"*, sagt eine chinesische Dolmetscherin. *„Manchmal fordere ich auch die chinesische Seite auf, direkt Nein zu sagen. Doch dann bekomme ich die Antwort: ‚Aber das geht doch nicht. Diese Deutschen sind so weit nach China gekommen. Man darf nicht so unhöflich sein und jetzt sofort direkt Nein sagen'"* (Günthner 1993, 271).

Die von den Chinesen bevorzugte indirekte Sprechweise gilt es auch von der Partnerseite zu berücksichtigen.

> Eine eindeutig abschlägige Antwort von deutscher Seite muss im Chinesischen übersetzt werden mit: *„Es könnte sein, dass diesbezüglich Probleme auftreten"* (Vermeer 1989, 43).

Auch beim Übersetzen achten die Chinesen darauf, dass allerseits das Gesicht gewahrt wird:

> In einem Schweizer Magazin wurde über den ehemaligen Schweizer Botschafter in Beijing, Erwin Schurtenberger, berichtet: „…, *wo er mit einheimischen Künstlern und pensionierten Militärs in einer alten Siedlung lebt*“ (Beglinger 2005, 30). Dem Artikel war eine Chinesische „Simultanübersetzung“ beigefügt. Offenbar fand es die chinesische Übersetzerin unpassend, dass der ehemalige Botschafter mit *„pensionierten Militärs“* zusammen lebt und ersetzte *„pensionierte Militärs“* durch *„pensionierte Geschäftsleute“* (Changju 2005, 31).

Wie gefährlich früher Dolmetscher lebten, zeigt ein Ausschnitt aus der Berichtererstattung eines chinesischen Beamten über den Besuch der ersten offiziellen portugiesischen Gesandtschaft in China:

> „In Anbetracht ihrer Respektlosigkeit wurde der (chinesische) Dolmetscher zum Tode verurteilt, und die Leute kehrten unter Gewahrsam nach Kanton zurück. Sie wurden des Landes verwiesen und weggeschickt“ (Franke 1962, 21).

Auch wenn sich die Zeiten geändert haben und die Arbeit des Dolmetschers nicht mehr so gefährlich ist wie früher, muss der schwierigen Position des Dolmetschers - zwischen verschiedenen Verhandlungsparteien, Gesellschaftssystemen, Mentalitäten und Lebenswelten - Beachtung geschenkt werden.

Besonders schwierig wird es, wenn Rollen vermischt werden und der Dolmetscher gleichzeitig auch für den Verhandlungsverlauf verantwortlich ist:

> Diesem Rollenkonflikt konnte ein chinesischer Ingenieur nicht standhalten. Er sollte im Auftrag einer deutschen Delegation mit der chinesischen Partnerfirma verhandeln. Als ihn die chinesische Seite zu einer Vertragsänderung drängte, wusste sich der Mann nicht mehr zu helfen und sprang aus dem Fenster im 14. Stock des Hochhauses.

Glossar chinesischer Ausdrücke

Durch die Schriftreform in China wurden einige Schriftzeichen vereinfacht. Dort wo heute Unterschiede in den Schriftzeichen zwischen Taiwan und der Volksrepublik bestehen, werden die traditionellen Schriftzeichen in Klammern aufgeführt.

Zwischenmenschliche Beziehungen

li 礼(禮)	die Riten, Sitten
Li-ji 礼(禮)记(記)	Buch der Riten, Sitten und Gebräuche
ren 人	die Menschlichkeit, Wohlwollen
ren-qing 人情	menschliche Gefühle, Zwischenmenschlichkeit
guan-xi 关(關)系(係)	Beziehungspflege
li-mao 礼(禮)貌	höfliches Verhalten (Respekt, Bescheidenheit, Gastlichkeit und Taktgefühl)
ke-qi 客气(氣)	höflich, manierlich, gesittet, demütig, bescheiden, gut erzogen, taktvoll, gebildet, aufmerksam, rücksichtsvoll, verständig
ke-qi hua 客气(氣)话(話)	höfliches Sprechen
mian-zi 面子	Gesicht (gesellschaftl. Prestige und Status)
lian 脸(臉)	Gesicht (moralische Integrität)
jiang-li 讲(講)理	Vernunft reden
sa-jiao 撒娇(嬌)	Flirtstil
shen 神	Zeugnis ablegen von der Ordung des Kosmus

Anredeformen

mei-mei 妹妹	jüngere Schwester
jie-jie 姊姊	ältere Schwester
di-di 弟弟	jüngerer Bruder
ge-ge 哥哥	älterer Bruder
xiong 兄	„großer-älterer" Bruder (Vorname mit dem Zusatz *xiong*, Anredeform in naher freundschaftlicher Beziehung außerhalb der Familie: Dong-guang *xiong*
di 弟	„kleiner-jüngerer" Bruder, mit *di* bezeichnet sich der Sprecher selbst - im Sinne der Selbsterniedrigung - in naher freundschaftlicher Beziehung außerhalb der Familie: Yuan-min *di*)
di Cheng-Kun 弟城昆	*di* mit Vornamen unterzeichnet der Schreiber einen freundschaftlichen Brief
xiao 小	„kleiner-jünger" (junior)
lao 老	„größer-älter" (senior), in Taiwan nie gegenüber von Frauen verwendet
xiao und *lao*	Anreden in formalen Beziehungen - je nach Altersbeziehung der beiden Gesprächspartner - im Berufskontext unter Arbeitskollegen verwendet in der Bedeutung von „ehrbar", *xiao* und *lao* werden als einzige Ausnahmen vor den Familiennamen gesetzt.
lao Chang 老张(張)	als formale Anrede im Berufskontext.

Chang *lao* 张(張)老	*lao* nach dem Familiennamen gesetzt - in der Bedeutung von „altehrwürden" - wird als Anrede für ältere höherstehende Personen verwendet.
a-yi 阿姨	Tante (wird auch für weibliche, nicht verwandte Personen verwendet, keine Unterscheidung in „jünger" und „älter")
Wang *a-yi*	Tante Wang
shu-shu 叔叔	jüngerer Onkel
bo-bo 伯伯	älterer Onkel
Wang *shu-shu* oder Wang *bo-bo*	Onkel Wang (auch als Anredeformen gegenüber nicht verwandten männlichen Personen verwendet, je nach Altershierarchie)
xio-jie 小姐	Fräulein (auch Anrede für Verkäuferin oder Serviererin)
tai-tai 太太	Ehefrau
Wang *tai-tai* 王太太	Frau Wang (in der Rolle als Ehefrau)
nü-shi 女士	Frau, Madam (formelle, ehrerbietende Anrede)
Schmid *nü-shi*	Frau Schmid (ehrerbietende Anrede für Ausländerinnen)
xian-sheng 先生	Herr; allgemein für Männer verwendet (auch als Anrede für Kellner)
Wang *xian-sheng* 王先生	Herr Wang
lao-shi 老师(師)	Lehrer (alle Personen, die unterrichten)

Wang *lao-shi*	Lehrer Wang oder „Professor Wang“ (Grußform)
jiao-shou 教授	Professor (im außeruniversitären Umfeld)
dong-shi-zhang 董事长(長)	Verwaltungsratpräsident
zhi-xing-zahng (执)執行(长)長	CEO
shou-xi zhi-xing-guan 首席执(執)行官	CEO
zong-jing-li 总(總)经(經)理	Generalmanager
chang-zhang 廠(厂)长(長)	Direktor (in der Funktion als Fabrik- oder Produktionsleiter)
jing-li 经(經)理	Manager

Höflichkeitsroutinen

ni hao ma? 你好吗(嗎)?	„Geht es Ihnen gut?“
oder *ni hao* 你好	oder „Sie gut.“ (Es geht Ihnen gut.)
ni hao 你好	Antwort auf den Gruß ni hao (analog dem Französischen ça va.)
nin hao ma? 您好吗(嗎)? oder *nin hao* 您好	Höflichkeitsform des ni hao ma? nin hao (im Chinesischen nur für hohe Respektpersonen verwendet.)
ni zao 你早	morgendlicher Gruß. (wörtlich „Sie sind früh.“)
oder *zao* 早	(abgekürzt)
na-er qu ya? 哪儿(兒)去呀? oder *ni qu na-er?* 你去哪儿(兒)?	„Wohin gehen (Sie)?“, „Wohin?“ (Begrüßungsformel)
chi li ma? 吃了吗(嗎)?	„Haben Sie (bereits) schon gegessen?“
oder *chi guo le ma?* 吃过(過)了吗(嗎)?	(Begrüßungsformel) wie oben

chi guo le. 吃过(過)了	„Ja, ich habe bereits schon gegessen?" (Antwort auf Begrüßung, um Gesprächsbereitschaft auszudrücken)
zai na-er fa-cai? 在哪儿(兒)发(發)财(財)?	„Wo erwerben sie Ihren Reich tum?" (Begrüßungsformel unter Geschäftspartner)
Li *chang-zhang* 李厂(廠)长(長)	„Direktor Li" (Grußform)
bao-zhong 保重	„Sich sorgen" (beim Verabschieden vor großer Reise im Sinne des Englischen take care of you)
zai-jian 再见(見)	wörtlich „wieder sehen" (Verabschiedung von Freunden und Bekannten)
bu-hao, bu-hao 不好、不好	„Nicht gut, nicht gut" (Erwiderung auf ein Kompliment)
na-li, na-li 那里、那里	„Woher denn, woher denn?" (Erwiderung auf ein Kompliment)
guo-jiang 过(過)奖(獎)	„Übertrieben rühmen" (Erwiderung auf ein Kompliment)
dui-bu-qi 对(對)不起	Entschuldigungsform für ein Fehlverhalten (wird mit einer leichten Verbeugung ausgesprochen)
bao-qian 抱歉	Entschuldigungsfloskel (ohne Ausdruck des tatsächlichen Bedauerns), auch verwendet als Bitte um Weg-Freigabe)
bu-hao yi-si 不好意思	Entschuldigungsformel (wörtlich „keinen guten Sinn"), zur Einleitung einer Bitte oder als Dank für ein Geschenk verwendet im Sinne von „Ich habe das nicht

	verdient.“ Mit dieser Entschuldigungsformel macht der Sprecher deutlich, dass er sich in Schuldigkeit gegenüber der anderen Person fühlt.
bu da-jiao 不打搅(攪)	„Nicht länger stören“ (Zeichen zum Aufbruch,Verabschiedung)
hai cao 还(還)早	„Es ist noch früh“ (Entgegnung auf Verabschiedungsankündigung bu da jiao)
man chi 慢吃 oder *man yong* 慢用	„Langsam essen“ (freundliche Essens- aufforderung, an den sich höflich zurückhaltenden Gast)
man-zuo 慢走	„Langsam gehen“ (Kommen Sie gut nach Hause.)
xie-xie 谢谢(謝謝)	„Danke“
gan-bei 乾杯	„Trockener Becher“, wörtlich: leeres Glas oder ex (Trinkspruch)
gong-xi fa-cai 恭喜发(發)财(財)	„Gratuliere, viel Reichtum“ (auch als Neujahrswunsch)
wei? 喂	„Wer?“ (Gesprächseröffnung am Telefon)
mei-ban-fa 没办(辦)法	„Das ist unmöglich“ oder „Nichts zu machen“ (in Verhandlungen)
mei-you 沒有	„Nicht vorhanden“ (häufige Antwortformel auf eine Frage, die ein Begehren ausdrückt)

Innen- und Außenmenschen

shou-ren 熟人	Innenmenschen (gargekochte Menschen), Menschen mit denen man in einer Beziehung steht, Bekannte
sheng-ren 生人	Außenmenschen (ungekochte, rohe Menschen), Fremde
yang-ren 洋人	westlicher Ausländer
wai-guo-ren 外国(國)人	Bezeichnung für alle Nicht-Chinesen (westl. Ausländer, Afrikaner, Japaner etc.)
da bi-zi 大鼻子	Großnase (Übername für westliche Ausländer)
gao bi-zi 高鼻子	Hochnase (Übername für westliche Ausländer)
yang-gui-zi 洋鬼子	westlicher Teufel (Übername für westliche Ausländer, heute trivialisiert)
lao-wei 老外	alter Ausländer, Väterchen Ausländer (kumpelhafte Bezeichnung für westliche Ausländer)

Quellennachweis

Nebst eigenen Erfahrungen und Anekdoten von europäischen und chinesischen Bekannten, habe ich in diesem Buch zur Illustration der theoretischen Ausführungen verschiedentlich Episoden aus Zeitschriften, Tageszeitungen und Büchern zitiert. Bei dem hier aufgelisteten Quellenmaterial handelt es sich um Bücher, auf die ich mich in meinen Ausführungen immer wieder berufe und die mir Stoff für verschiedene Anekdoten lieferten.

Böckelmann, F. (1998): Die Gelben, die Schwarzen, die Weißen. Frankfurt a. M.
In zehn Interviews mit chinesischen Interviewpartnerinnen und Interviewpartnern versucht Böckelmann sich im Rahmen eines Forschungsprogrammes ein Bild darüber zu machen, wie Chinesen Europäer sehen. Anhand von Quellenmaterial vom 13. Jahrundert bis zur Gegenwart zeigt der Autor des Weitern auf, an welchen klischeehaften Fremdbilder sich die „Gelben" und die „Weißen" über Jahrhunderte hinweg orientierten.

Chen, H. (2004): KulturSchock China. Bielefeld (6. Auflage).
Die Buchreihe KulturSchock möchte Reisenden ein tieferes Verständnis von Land und Leuten vermitteln, als dies herkömmliche Reiseführer tun. Hanne Chen, eine Sinologin, welche mit der chinesischen Mentalität durch längere Aufenthalte in der VR China und auf Taiwan bestens vertraut ist, befasst sich in dieser Ausgabe schwerpunktmäßig mit chinesischen Denk- und Verhaltensweisen und deren Hintergründe. Sie bietet Orientierungshilfen im Dschungel des fremden Alltags - praxisnah, auf die Situation des Chinareisenden ausgerichtet.

Hieber, W. (1984). Chinesen über China. Düsseldorf (2. Auflage).
In diesem Buch lässt Wolfgang Hieber Chinesen selbst zu Wort kommen. Wenn sich auch inzwischen manches in China geändert hat und vor allem die politischen Aussagen in diesem Buch nicht mehr aktuell sind, geben die Reflexionen über traditionelle chinesische Werte wie Familie, Kindererziehung und Formen des sozialen Umgangs einen interessanten Einblick in chinesische Wertorientierungen.

Günthner, S. (1993): Diskursstrategien in der interkulturellen Kommunikation: Analysen deutsch-chinesischer Gespräche. Tübingen.
Die tägliche Auseinandersetzung mit fremden Verhaltensweisen während ihrer Tätigkeit als Deutschlektorin an verschiedenen Hochschulen in der VR China weckten bei Susanne Günthner das Interesse, Kommunikationssituationen zwischen Chinesen und Deutschen genauer zu analysieren und Quellen für systematische Missverständnisse zu erforschen. Es handelt sich bei diesem Buch um eine soziolinguistische Konversationsannalyse. Zu diesem Zweck wertete die Autorin Tonbandaufnahmen von Gesprächen zwischen Chinesen und Deutschen sowie chinesischen Kontrollgesprächen aus. Die Gesprächsanalysen werden mit Originalaussagen, Interpretationen chinesischer Informanten und ethnographischen Hintergrundinformationen ergänzt.

Jin, X. (1994): Kontakte, Konflikte und Kompromisse: Interkulturelle Kommunikation zwischen Deutschen und Chinesen in einem Joint-Venture. Saarbrücken.
Für die Chinesin Jin Xiufang waren die persönlichen Erfahrungen in der fremden deutschen Umgebung Anlass für diese Untersuchung. Sie hat zum Ziel, Deutschen und Chinesen, die beruflich oder persönlich miteinander in Kontakt kommen, die kulturelle Ausprägung ihrer „ausländischen" Gesprächspartner verständlicher zu machen, um den häufig durch Missverständnisse verursachten Enttäuschungen und Konflikte in der Zusammenarbeit vorzubeugen. Als Untersuchungsmethoden verwendete die Autorin qualitative Inteviews und Fragebogen.

Lin-Huber, M. A. (1998): Kulturspezifischer Spracherwerb: Sprachliche Sozialisation und Kommunikationsverhalten im Kulturvergleich. Bern.
Dieses Buch hat den Erwerb des kulturell unterschiedlichen Kommunikationsverhaltens zum Thema. Vor dem Hintergrund der chinesischen Kultur werden Zusammenhänge aufgezeigt zwischen Wertvorstellungen und Gesprächskonventionenen einer Kultur sowie der Art und Weise, wie ein Kind im Sozialisierungsprozess seine Mutter- bzw. Kultursprache lernt. Veranschaulicht wird dies durch die Analyse des Kommunikationsverhaltens eines bikulturellen (chinesisch-schweizerischen) Elternpaars gegenüber ihrem im Spracherwerbsprozess stehenden Kinde.

Salzmann, M. (1990): Eisen und Seide: Begegnungen mit China. München.

Der Autor, ein junger Amerikaner, ging nach seinem Sinologiestudium in Yale für zwei Jahre nach China, wo er an einer Universität Englisch unterrichtete und gleichzeitig Schüler des größten Kampfsportlers Chinas wurde. In diesem Buch erzählt Salzmann über seine ganz persönlichen Begegnungen mit China und den chinesischen Menschen.

Findeisen, R. D.; Fröhlich, Th.; Gassmann, R.H. (2000): Chinesische Reisen in die Schweiz: Aus dem „Garten Europas". Zürich.

Reiseberichte von Chinesen über ihre Erlebnisse in der Schweiz. Das Buch erschien aus Anlass des 50. Jahrestages der Aufnahme diplomatischer Beziehungen zwischen der Volksrepublik China und der Schweizerischen Eidgenossenschaft und der 50-jährigen Präsenz der Sinologie an der Universität Zürich.

Tan, A. (1993): Töchter des Himmels. München.

In diesem Bestsellerroman, der auch verfilmt wurde, beschreibt eine Amerika-Chinesin die Geschichte von vier Frauen, die während des Zweiten Weltkrieges aus China in die Vereinigten Staaten geflohen sind, und die Geschichte ihrer vier Töchter, welche im Zwiespalt zwischen chinesischen Traditionen und westlichen Konventionen leben.

Wickert, E. (1984): China von innen gesehen. München.

Der Autor berichtet - anhand von Tagebuchnotizen - über seine Amtszeit als deutscher Botschafter in China (1976-1980): „In diesem Buch beschreibe ich, was ich in China gesehen und erlebt habe, und suche das Erlebte zu verstehen. Eine Formel jedoch, die China und seine Menschen erklärt, habe ich nicht gefunden – allerdings auch nicht sonderlich danach gesucht."

Literaturverzeichnis

Achten, P. (2004): Chaos unter dem Himmel. Dossier China. Swiss Economic Forum, 1, 28.

Achten, P. (2005): Bundesrat Deiss schließt seine China-Reise ab. Rendez-vous am Mittag, Schweizer Radio, 18.7.

Altdorf (1910): Fasnacht. Urner Wochenblatt, 25, 6, 1, 9. 2.

Aretz, T. (2000): Chinesisch-deutsche Beziehungen: Wirken im Hintergrund. Freies China, 11, 13, 36-43.

Beglinger, M. (2005): Unser Chinese. Das Magazin, 25, 30-34.

Bellassen, J. (1989): Méthode d'Initiation à la Langue et à l' Ecriture chinoises. Paris.

Bichsel, P. (1980): Wie deutsch sind die Deutschen? In: Schulmeistereien (1985). Neuwied, 151-165.

Bloom, A. (1981: The Linguistic Shaping of thought: A Study in the Impact of Language on thinking in China and the West. New Jersey.

Böckelmann, F. (1998): Die Gelben, die Schwarzen, die Weißen. Frankfurt a. M.

Brandenberger, K. (1999): Besser, schneller, höher. Facts, 7, 55.

Caspar, L. (1996): Das große Fressen für die guten Beziehungen. Basler Zeitung, 48, 26.2.

Changju, X. (2005): Die Simultanübersetzung: Für Chinesen und alle, die es werden wollen. Das Magazin, 25, 30-34.

Chao, L.-Ch. (1993): Manches geht einfacher auf dem Weg der Sanftheit. Meyers Modeblatt, 35, 1.9.

Chen, D. (1983): „Nein Danke". In: In zwei Sprachen leben. München.

Chen, H. (1999): KulturSchock China. Bielefeld.

Chu, W. H. (2002): Mordeversionen. Triesen.

David, F. (2004): Studenten leisten in China viel mehr als in Europa. CASH, 29, 6,17-15.

Dschen, M. (o.J.): Der lao wei verliert oft die Nerven. Luzerner Zeitung (Sonderausgabe).

Duo, D. (1990): Der Mann im Käfig. China wie es wirklich ist. Freiburg.

Farris, C. S. P. (1988): Language and sex role acquisition in a Taiwanese kindergarten: a semiotic analysis. Ph. D. Dissertation. Washington.

Follath, E. (2000): Supermann & Söhne. Spiegel, 32, 74-80.

Franke, W. (1962): China und das Abendland. Göttingen.

Franz, U. (1998): Gebrauchsanweisung für China. München.

Gassmann, R. H. (1998): Vom westlichen Interesse an chinesischen Werten. Neue Zürcher Zeitung, 152, 4./5.7.

Giordano, Ch. (1994): Transkulturelle Kommunikation, Missverständnisse und Mehrsprachigkeit. Universitas Friburgensis, 4. 6. , 23-24.

Granet, M. (1980): Das chinesische Denken: Inhalt, Form, Charakter. München.

Gritler, R. (2004): 10 Gebote der Feldforschung. Wien.

Gu, Y. (1990): Politeness phenomena in modern Chinese. Journal of Pragmatics, 14, 237-257.

Gudykunst, W. B. & Ting-Toomey, S. (1988): Culture and Interpersonal Communication. Beverly Hills.

Günthner, S. & Rothenhäusler R. (1986): Interethnische Kommunikation zwischen Deutschen und Chinesen. Informationen Deutsch als Fremdsprache, 4, 304-309.

Günthner, S. (1990): Sprichwörtliche Redensarten in der interkulturellen Kommunikation zwischen Deutschen und ChinesInnen. In: Spillner, B. (Hrsg.): Interkulturelle Kommunikation (53-61). Frankfurt a. M.

Günthner, S. (1991): Die Frau ist nicht wie der Mond. Sie scheint auch ohne Sonne. Chinesinnen und Chinesen im Gespräch. In: Günthner, S. & Kotthof, H. (Hrsg.): Von fremden Stimmen: Weibliches und männliches Sprechen im Kulturvergleich (194-228). Frankfurt a. M.

Günthner, S. (1993): Diskursstrategien in der interkulturellen Kommunikation: Analysen deutsch-chinesischer Gespräche. Tübingen.

Hall, E. T. (1976): Beyond Culture. New York.

Han S. (2001): Ein Chinese mit dem Kontrabass. München.

Han Shan (1984): 150 Gedichte vom Kalten Berg. Köln.

Harnisch, Th. (1996): Psychologie interkulturellen Handelns. In: Thomas, A. (Hrsg.): Psychologie interkulturellen Handelns (137-146). Göttingen.

Hartzell, R. W. (1989): Harmony in Conflict: Active Adaption to Life in Present-day Chinese society. Taipei.

Hein, T. (2004): Das kommt Chinesen spanisch vor. Die Zeit. 41, 41, 30.9.

Her, K. (2000): Chinesisch-Neujahr: Es war einmal.... Freies China. 11, 13, 58-65.

Hieber, W. (1984): Chinesen über China. Düsseldorf.

Hoffman, E. (1989): Ankommen in der Fremde. Lost in Translation. Frankfurt a. M.

Hofstede G. H. (1980): Culture's Consequences: International Differences in Work-related Values. Beverly Hills.

Holenstein, E. (1998): Asiatische Werte – schweizerische Werte. Neue Zürcher Zeitung, 152, 4./5.7.

Huber, E. (1902): Die Schweiz nach einem chinesischen Bericht aus dem vorletzten Jahrhundert. Luzerner Tagblatt, 10.1.

Jäggi, P. (2005): Lost in Translation oder Chinesisch bleibt ein Traum. Begegnung mit einem Basler Hotelier in Peking. Basler Zeitung. Kulturmagazin, 10, 23.8.

Jin, X. (1994): Kontakte, Konflikte und Kompromisse: Interkulturelle Kommunikation zwischen Deutschen und Chinesen in einem Joint-Venture. Saarbrücken.

Jullien, F. & Herzog, R. (2004): Chinesische Werkzeuge. Eine fernöstliche Denkposition zur Archäologie des Abendlandes. LI, Frühjahr, 93.

Kant, I. (1985): China. In: Hsia, A. (Hrsg.): Deutsche Denker über China (95-102). Frankfurt a. M.

Karlgren, B. (1975): Schrift und Sprache der Chinesen. Berlin.

Kilchenstein, Th. (2002): Mauerspringer „Bora" baut an Chinas Wunder. Basler Zeitung, 127, 46, 4.6.

Knapp, R. (1988): Schwarz ist weiß, ja heißt nein. Andere Kulturen, andere Sitten: Was man aus Ignoranz leicht falsch macht. Die Zeit, 3, 51, 15.1.

Köhler, A. (2005): China brüskiert Japans Premier. Basler Zeitung , 10, 24. 5.Köser, H., Hetzer, A. (Hrsg.) (1990): Shi-ching. Frankfurt a. M.

Krause, D. G. (1996): Die Kunst des Krieges für Führungskräfte: Sun Tzus alte Weisheiten - aufbereitet für die heutige Geschäftswelt. Wien.

Kuan, Y. Ch. & Häring-Kuan, P. (1990): Kultur-Knigge China: Köln.

Kuo, H. (1967): China und die „Barbaren“. Eine geistesgeschichtliche Standortbestimmung. Pfullingen.

Lao-zi (1990): Daodejing. Zürich.

Liang, Y. (1996): Sprachroutinen und Vermeidungsrituale im Chinesischen. In: Thomas, A. (Hrsg.): Psychologie interkulturellen Handelns (247-268). Göttingen.

Lie, Ch.-Ch. (1983): Perlen des Buddha. Frankfurt a. M.

Lin Y. (1981): Glück des Verstehens. Stuttgart.

Lin, M. & Mutter, K. (1998): Interkulturelle Beratungsarbeit mit DolmetscherInnen. Psychologie & Erziehung, 2, 33-44.

Lin, Y. (1937): Weisheit des lächelnden Lebens. Frankfurt a. M.

Linck, G. (1998): „Wie das Tragen eines randvollen Gefäßes..“: Gesichtsverlust – eine chinesische Verhaltensfigur. Basler Magazin, 22, 6.6.

Linck, G. (2001): Fengshui. Wohnen à la Chinoise, Basler Magazin, 6, 10.2.

Lin-Huber, M. A. (1998): Kulturspezifischer Spracherwerb: Sprachliche Sozialisation und Kommunikationsverhalten im Kulturvergleich. Bern.

Löpfe, Ph. & Vontobel, N. (2005): Erfolg macht erfolgreich, Schaden macht klug. CASH, 28, 16-17, 14.7.

Mann, O. (2000): Parteikader in China der Korruption überführt. Basler Zeitung, 195, 5, 23.8.

Mann, O. (2000): Schweiz-China: Nach Misstönen nun Wohlklang. Basler Zeitung, 214, 14.9.

Mann, O. (2004): China erinnert sich an Konfuzius. Basler Zeitung, 10.6.

Moritz, R. (1982): Konfuzius - Gespräche. Leipzig.

Mutter K. (1997): Überlegungen zum Vorgang des Übersetzens. Unveröffentlichtes Manuskript.

Nash, Th. (1983): An instance of American and Chinese politeness strategy. RELC Journal, 14, 2, 87-98.

Neidhart, Ch. (2005): Ich mache Lolex. Das Magazin. 27, 31-36, 15.7.

Nisbett, R. E. (2000): Ganzheitlicher Osten, analytischer Westen. Psychologie Heute, 12, 8-9.

Pfeiffer-Egawa, K. (1999): Kultur-Gespür. Dreiland-Zeitung, 3.12.

Plank, J. (1992): Deutschstudium in Taiwan. Freies China, 6, 23-33.

Pohl, K.-H. (1998): China für Anfänger: Hintergrund Kultur - ein Begleiter für Geschäftsreisende und Touristen. Freiburg.

Regnet, M. (2005): Dealing with Intellectual Property in the People's Republic of China - Causes and Consequences for the Development. Unveröffentlichte Diplomarbeit. Universität Konstanz.

Roth, H. J. (2002): Seilschaften - nützen sie Karriere und Unternehmen wirklich? Basler Zeitung, 276, 3, 26.11.

Roth, H. J. (2003): Was wir von China lernen könnten. Basler Zeitung, 296, 29, 19.12.

Roth, H. J. (2003): Wirtschaftsmacht China: Chance oder Bedrohung? Basler Zeitung, 293, 17, 16.12.

Roth, H. J. (2005): „Euphorie verleitet leicht zu Fehlern". Interview mit R. Sollenberger, CASH 19, 24.3.

Sachtleben, A. (1999): Das große Beben auf Taiwan: Persönliche Erfahrungen mit dem Weltuntergang. Frankfurter Allgemeine Zeitung, 295, 18.12.

Salzmann, M. (1990): Eisen und Seide: Begegnungen mit China. München.

Schienle, W. (1992): Verhalten in der VR China. Bad Honnef.

Schneider, P. (1985): In China, hinter der Mauer. Die Zeit, 26/40.

Schnorrenberger, C. C. (2002): Chinesen verstehen lernen. Erfolgreiche Kommunikation in der chinesischen Medizin. Eine Buchbesprechung. Schweizerische Zeitschrift für Ganzheitsmedizin, 14, 180-181.

Schnorrenberger, C. C. (2005): Zum Verständnis chinesischer Schriftzeichen in der TCM. Schweizerische Zeitschrift für Ganzheitsmedizin, 17, 150-156.

Schnyder, C. (1920): Eduard Huber ein schweizerischer Sprachengelehrter, Sinolog und Indochinaforscher. Zürich.

Schwarz, E. (1999): So sprach der Meister: Altchinesische Lebensweisheiten. Augsburg.

Scollon, R. & Wong - Scollon, S. (1991): Topic confusion in English - Asian discourse. World Englishes, 10, 2, 113- 125.

Smith, A. H. (1894): Chinese Characteristics. Port Washington.

Song, Ch. (2000): Genf 1 und Genf 2. In: Findeisen, R. D.; Fröhlich,

Th.; Gassmann, R.H.: Chinesische Reisen in die Schweiz: Aus dem „Garten Europas“. Zürich.

Spengler, T. (1995): Der Maler von Peking. Hamburg.

Stadler, P. (1997): Warum wir es so schwer haben? Schweizer im Kontakt mit andern Kulturen. Basler Magazin, 42, 15, 18.10.

Tan, A. (1993): Töchter des Himmels. München.

Tannen, D. (1993): Du kannst mich einfach nicht verstehen. Warum Frauen und Männer aneinander vorbeireden. Hamburg.

Tannen, D. (1994): Das hab' ich nicht gesagt! Kommunikationsprobleme im Alltag. München.

Thomas, A. (Hrsg.) (1996): Psychologie interkulturellen Handelns. Göttingen.

Toynbee, A. (1974): Der ferne Osten. Geschichte und Kultur Chinas und Japans. Braunschweig.

Vermeer, M. (1989): „Fremde Teufel und blaue Ameisen“: vom Einfluss der Mentalitätsproblematik beim Dolmetschen Chinesisch - Deutsch und Deutsch - Chinesisch. In: Vermeer, H. J. (Hrsg.): Kulturspezifik des translatorischen Handelns (31-49). Heidelberg.

Viret, L. (1999): Noch wichtiger als die Rede war das Mittagessen. Basler Zeitung, 74, 5, 29.3.

Von Senger, H. (1995): Strategeme. Lebens- und Überlebenslisten aus drei Jahrtausenden. Bern.

Von Senger, H. (2000): Strategeme. Band 1 u. 2. Bern.

Von Senger, H. (2000): Strategeme-Serie Harro von Sengers. Basler Zeitung, Dokumentation.

Wallner, I. (1995): Handlungswirksamkeit von Kulturstandards im beruflichen Tätigkeitsfeld deutscher Sprachdozenten in China. Unveröffentlichte Diplomarbeit, Universität Regensburg.

Walser, S. (2002): Filme als Spiegel des Selbst. Basler Magazin, 47, 6, 25.11.

Wamister, Ch. (2000): Schweiz-China: Eine Erfolgsgeschichte mit Nebentönen. Basler Zeitung 210, 9, 10.9.

Wang, W. (2000): Achtundzwanzig Stunden in Biel. In: Findeisen, R. D.; Fröhlich, Th.; Gassmann, R.H.: Chinesische Reisen in die Schweiz: Aus dem „Garten Europas“. Zürich.

Wang, X. (1998): Stein, Papier, Schere. LETTRE International, 42, 49.

Watzlawick, P.; Beavin, J. H. & Jackson, D. D. (1974): Menschliche Kommunikation. Bern.

Weggel, O (1987): China: Zwischen Marx und Konfuzius. München.

Wicker, H.-R. (1990): Ethnozentrierte Sozialarbeit oder der Versuch, über kulturelle Grenzen hinweg zu denken und zu handeln. Sozialarbeit, 7, 8, 2-17.

Wicker, H.-R. (1995): Migration aus andern „Kulturen“: Ursachen und Wirkungen. In: ‚Einwanderung und Fluch: Überleben - Leben – Zusammenleben‘. Dokumentation der Tagung der Schweizerischen Gesellschaft für ein soziales Gesundheitswesen (SGSG). Basel, 4.11.

Wickert, E. (1984): China von innen gesehen. München.

Wilhelm, R. (1921): Kungfutse, Gespräche. Jena.

Wilhelm, R. (1928): Werden und Wandel des chinesischen Kulturkreises. Potsdam.

Wilhelm, R. (1950): Kung Tse: Leben und Werk. Stuttgart.

Wilhelm, R. (1997): Kungfutse: Schulgespräche. Gia Yü. München.

Wilhelm, R. (1997): Li Gi. Das Buch der Riten, Sitten und Gebräuche. München.

Wood, F. (1995): Did Marco Polo go to China? London.

Yang, K.-S. (1986): Chinese Personality and its Change. In: Bond, M. H. (Ed.): The Psychology of the Chinese people (106-170). Hong Kong.

Young, L. W. L. (1986): Inscrutability revisted. In: Gumperz, J. J. (Ed.): Language and social identity (71-75). Cambridge.

Yun, E. (1996): Klassische Literatur im Wandel der Zeit. Freies China, 2, 9, 60-65.

Zabo (o. J.): HONG KONG Sweet & Sour, Dollars Billets Doux. Kowloon.

Zhang, X. (2003): Interview mit Margrith Lin zum Buch „Chinesen verstehen lernen“. Deutsche Welle. China Redaktion, 25. 2.